自由貿易はなぜ必要なのか

Why We Need Free Trade

椋　寛

Hiroshi Mukunoki

有斐閣

自由貿易はなぜ必要なのか　目次

コラム一覧

序　章　自由貿易の危機

●はじめに――揺らぐ自由貿易体制

ほんの少し前まで、国家間の大規模な貿易戦争は、もはや遠い過去の出来事になりかけていた。しかしここ数年、「保護主義」や「関税の引き上げ」、「貿易戦争」といった言葉が、毎日のようにニュースで流れてくる。アメリカのトランプ政権が輸入品に対する税金（輸入関税）を引き上げたのをきっかけとして、各国は外国からの輸入を一方的に制限する政策を多く発動しており、世界各国が協力しつつ苦労して構築してきた世界の自由貿易体制が、崩壊の危機にある。

2国間の貿易摩擦や、貿易政策に関するルール違反の疑いについて世界貿易機関（WTO）へ提訴する（提訴される）といったことは、これまでも頻繁に生じていた。しかし、国家間のさまざまな利害対立はあるものの、自由な貿易体制を維持・推進することが重要であるという価値観が各国で共有されていた。その対立軸は「国内産業を守りつつグローバル化を進めるために、どの程度まで貿易を自由化できるか」、「政府の補助金による輸出拡大やダンピングなど、不当な貿易が行われていないか」、「貿易品に人々の生命や生態系を脅かす危険性はないか」といったものであり、貿易そのものを疑問視したものではなかった。

しかしその流れが、変わってきている。近年、アメリカのTPP（環太平洋パートナーシップ協定）からの離脱や北米自由貿易協定（NAFTA）の見直し、鉄・アルミ分野などにおける大幅な関税引き上げ、それに端を発した米中の貿易戦争など、国家間の貿易を阻害する保護貿易政策が多く発動されている。アメリカのトランプ大統領は、2017年の就任演説で「私たちは、私たちの製品を作り、私たちの企業から盗み、私たちの職を破壊する外国の侵害から、この国の国境を守らなくてはならない。保護は大きな繁栄と力につながる」と述べた。安価な輸入品の流入はアメリカ企業とそこで働くアメリカ国民の雇用に悪影響を与えるものであり、保護貿易こそが自国の繁栄につながるというわけである。アメリカの大統領が保護主義のメリットを積極的に主張し、実際に措置を講じていることが、アメリカも含めた各国が推進してきた自由貿易体制の基盤を大きく揺るがしている。

読者はこのトランプ大統領の主張を、どう考えるだろうか。輸入が増加し、それにより競合する国内品が売れなくなり、生産の減少が国内の雇用を減らすという理屈は筋が通っているように思える。外国から輸入されたものを「敵」とみなすのも、攻撃のターゲットとしてわかりやすい。果たして、輸入品はわれわれにとって「敵」であろうか。輸入の増加は国内の雇用に悪影響を与えるのであろうか。もしも悪影響を与えるとして、それは保護貿易を正当化する理由になるであろうか。自由貿易の是非が、いままさに問われている。

近年の保護主義の背景

世界が自由貿易の推進から保護主義へと向かう兆しが見えはじめたのは、実はトランプ大統領の就任前であり、きっかけは世界的な不況であった。2008年9月にアメリカの投資銀行の経営破綻、いわゆる「リーマン・ショック」に端を発した世界金融危機により、各国の経済は停滞し、自国の産業や雇用を守るという名目で保護主義的な政策を各国が採用しはじめた。アルゼンチンの輸入許可制の導入、インドやロシアの関税の引き上げ、公共投資についてアメリカ産品の優先使用を義務づけるアメリカのバイ・アメリカン条項の導入などが、そうした政策の例である。

当時も保護主義が世界中に拡大することが懸念されたが、結果的には主要国が保護主義に反対する共同声明を出し、またWTOが各国の貿易政策のチェック機能を強化することを通じて、その蔓延が抑えられた。不況からの回復と相まって、世界貿易額も金融危機前の水準を回復するに至った。後述するように、世界的な不況をきっかけとした過去の貿易戦争により、各国は苦い経験をしており、そうした状況を再び起こさないように、各国が足並みを揃えたことが功を奏したといえる。

しかし、2018年に入ってから、各国の保護主義的な政策が再び急増している。図序-1は、世

図序－1　新規の輸入制限政策が影響を与える輸入額

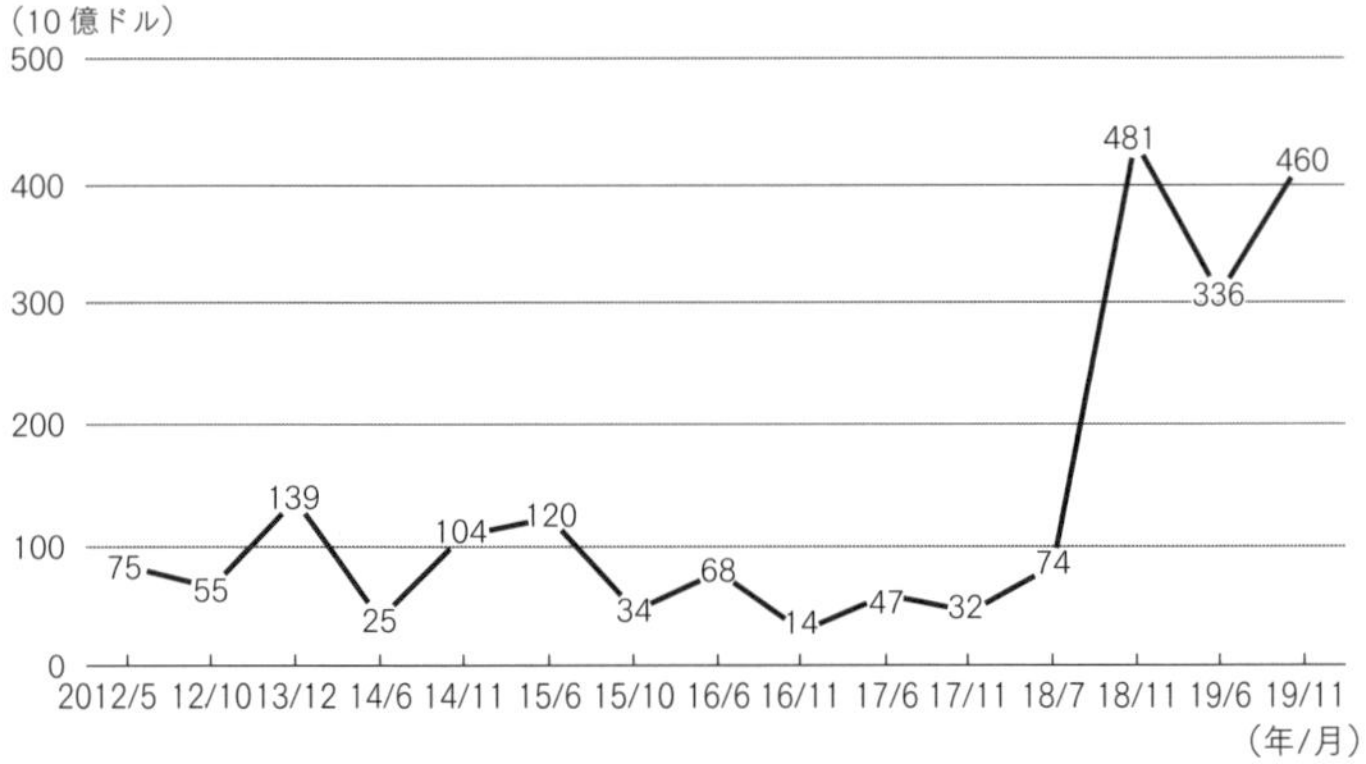

（出所）　WTO, *The WTO's 21st Monitoring Report on G20 trade measures* より筆者作成。年月はWTOのレポートが出された時点を指しており，各レポートの調査期間に新規に発動された輸入制限政策から算出している。

界の主要20カ国・地域（G20）[1]が一定の期間に新規に導入した輸入制限政策について、それが影響を及ぼす輸入額の大きさをＷＴＯが計算したものである。２０１１年10月中旬～12年５月中旬の期間（12年５月のレポート）では、G20により新規に導入された輸入制限政策により影響を受けた輸入額は７５０億ドルであったが、２０１８年７月中旬～18年10月中旬（18年11月のレポート）では４８０９億ドルに跳ね上がり、２０１８年５月中旬～19年10月中旬（19年11月のレポート）でも、引き続き４６０４億ドルと高い水準を継続している。

２０１８年以降の保護主義的政策への再回帰は、トランプ政権によるアメリカの貿易制限政策の発動をきっかけとしている。２０１８年３月23日、アメリカは自国の１９６２年通商拡大法の２３２条に基づき、アメリカの安全保障を脅かすという理由で鉄鋼製品については25％、アルミニウム製品については10％、それぞれ関税を引き上げる措置を発動した。さらに6月に入ると、両製品の輸入数量に上限を設けて制限する輸入割当制度を、一部の国に対して導入した。その対抗措置として、カナダ、メキシコ、中国、EU、ロシア、トルコが、アメリカ産の多くの製品の輸入に追加関税を賦課した。

加えて、トランプ大統領は2018年の3月22日に、アメリカ企業に対する中国の技術移転要求や知的財産権の侵害を不当とし、中国からの輸入に25％の追加関税の賦課を指示した。実際に同年7月から賦課され、対象となる品目も当初の818品目（第1弾）から、279品目の追加（第2弾）、5745品目の追加（第3弾）、3805品目の追加（第4弾）と徐々に拡大している。中国も即座に対抗措置をとり、アメリカからの輸入に追加関税を賦課し、そこから一気に米中貿易戦争に突入することとなった。

中国に対するアメリカの措置は1974年通商法301条を根拠にしており、アメリカの通商代表部（USTR）が他国の不公正な貿易があると判断した場合（かつ対象国との協議により問題が解決しない場合）に、大統領権限で制裁措置を命じることができる。このようなアメリカ発の一方的措置が各国の対抗措置を招き、世界経済は再び保護貿易の蔓延と貿易戦争の危機に立たされている。その後、米中両国の交渉により貿易摩擦の緩和を目指す動きも見られるが、先行きは不透明である。とくに、今回は従来のような不況をきっかけとした保護主義の台頭ではなく、比較的経済が好調なアメリカこそが保護主義的な政策を発動している。ここ数年の保護主義は、不況に対する緊急避難的な措置ではなく、自由貿易体制そのものを継続することの是非を問うものであるといえる。

保護主義の台頭と貿易自由化——歴史的経緯

保護主義の台頭に関して、その歴史をもう少しさかのぼってみよう。保護主義が世界規模で蔓延した代表的な事例としては、いまから90年近く前、１９３０年代の世界大恐慌の時期があげられる。世界規模の大不況による需要の低下に直面した各国は、自国産業を保護する名目で輸入品に高い関税を課した。たとえば、アメリカは１９３０年のスムート・ホーリー法により関税を大幅に引き上げ、その平均関税率は約40％に達した。他国も対抗して関税の引き上げや輸入数量制限などのさまざまな保護政策を実施した。

図序－2は、当時の月ごとの世界の貿易額（主要75カ国の輸入総額）の変化が、時計形式で描かれたものである。1周すると1年が経つように各月の線が引かれ、外側にいくほど貿易額が大きい。たとえば、１９３０年1月の世界の貿易総額は約27億３９００万ドルであったが、1年後の１９３１年1月には18億３９００万ドル、その後、12億６０００万ドル、9億９２００万ドルと毎年貿易額が減っている。貿易戦争の発生後、世界の貿易額がアリ地獄に落ちるように螺旋状に中心に向かっていき、世界貿易が急激に縮小したことがわかるだろう。各国の消費と生産は世界恐慌により落ち込んでおり、こうした貿易額の縮小のすべてが貿易戦争に起因したものとはいえないが、少なくとも関税の引き上げが貿易の縮小を加速させてしまったと考えられる。

図序－2　1930年代前半の世界貿易の螺旋的縮小（単位：100万ドル）

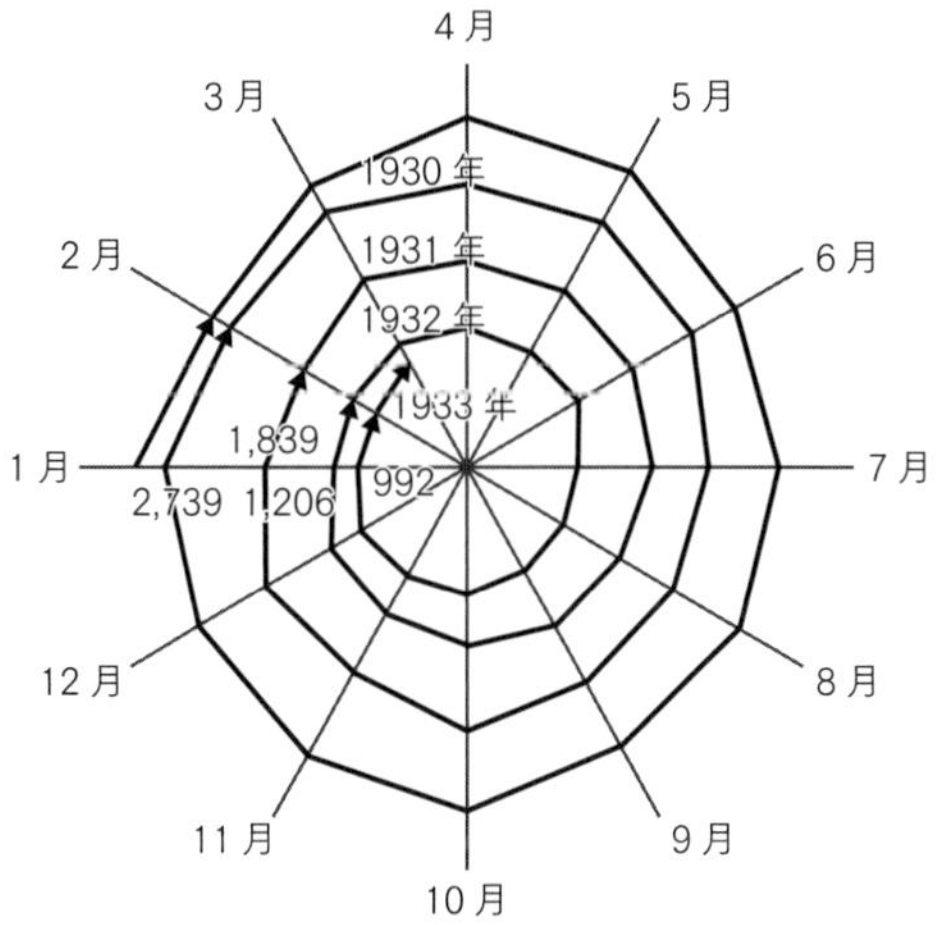

（出所）　Charles P. Kindleberger（1986）*The World in Depression 1929-1939*, Revised and Enlarged Edition, p.170.

貿易戦争の結果、アメリカを含めた各国の経済状況はますます悪化し、各国は低関税を適用する自身の海外領土や植民地との貿易を強化する一方、それ以外との国との貿易が縮小する「ブロック経済化」が進行していった。こうした動きが、異なるブロック経済間の摩擦・対立を助長し、第二次世界大戦の一因となったという見方もある。

その後、第二次世界大戦を経て、各国が保護貿易政策を濫用することの問題点が共有され、貿易政策の発動に一定のルールを設け、貿易交渉を通じた貿易自由化が進められた。関税及び貿易に関する一般協定（GATT）やそれを引き継いだ世界貿易機関（WTO）の設立は、貿易ルールの設定やラウンドと呼ばれる

図序－3　世界の商品輸出額の推移

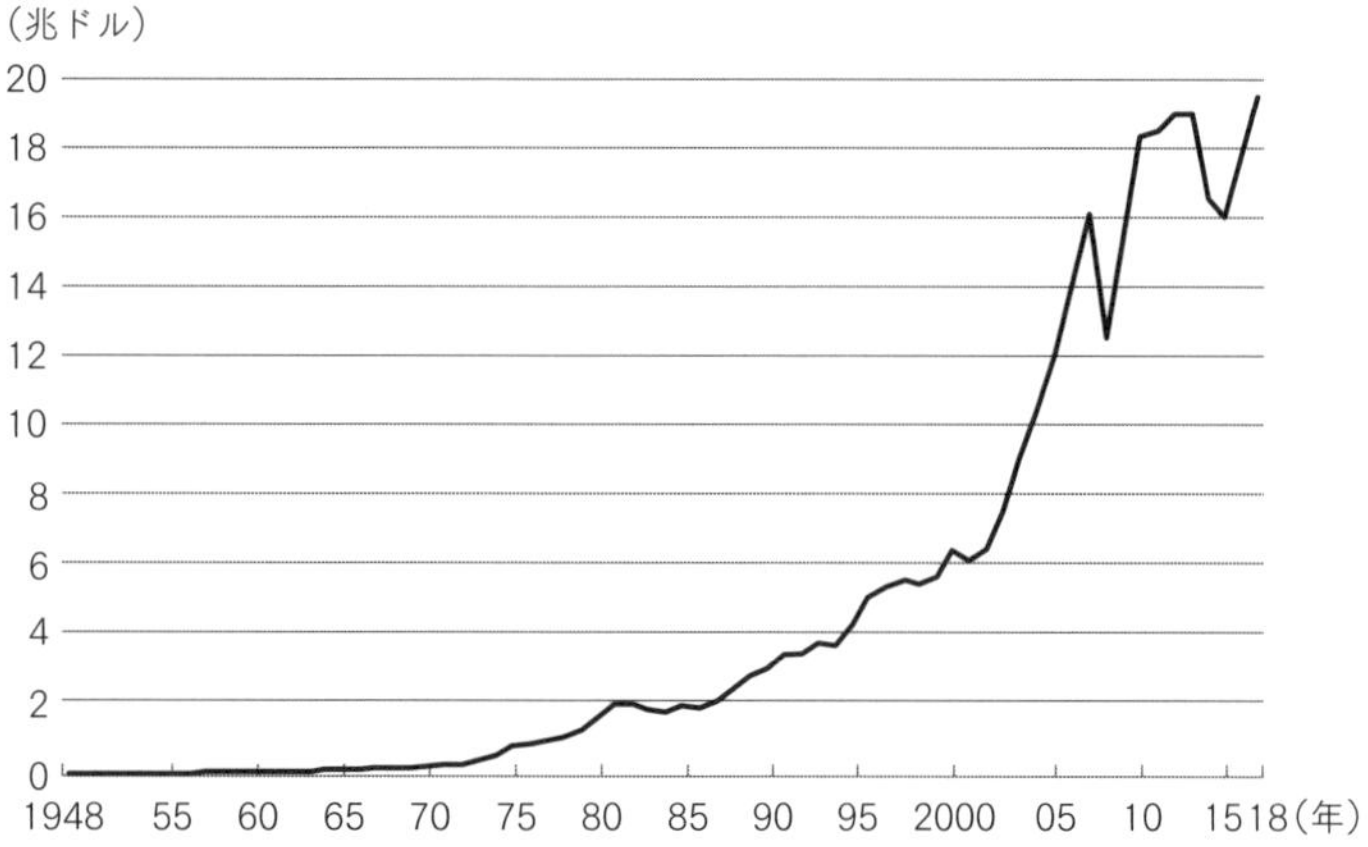

（出所）UNCTAD Stat より筆者作成。

貿易自由化交渉を通じて、世界の自由貿易体制を強固なものにしてきた。1990年代からは、自由貿易協定（FTA）に代表される地域貿易協定（RTA）も多く締結されるようになった。日米貿易摩擦や反ダンピング税の賦課、農業やサービス貿易の自由化問題など、特定の分野における国家間の貿易摩擦は常に生じているものの、全体として戦後の世界経済は貿易自由化の道を歩んできたといってよいだろう。

図序－3は戦後の世界の商品の貿易額（各国の輸出額の合計）の推移を描いたものである。1948年当時は586億ドルだったが、2018年には19兆4681億ドルに達し、70年間に約332倍増加したことになる。2009年の世界金融危機による貿易額の下落など、短期的な変動はあるものの、長期的に見ると戦後から現在に至るまで、世界の商品貿易は大きく拡大してきたことがわかる。近年はサービスの貿易も拡大しており、商品貿易と足し合わせると、2018年の世界の貿易額は25兆3132億ドルに達する。2018年の世界の国内総生産（GDP）の総額は85兆3037億ドルであり、世界経済において貿易は無視できない重要な経済活動であることがわかる。

日本の課題

保護貿易政策が蔓延するなか、日本はどのように対応すべきであろうか。日本政府は自由貿易体制を堅持する姿勢を継続しており、新たな輸入制限政策を積極的に発動はしていない。日本には世界各国の輸入制限政策の発動に歯止めをかけ、自由貿易体制の維持と発展に主導的な役割を果たすことが期待される。

しかし、日本は自由貿易体制を重視しつつも、新たな貿易制限政策の発動も行っている。たとえば、2011年に日本政府は、外国企業のダンピング（不当廉売）の疑いに対し、日本企業がその調査と反ダンピング税の賦課の利用をより容易にする制度改正を行った。その結果、日本による反ダンピング税が今後増えることが見込まれている。反ダンピング税は外国企業の不当な安売りによる国内企業の被害を防ぐという名目で発動されるもので、WTOのルールでも認められた措置であるが、外国企業の価格づけが必ずしも不当とはいえない場合に安易に課税されぬよう、その運用にはより慎重な対応が求められる。

また、日本は農業分野で高い輸入関税を課すことにより、国産品の生産を守り国内の農業を保護す

図序－4　各国の平均関税率

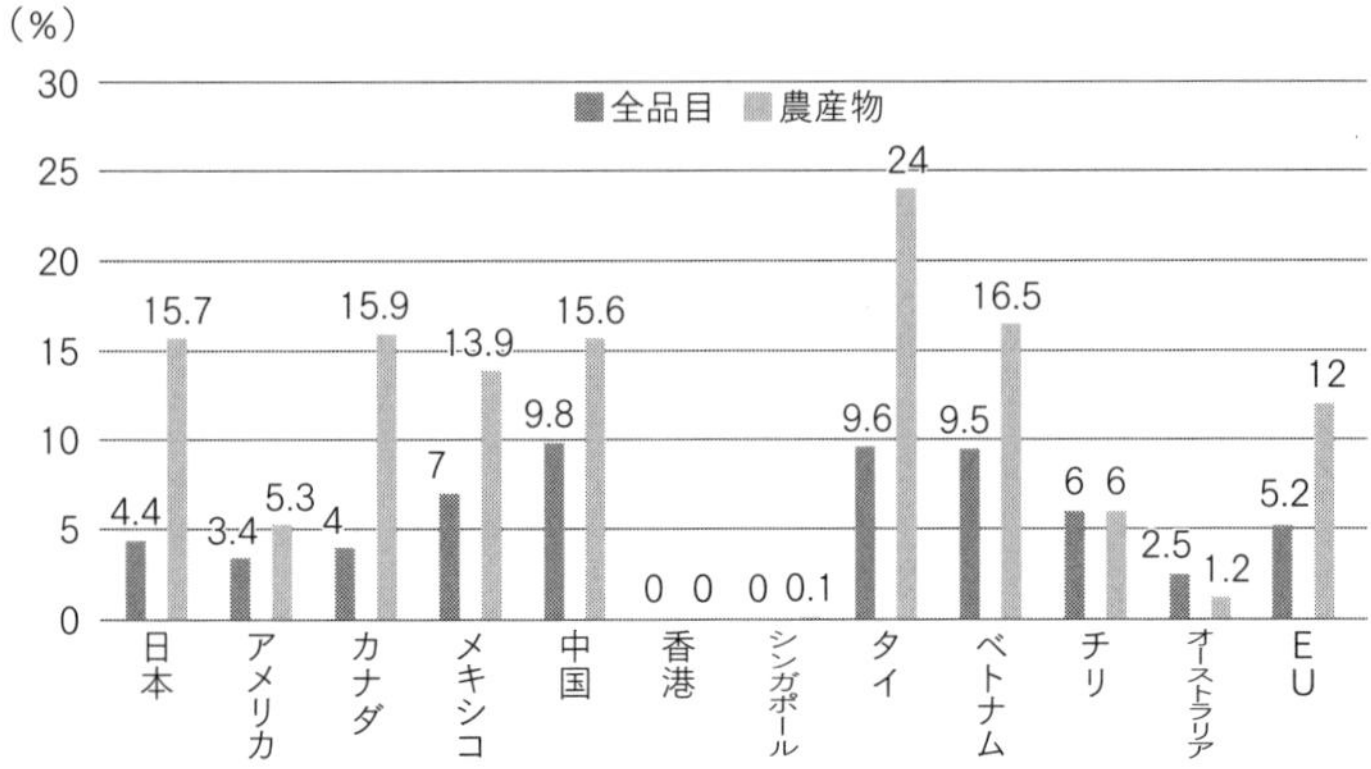

（出所）　WTO, *World Tariff Profile 2019* より筆者作成。

る政策を続けている。図序－４は各国が賦課する輸入関税率の平均（平均関税率）をグラフにしたものである。平均関税率は輸入額による加重平均ではなく、各品目に対する輸入関税率を単純平均で測っている。[2]

総じて、先進国よりも発展途上国の方が高い平均関税率を課しているが、先進国間で比較しても、日本の平均関税率は必ずしも低くなく、その大きな原因は農産品の高い関税率にある。

さらに、２０１９年には、韓国の輸出体制に不備があるとして、日本政府は韓国への半導体材料３品目（感光材・フッ化水素・フッ化ポリイミド）の輸出審査を厳格化した。これら半導体材料は、日本企業が高い世界シェアを占めており、韓国の半導体製造に大きな影響を与えるものである。両国が政治的に緊張関係にある中での同措置には、韓国国内で日本製品がボイコットされるなど、大きな反発があった。今回の輸出管理の厳格化自体は、新たな保護貿易措置を設けたというよりは、既存の優遇措置を見直したものであり、即座にＷＴＯルール違反になるわけではない。しかし、そのタイミングの妥当性を含め、措置の正当性を丁寧に説明する必要があろう。

日本政府が自由貿易体制の維持を重視するなか、反ダンピング税などの新たな輸入制限措置の濫用をいかに避けるか、他国が要求する農産品の自由化にどのように向き合うのか、貿易に関わるルール・制度運用の透明性をいかに高めるかが、問われている。

自由貿易の是非を問い直す

「自由貿易は酸素のようなものだ——その利益は至る所にあるが、それがなくなるまで気づかれない」。アルビンド・パナガリヤ著の書籍、*Free Trade and Prosperity*（Oxford University Press）の内容紹介文の記述である。自由貿易体制が危機に瀕する現在、増加する保護貿易政策の影響を理解し必要な対応を考えるためには、まずは自由貿易のメリットとデメリットをきちんと整理する必要がある。しかし、われわれが酸素のありがたみになかなか気づかないように、貿易はわれわれの生活に密着しているからこそ、その影響について深く考える機会が少ない。

自由貿易論を擁護する主張は目立たないが、それに対する批判はメディアでも多く取り上げられ、自由貿易を批判する書籍もよく出版されている。しかし、そこでの批判の的となる経済学の教義、すなわち貿易理論は、デビッド・リカードの比較優位論を代表とした伝統的なものばかりである。もちろん、比較優位論は現代の貿易を考えるにあたっても引き続き重要であり、いまだに最も重要な経済学の教えの一つである（本書でも第1章で早速取り上げる）。

その一方で、リカードが比較優位論（比較生産費説）を著書『経済学および課税の原理』で提唱してから200年以上が経過しており、その間に新たな貿易理論が続々と誕生し、また現実のデータを用いた多数の実証分析が蓄積されており、貿易のメリットのみならずデメリットも冷静に指摘されている。しかし、その新たな知見が必ずしも世の中に伝わっておらず、自由貿易を擁護するものは「市場原理主義者」とレッテルを貼られがちである。むしろ、経済学は市場を重視するからこそ、市場の失敗やその副作用の分析を多く行ってきた。現代の貿易理論は、自由貿易がメリットだけでなくさまざまなデメリットも生じうることを踏まえたうえで、それでも保護貿易の問題と自由貿易の必要性を説くのである。自由貿易体制に逆風が吹いているいまこそ、伝統的な貿易理論を踏まえつつ、新しい研究成果の内容を知り、われわれ一人ひとりが自由貿易の是非をいま一度考えなおすべきである。

本書の目的

本書は、国際経済学の研究動向を伝統的なものから最新のものまで整理することを通じて、自由貿易の利益を再考することを目的としている。なお、本書で用いられる「自由貿易」は、誰にも強制されず自主的に貿易が行われる状態のみならず、輸入関税や数量制限などのさまざまな貿易制限政策や貿易障壁が取り除かれ、さらに輸出補助金のように政府による人為的な貿易促進政策が行われない状態を指している。

タイトルが示唆するように、本書は自由貿易をサポートする立場で書かれているが、それを手放しに賞賛するわけではない。自由貿易の推進はメリットだけでなくさまざまなデメリットも生じさせる。それでもなお、「自由貿易が必要」である理由を経済学的な観点から説明することにより、それに対する反論も含め、読者に自由貿易の是非を考えるための新たな視点を加えたい。

また、終章でも述べるように、実は自由貿易について考えることは、自分自身を見つめなおし、他者との関係を改善し、そして日々の生活を豊かにする好機となる。自国とはさまざまな面で異なる他国が貿易を通じて相互に利益を生み出すことは、異なる考えや特徴を持った他者を理解し、よい協力関係を構築することに通じるからである。少し大げさな言い方をすれば、貿易について学ぶことは、人生を変えるきっかけとなりうるからである。

本書の構成

本書の内容は二つのテーマに大別される。まず前半の第1章から第5章まででは、最終財の貿易から中間財の貿易、サービスの貿易などを取り上げつつ、国際貿易の現状を概観しつつ、その影響を議論する。

具体的な構成は以下のとおりである。まず第1章「輸出は「善」で輸入は「悪」なのか」では、国民経済にとって輸出は良いが輸入は悪いと単純に考えることの問題点を明らかにし、貿易は外国との勝ち負けを争う活動ではないことを説明する。また、貿易がもたらすさまざまな利益を、伝統的な比較優位論から新貿易理論、新々貿易理論と呼ばれる新しい理論までをもとに明らかにしたうえで、それに伴う利害対立の発生について議論する。

第2章「貿易赤字は何を示唆するのか」では、貿易収支の赤字自体が問題ではないことを説明する。近年、日本の貿易黒字額は徐々に減っており、貿易赤字を計上する年もあるなど、徐々に貿易赤字国へと向かっている。問題視すべきは、貿易赤字ではなく、交易条件と呼ばれる指標の悪化である。また、付加価値貿易という新たな貿易の測り方に注目し、輸出と輸入の相互依存関係について考える。

第3章「輸入制限は回り回って自国を苦しめる」では、輸出先での生産に用いられる中間財（他の財の生産のために原材料として投入される財）の貿易が世界貿易の大部分を占めるようになっていることを示す。アメリカのアップル社のｉＰｈｏｎｅの生産のように、その背景には生産者が世界各国で中間財を調達し、生産の効率化を行う海外アウトソーシングがある。世界中で生産ネットワークないしグローバルな価値連鎖（グローバル・バリュー・チェーン、ＧＶＣ）が構築され、一つの製品の生産に多くの国が絡んでいる。そのため、輸入品の付加価値の源泉は輸入国自身にある場合もあり、従来の輸出元と輸入先をベースとした貿易の概念では、その影響を適切に判断できなくなっていることを説明する。

第4章「輸入や企業の海外進出は失業者を増やすのか」では、輸入品の流入や企業の海外進出が国内の労働者に与える影響について考察する。輸入の増加や企業の海外進出は国内品の生産減少を通じて、賃金の下落や失業の発生、あるいは賃金格差の拡大をもたらすおそれがある。その一方で、それらが逆に国内の労働市場に良い影響をもたらす面もある。国内の労働者へのプラスの影響とマイナスの影響を整理しつつ、近年の実証研究の結果を紹介しながら、両者の関係を考える。

第5章「モノだけでなくサービスの貿易も重要に」では、サービス貿易が拡大していることを紹介し、実態がつかみにくいサービスの国際取引の類型を説明する。近年のアニメなどの海外展開、日本への外国人観光客の増加や、知的財産権の保護の問題は、すべてサービス貿易と関わりがある。現状、各国のサービス貿易の障壁は大きく、サービス貿易の自由化がモノの貿易自由化と同様に重要であることを述べる。

後半の第6章から第9章までは、輸入制限政策から相互の貿易を自由化する貿易協定に至るまで、政府が実施する貿易政策についてさまざまな視点から考察する。

第6章「自由貿易はなぜ嫌われるのか」では、貿易自由化に対して国民の多くが肯定的な意見を持っていることをアンケート結果により示し、それにもかかわらずその実施が政治的に困難である理由を、少数派による利益集団の形成や政党の選挙公約の設定などを例にしながら説明する。

第7章「バターはなぜ消えたのか」では、貿易制限政策として最も頻繁に用いられる輸入関税について、そのしくみと効果について説明する。関税の賦課方法としては、消費税と同様に価格の何割かに税金を上乗せする従価税方式から、数量に応じて賦課される従量税や、差額関税、関税割当などさまざまな賦課方法がある。それらの違いを、バターや豚肉の輸入に絡めて整理し、その問題点を述べる。

第8章「保護貿易で新しい産業を育てることができるのか」では、一時的な輸入制限が将来有望な産業を育てるという幼稚産業保護論に焦点を当てる。産業が育った後は自由貿易が望ましいとしても、産業が育つまでの期限付きの保護貿易をする「子育て」であれば、輸入制限は正当化できるだろうか。アメリカの19世紀の鉄道敷設や、日本の高度成長期の保護政策を例にとりながら、幼稚産業保護の妥当性と実現可能性について考える。

第9章「貿易自由化をいかに進めるか」では、自由貿易体制の維持・拡大を目標としたとき、どのようにそこに到達すべきかを考える。WTOにおける貿易交渉のように、多数の国で同時に貿易自由化をする「クラブ型」自由化の場合、広範囲に平等に自由化の恩恵をもたらすことができるが、大規模な交渉であるがゆえに難航しやすい。一方、自由貿易協定（FTA）を代表とした一部の国での「ネットワーク型」自由化は、迅速かつフレキシブルに自由化が進められるが、原産地規則と呼ばれる付随したルールにより「自由貿易が輸出者に利用されない」などの問題がある。第9章では、両者を比較しつつ、その折衷的な取り組みを含めて今後の自由貿易の進め方について考える。

終章「自由貿易との向き合い方」では、本書の内容をまとめるとともに、われわれがどのように自由貿易と向き合うべきかを論じる。

第1章 輸出は「善」で輸入は「悪」なのか　自由貿易のメリット

はじめに――誤解される貿易の利益

貿易をすることの利益を問われると、輸出が増えることは良いことで、輸入が増えることは悪いことと考える読者も多いであろう。確かに、輸出の増加で得をする人もいれば、輸入の増加により損をする人もいる。しかし、「輸出は善・輸入は悪」という単純な二分法で貿易のメリットとデメリットを考えてしまうと、貿易の利益の本質を見誤ることになる。

スポーツのような勝負事では、勝者がいれば必ず敗者がいる。オリンピックやワールドカップなどの国際スポーツ大会では、外国チームの勝ちは日本チームの負けであり、日本チームの勝ちは外国チームの負けである。しかし、貿易は外国と勝ち負けを争う活動ではなく、限られた利益を取り合うことでもない。むしろ、貿易は全体の利益を増やす効果があり、その利益を分け合うことによって誰もが勝者になりうるのである。本章では、貿易を行うことの利益（＝貿易利益）について考えていこう。

第1節　貿易は国境を越えた交換である

「輸出が多いのは良いことで、輸入が多いのは悪いこと」と思われやすい背景には、そもそも貿易が外国製品と比較して自国製品の販売量をいかに増やすかという、争いであるとの誤解がある。「輸出が多い」のは「日本製品が売れている」から「日本の勝ち」であり、「輸入が多い」のは「外国製品が日本で売れている」ので「日本の負け」と考えるわけである。

生産者（企業の経営者あるいは被雇用者）の立場からは、貿易が外国との競い合いであるという認識は必ずしも間違いではない。自社で作った製品が輸出され外国で販売されるのは生産者の利益を増大させる。一方、ライバルの外国製品が輸入され日本で販売されることは、競合する自社製品の売上を減らし、生産者に損失を与えてしまうだろう。しかし、特定の製品や特定の分野における生産者間の利益の奪い合いを、国全体の貿易の利益と混同してはならない。

まず認識すべきことは、貿易は国家間のモノやサービスの交換活動であるということである。異なる国との間で貿易が発生するメカニズムは、実は国内で行われる経済取引と本質的には変わらない。

愛知県では自動車が多く製造されており、隣の静岡県では茶葉が多く栽培されている。どちらの住人も自動車を必要としているし、お茶も飲みたいと考えている。そこで、愛知県で製造された自動車と静岡県で栽培された茶葉とが交換されたとしよう。結果として、両県の住人はどちらも自動車を手に入れお茶も飲めるようになった。この交換により、得をしたのはどちらだろうか。もちろん、両県の住人はどちらも得をしている。経済学者ミルトン・フリードマンの言葉を借りるなら、「二者の間の交換が自発的に行われるならば、両者ともその交換が利益を生むと考えている場合にのみ起こる」[1]のである。

交換が双方の合意により自主的に行われる限り、両者にメリットがないならば交換は行われないはずである。実際の経済取引は物々交換で行われることはほとんどなく、愛知県民は自動車を売ったお金で茶葉を買い、静岡県民は茶葉を売ったお金で自動車を買うことにより、結果的に両県の間の交換が成立している。それでは、日本の愛知県の自動車とインドの北部で生産される紅茶であるダージリンが交換されたとしたら、この交換により利益を受けるのは日本人とインド人のどちらであろうか。その答えはやはり、「どちらも利益を得た」である。交換が国境を越えて行われたとしても、自主的な取引により双方が利益を得るという部分は変わらない。

日本とインドの間の国境を越えた交換は、日本の立場ではインドへ自動車を輸出し、インドからの紅茶を輸入することになる。インドはその逆である。果たして、日本からインドへの自動車の輸出は良いことで、インドからの紅茶の輸入は悪いことだろうか。たとえば、日本が自動車をインドに渡したまま、紅茶を受け取らなければ、輸出だけして輸入はしないことになり、日本はインドに対して貿易黒字となる。輸出だけをした日本は得をしたといえるだろうか。「輸出によりインドから代金を受け取っているのだから、日本は得をしている」と考える人がいるかもしれない。しかし、その代金は、将来に外国からモノを買う、すなわち輸入するための「貯蓄」となる。われわれが将来に遣うために現在の消費を我慢してお金を貯めるように、輸出による「貯蓄」はいずれ輸入のために遣われる。実際、日本は労働人口がまだ多かった80年代から貯めてきた貿易黒字による「貯蓄」を、高齢化に伴い全体として切り崩していることが、近年の貿易収支黒字の縮小や赤字化の背景にある（貿易黒字・赤字については第2章を参照）。

貿易は国境を越えた交換であり、交換は双方に利益をもたらす。渡したモノ（輸出）と受け取ったモノ（輸入）に善し悪しはなく、むしろ外国から必要なモノを輸入するために輸出するわけである。日本にとってみれば、自動車を渡さずに紅茶がもらえるなら、すなわち輸出しないで輸入だけできるなら、むしろその方がよほど得である。**貿易は双方の国に利益をもたらす自主的な交換であり、輸出は輸入と不可分であると認識することが、貿易の利益を考える出発点である。**

第2節　すべての人に優れたところはある——比較優位と特化の利益

前節では、貿易の本質が交換であることを述べた。交換が生じる背景には、自国と外国とでモノやサービスが供給されるパターンが違うことが前提にある。たとえば、日本は自動車を多く製造し輸出しているが、ベトナムは衣服などの繊維製品を多く生産し輸出している。特定の分野に集中して生産を行うことを「特化」と呼ぶ。

こうした供給パターンの違いは、歴史的な経緯や資源や技術の違いなど、さまざまな要因が絡み合っているが、貿易自体が国ごとの供給パターンの違いを生み出す効果がある。貿易による交換が可能でなければ、日本もベトナムも必要な分の自動車や繊維製品を自ら生産せざるをえない。国内の供給は国内の消費から切り離せないわけである。しかし交換が可能になると、各国内で自動車と衣服をバランス良く生産する必要はなくなり、日本は自動車を製造することにより集中することができ、ベトナムは衣服を製造することにより集中することができる。貿易により交換が行われることが、それぞれの国で生産パターンと消費パターンを分離可能なものにするわけである。

それでは、なぜ日本の生産は自動車に集中し、ベトナムの生産は衣服に集中するのであろうか。そのカギとなる考えが、「比較優位」である。比較優位論は、「他者（他国）と比較しつつ優れていることに集中すること」と理解されるが、その「優れている」は能力の優劣を単純に比べているわけではない。実は、**比較優位論が強調するのは、「絶対的な能力の優劣にかかわらず、すべての人（国）に優れていることがある」ということである。**著名な経済学者であるポール・サミュエルソンは、数学者のスタニスワフ・ウラムに「社会科学で、正しいが自明でない命題を一つあげてみよ」と問われたとき、「それは、比較優位の原理である」と答えたという。比較優位の考えは、貿易による生産面の変化とその利益を理解するための基本概念である。

1　比較優位による特化の例

比較優位による特化を理解するために、若干くだけた例で考えてみよう。AさんとBさんは、子どもを連れて公園でお弁当を食べることにした。どちらの家族も卵焼きとおにぎりのそれぞれを1対1の比率で食べたいと考えている。卵焼きとおにぎりを1個作るために必要な時間が、表1－1に記載されている。二人がお弁当作りに費やせる時間はどちらも10分間（600秒）であるとする。もしも交換ができないと、AさんとBさんはそれぞれが卵焼きとおにぎりを1対1の比で作らなければならない。Aさんが卵焼きを作る時間はおにぎりを作る時間の2分の1なので、1対1の比率で作るためには、Aさんは卵焼きと比べておにぎりを作る時間に2倍の時間をかけなければならない。すなわち、10分間のうちにAさんは卵焼きとおにぎりを作るのにそれぞれ3分20秒（200秒）と6分40秒（400秒）を費やし、10個ずつ作って持っていく。一方、Bさんは卵焼きとおにぎりを1個作る時間に差はないので、5分（300秒）ずつそれぞれに時間を費やし、6個ずつ作る。

しかし、二つの家族で卵焼きとおにぎりの交換ができるのであれば、各人が得意な作業に集中することにより、もっと効率的に卵焼きとおにぎりを作ることができる。表1－1より、Aさんは卵焼きを作るにもおにぎりを握るのにもBさんよりも短い時間で行えることがわかる。このことを、AさんはBさんに対して卵焼きとおにぎりのどちらを作ることについても「絶対優位」があるという。絶対

表1－1　比較優位による分業の例

(1)　卵焼きとおにぎりを1個作るためにかかる時間

	卵焼き	おにぎり
Aさん	20秒	40秒
Bさん	50秒	50秒

(2)　分業なし（1対1で作る）

	卵焼き	おにぎり	食べる量
Aさん	10個	10個	10個ずつ
Bさん	6個	6個	6個ずつ
合計	16個	16個	

(3)　比較優位に基づいた分業の例

	卵焼き	おにぎり	食べる量
Aさん	18個	6個	11個ずつ
Bさん	0個	12個	7個ずつ
合計	18個	18個	

優位で判断すると、料理の能力が優れたAさんが、ふた家族分の料理をすべてするのが効率的なように思えるが、実際にはそうではない。Aさんがどのように時間を配分しようとも、Bさんが何もしなければ作られる卵焼きとおにぎりの量のどちらかが必ず減ってしまう。料理の時間は限られており、Aさんだけがすべてを行うより、料理が苦手なBさんもその時間に料理をした方が良いのだ。では、どのように分担すれば良いだろうか。そこで登場するのが、比較優位の考えである。

Aさんは、おにぎりを1個握るのをやめれば、余った40秒で卵焼きを2個作ることができる。一方、Bさんはおにぎりを1個握るのをやめれば、余った50秒で卵焼きを1個作ることができる。すなわち、「おにぎり1個を握るために犠牲にしている卵焼きの数」が、BさんはAさんよりも少ないことになる。このとき、BさんはAさんに対しておにぎりの調理に比較優位があるという。逆の計算をすると、AさんはBさんに対して卵焼きを作るのに比較優位があることが確かめられる。

比較優位に沿って料理の作業を分担してみよう。まず、Bさんが自身に比較優位があるおにぎりの調理のみを10分間行ったら、おにぎりが12個できる。一方、たとえばAさんがおにぎりを4個分減らし、おにぎりの調理に費やしていた160秒（=40秒×4個）を自身に比較優位がある卵焼きの調理にあてたら、卵焼きの数が分担前よりも8個（=160秒÷20秒）増え、Aさんは卵焼きを18個作ることになる。結果として、両者の料理数を合計すると全体で卵焼きもおにぎりも2個ずつ調理数が増える。ここで、AさんがBさんに卵焼きを7個渡し、BさんがAさんにおにぎりを5個渡すという交換をすれば、Aさん家族は卵焼きとおにぎりを11個ずつ、Bさん家族は卵焼きとおにぎりを7個ずつ食べられる。比較優位に沿って料理を分担し、それを交換することにより、Aさん家族とBさん家族のどちらも卵焼きとおにぎりを1個ずつ余計に食べられるようになったわけである。

2 貿易による特化の利益

卵焼きとおにぎりの例で見たように、各々が比較優位の原則に沿って得意な分野に集中（=特化）して生産することにより、経済全体で生み出されるモノの量が増える。分業による生産の効率化から人々が得る利益のことを、「特化の利益」という。生産の特化に基づいた交換が起きない場合、Aさんはおにぎり1個を食べるために卵焼き1個をあきらめなければならなかった。Bさんはその逆である。しかし、特化の利益がある場合、全体で作られる卵焼きとおにぎりの数が増える。そのため、分業がない場合と比べて、AさんとBさんのどちらも分業前に食べることができた卵焼きとおにぎりの量を減らすことなく、どちらも食べる量を増やすことができる。

特化の利益が発生するためには、異なる分野に特化したうえで、お互いにそれを交換することが可能でなければならない。もしも交換ができないのであれば、比較優位とは無関係に、消費パターンに沿って生産せざるをえない。上記の例では「卵焼き対おにぎり＝1対1」に応じて各々が料理しなければならないわけである。すなわち、**貿易により国と国との間の交換が可能になると、各国は国内の消費に縛られることなく、比較優位に沿って得意なモノ・サービスの生産に集中することが可能になる**のである。

3　比較優位は何によって生まれるのか

「卵焼き」と「おにぎり」の例では、料理のスピード、すなわち技術の違いが比較優位を決定する要素となっていた。しかし、各国がどの分野に比較優位を有するかは、技術面の違い以外にもさまざまな要素が影響を与える。

たとえば、国家間に技術面での違いがなくても、機械などの資本設備が多く存在する国では、生産者がそれを相対的に安く手に入れることができる。そのため、資本設備が多く投入される自動車や電気機械などの分野において、相対的に低いコストで生産を行うことができ、同分野で比較優位を持ちやすくなる。同様に、相対的に労働人口が多い国は、労働者が多く必要な繊維産業に比較優位を持つ傾向がある。農林水産品や木材などでは、土地の大きさなどの地理的な特徴や気候も比較優位の決定に影響を与えるだろう。

比較優位は、偶発的に生まれることもある。たとえば、半導体の生産には「動学的規模の経済」と呼ばれる効果が働き、生産コストは生産経験を積むほど小さくなることが知られている。また、特定の国・地域で生産規模が拡大すると、そこに部品や材料などを供給するサプライヤーや専門的な労働者が集まることにより、生産コストが下がることもある。生産経験を積むことや生産の集積地となることが、生産コストの低下に重要な役割を果たすならば、何かしらのきっかけで生産が他国よりも先んじて拡大したことが、結果的にその商品の生産に比較優位を持つことにつながる。たとえば、世界のタイル輸出の中心であるイタリアでは、タイルのほとんどがエミリア・ロマーニャ州で生産されている。日本貿易振興機構（ジェトロ）のレポートによれば、同州でタイル生産が盛んになったのは、住民が偶発的にタイルを作ったことがきっかけになり、他の住民も追随して生産し、タイル生産の集積地になったからだという。[2] また、中国の浙江省温州市永嘉県の橋頭鎮は、ボタン工場が集積する中国最大のボタン産地であり、そこから世界中にボタンが輸出されている。アジア経済研究所のレポートによれば、この地域がボタン産地になったのは、１９７０年代に地元の行商人が全国を渡り歩いている間に、たまたまボタン工場のゴミからボタンを大量に発見し、それを持ち帰り地元で売ったらたちまち完売し、他の住人もボタンを買い付けはじめ、やがて生産が始まったのがきっかけだという。[3]

さらに、生産者に影響を与える各国の制度、たとえば、資金調達を容易にする金融制度、契約の履行を保証する法制度、労働者の柔軟な雇用を容易にする労働制度など、整備されている制度が重要な分野における比較優位の獲得につながることもある。たとえば、写真複写機や電気機器、自動車や航空機などの生産では、多数のサプライヤーが契約ベースで請負生産をした部品や中間財を投入している。効率的な生産を行うためには、複雑な工程をこなすことができる労働者の高いスキルが要求される。このとき、法制度が整いサプライヤーとの契約のコストやリスクが低い国や、労働者の作業をモニタリングするコストが低い国、あるいは柔軟な雇用形態を可能にする労働制度を有した国ほど、これらの製品に比較優位を持ちやすいことが近年の研究により明らかになっている。[4]

4　世の中に不必要な人はいない

比較優位の考えは、生産活動のみならず、より身近な状況においても適用できる、きわめて重要な考え方である。スポーツで攻撃も守備も絶対的に優れたプレイヤーに両方のポジションを任せるよりも、他のプレイヤーとポジションを分担した方が、試合を有利に進められることが多い。職場で有能な人に会ったとき、「この人がほかの作業もしてくれれば良いのに……」と思ったことはないだろうか。しかし、もしもその人がすべての仕事を引き受けたら、一つひとつの仕事に費やせる時間が少なくなり、すべての作業の質が落ちてしまうかもしれない。職場で作業が分担して行われているからこそ、優秀な人が能力を発揮することができているのだ。すなわち、その絶対的な能力にかかわらず、すべての人は全体の利益のために必ず貢献できることがあり、その意味ですべての人が優れているのである。

「すべての人が優れている」というのは、矛盾しているように聞こえるかもしれない。しかし、比較優位の考え方に従えば、すべての人が何かしらの分野に比較優位を持っているのである。他者よりもすべての面で絶対的に能力が劣っている（＝絶対劣位にある）人にも、必ず比較優位を持つ分野が存在する。そして、比較優位に沿った分業は、すべての面で絶対劣位にある人のみならず、絶対優位にある人の利益にもなる。絶対優位を持つ人がその能力を最大限に発揮するためには、他人との協力が必要であり、それによりすべての人が利益を得るのだ。

これは国家レベルでも同様で、世界のすべての国・地域には、経済活動を行ううえで必ず比較優位のある分野が存在する。**比較優位の考えは、「世の中に不必要な人（国・地域）はいない」という重要な教訓を与えてくれる。**

5 比較優位の探し方

誰にでも、どんな国・地域にも比較優位があることを述べたが、だからといって、放っておけばすべてがうまくいくというわけではない。自らの比較優位がどの分野にあるのか、判断するのは容易ではないからだ。判断を誤った比較優位に基づかない分業は、逆効果になってしまう。

先のAさんとBさんの例で、仮に比較優位に基づいた特化とは逆に、Bさんが卵焼きばかりを作ってしまったとしよう。そうすると、Bさんは卵焼きを12個作り、もともと6個作っていたおにぎりは作らなくなる。分業前に二人で作っていた卵焼きの合計16個分を維持すべく、Aさんが4個分の卵焼きを調理すると、20秒×4個＝1分20秒（80秒）必要である。このとき、Aさんが残りの8分40秒（520秒）をおにぎりの調理にあてても、13個しかできない。このような分業は、卵焼きの数を増やすことなくおにぎりを3個減らしてしまう。比較優位とは逆の分業をしてしまうと、どのように時間を配分しても、卵焼きとおにぎりの調理数を同時に増やすことは不可能である。

それでは、比較優位は、どのように探し当てれば良いのだろう。ここに、競争の役割がある。生産者同士で自由な競争が行われるならば、比較劣位にある活動を続けていると、いずれは比較優位がある生産者との厳しい競争にさらされ、活動の継続が難しくなる。しかし、自らが比較優位にある活動は、競争の中でも継続できる可能性が高い。**自由な競争が行われる環境は、他者を打ち負かすためではなく、自らの優位性を知るためにこそ重要なのである。**その意味で、自由な貿易と特化の利益は表裏一体の関係にある。貿易を制限することにより特定の産業を人為的に維持すると、Bさんが卵焼きを作ってしまうような、非効率的な特化が起こってしまう。たとえば日本では、輸入品に対する高い関税などを通じて国内の農業を輸入品との競争から守っている。そのような保護は、効率性を損なうのみならず、実は比較優位があり輸出品となるポテンシャルがある農産品を育てる機会を奪っているかもしれないのである。

個人レベルであっても国・地域レベルであっても、自らの比較優位を知るためには、競争的な環境に身を置いて試行錯誤を重ねることが必要である。自分の比較優位が希望する分野とは異なるということも多々あるだろう。競争にさらされる中でも、その分野での自己の能力を高める努力をすれば、その分野で比較優位を獲得しやすくなる。また、第二次世界大戦後、日本の輸出産業が軽工業品から重工業品に移り変わっていったように、比較優位の関係は固定化されたものでなく、状況により変化する。すべての人に比較優位があったとしても、自らの比較優位を見出す努力は、継続的に行わなければならないのである。

第3節　さまざまな貿易の利益

これまで、基本的な貿易の利益として「交換の利益」と「特化の利益」をあげた。それ以外にも、貿易はさまざまな利益をもたらす。代表的なものをいくつか紹介しよう。

1　バラエティ豊かな品揃え——財の多様性の増加

先のAさんとBさんの例では、各々が生産できるものは変わらなかった。しかし、技術的な理由や気候の違いなどにより、生産可能なものは両者で異なるかもしれない。たとえば、バナナの栽培には気温が高く雨量が多いことが必要であるため、バナナベルトと呼ばれる赤道から南北30度の緯度内でしか基本的に栽培できない。日本で開発された軽量で強度の高い炭素繊維は、日本企業が高い世界シェアを持っており、ロケットや航空機の製造からスポーツ製品まで、国内外のさまざまな分野で用いられている。貿易が可能になると、**外国との交換によりこれまで消費できなかった新たな商品を消費できるようになるため、人々の選択肢の拡大、すなわち多様性の利益を得ることができる。**

貿易の開始が、結果的に消費の多様性を増やす面もある。貿易が開始されると、自国生産者と外国生産者が同質的であるほど両者の競争が激しくなるため、同じカテゴリーに属する製品であっても、各々の生産者はデザインや機能をライバルと差別化しようとするかもしれない。自動車や時計などは、製品差別化が進んでいる商品の典型である。貿易による生産者間の競争の活発化は製品差別化を促す面があるのだ。ジョン・ダルトンの研究によれば、２００１年末に中国が世界貿易機関（ＷＴＯ）に加盟した後に、日中間の貿易は大きく増加したが、日本の中国への輸出の増加分のうち約16％が、また日本の中国からの輸入の増加分のうち約22％が、これまで貿易されていなかった新しい品目であるという。既存の貿易品の拡大のみにあらず、貿易品の多様化が、貿易拡大の重要な役割を担っている。貿易により、消費者が新しい製品を目にする機会が増えているのである。

2 「ぼったくり」防止——外国企業の参入と競争促進効果

航空機や自動車などの輸送機器、電気機械、化学製品や金融サービスなどでは、一般に生産開始のために大きな生産設備や研究開発が必要となるため、新規参入がしづらい。そのため、国内で製品やサービスを供給する企業の数が限られ、企業間の競争が限定的になる。極端な場合、1社のみが提供する独占状態になるかもしれない。国内で特定の商品を消費者に提供する企業が少数であったなら、国内で「ぼったくり」ともいえる高い価格がつけられてしまうかもしれない。

しかし、貿易が可能になると、外国の企業も同様の商品を国内で提供するようになるため、競争が激しくなり国内の企業は高い価格を維持できなくなり価格が低下する。価格の低下は国内企業にとっては損失だが、競争の欠如により価格がつり上げられている状況が解消することは、それ以上の利益を消費者にもたらす。すなわち、貿易には国内企業の独占力を奪い、高価格による消費者の損失を回復する競争促進効果がある。

3 高パフォーマンス企業の業績拡大——企業間の資源再配分効果

輸出が行われる部門に複数の生産者が存在し、同種の製品を生産していても、現実には輸出する生産者と国内だけで販売をする生産者とに分かれるだろう。それら同一部門に属する生産者は均質ではなく、生産性などの特性が異なることがその背景にある。近年の研究では、そうした企業の異質性を考慮した分析が進められている。

たとえば企業ごとに生産性が異なる場合、同じ生産を行っても高い生産性を持つ企業は大規模生産を行い大きな利益を獲得し、生産性が低い企業は小規模生産を行いその利益は小さい。貿易が可能になると、各生産者は生産物を海外に輸出する機会を得る。しかし、輸出をするには輸出手続きや現地での流通チャネルの確保などが必要なため、一定の費用を負担する必要がある。その費用を負担してでも輸出で利益を上げるためには、ある程度生産性が高くなければならない。

そのため、生産性の高い一部の企業のみが輸出をし、そのほかの企業は国内での販売にとどまることになる。実際、日本企業のほとんどは国内だけで活動しており、輸出をしている企業はむしろ少数派である。たとえば、経済産業省『平成28年版　通商白書』によると、日本の製造業企業のうち、2013年に輸出を行った企業数は7225社である。同年の経済産業省の「工業統計調査」によれば、製造業の企業数は18万4485社であるから、輸出企業数の割合はわずか3・9％である。この割合は国によって異なり、アンドリュー・バーナードらの研究によれば、2007年にアメリカ国内で活動していた製造業企業のうち、輸出を行っている企業の割合は35％（製造業の各部門の割合の平均）である。[6] いずれにせよ、一部の企業のみが輸出を行っているのが現実である。

貿易が開始されると、生産性の高い企業が輸出向けに生産規模を拡大するため、労働者等の生産要素への需要が高まり、労働賃金が増加するなどその報酬が増加する。一方、生産要素への報酬の上昇は生産コストの上昇を意味するため、輸出を行わない低生産性企業の生産規模は縮小する。賃金上昇に耐えられなくなった企業の一部は撤退する。

結果的に、生産のための資源が生産性の低い企業から高い企業へと移動することになる。すなわち、貿易自由化は生産性などのパフォーマンスが高い輸出企業に利益をもたらし、輸出をしない企業（非輸出企業）は損失を被る。貿易は非輸出企業には良い結果をもたらさないが、**資源が低生産性企業から高生産性企業に移ることは当該産業全体の生産の効率性を高め、その国の実質所得を押し上げることにつながる。**貿易による同一部門内での高パフォーマンス企業への資源の移動から生じる利益は、企業間資源再配分効果、あるいはマーク・メリッツがその基礎となる理論を構築したことにちなみ、「メリッツ効果」と呼ばれる。[7]

コラム　貿易利益の大きさはどれくらいなのか

これまで、貿易はさまざまな利益を生むことを説明してきたが、その利益の大きさはどのくらいなのだろうか。貿易の利益の大きさを測るためには、「貿易がない状態」と「貿易がある状態」を比較する必要があるが、現代では貿易を行っていない国は皆無なので、貿易利益を定量的に測るのは難しい。そこで、ダニエル・バーンホーヘンとジョン・ブラウンは幕末から明治維新にかけての日本の開国時のデータを用いて、シミュレーション分析をした。[8] その結果、開国は当時のGDP比で見て8～9％の貿易利益をもたらしたと推計している。

また、アルノー・コスティノットとアンドレス・ロドリゲス－クレアは「重力モデル」と呼ばれる国家間の貿易量を予測するための代表的な手法を応用しつつ、各国別の貿易利益の推計を行っている。[9] 彼らの推計によると、1部門しかない単純な貿易モデルでの貿易利益は世界平均で4・4％、日本では1・7％の実質所得の上昇をもたらすが、財の多様性の増加や中間財部門の貿易、さらにメリッツ効果などを考慮した複雑な貿易モデルで貿易利益を測ると、世界全体で約40％の、日本では約33％の実質所得の上昇をもたらすとした。全体として貿易依存度が高い途上国の方が先進国よりも貿易利益が大きい。貿易により日本の実質所得が3割上昇しているのであれば、貿易の利益はわれわれの生活水準を大きく高めているといえるだろう。

第4節　貿易は国内で争いを起こす

これまで、貿易の本質は自国と外国との争いではなく、両国とも利益が得られる活動であることを強調してきた。自国の生産者と外国の生産者との間で起こる競争を、国同士の利益の取り合いと拡大解釈してはならない。国全体としては、貿易により外国との交換が可能になることは消費者に利益をもたらし、また生産者間の競争を通じて各国の特化が進むことは、限られた時間と資源の有効活用につながる。さらに、消費の多様性の増加や、競争促進効果、企業間資源再配分効果といった追加的な利益もある。

しかし、貿易には争いを生む側面もやはりある。ただし、それは自国と外国との争いではなく、国内で起こる争いである。先のAさんとBさんの例では、おにぎりを作るのも卵焼きを作るのも同じ人であり、交換したものを食べるのも同じ人であった。したがって、各国内で利害の対立は起きず、争いが起こる余地はなかった。しかし、現実には一国内には多数の人々が活動しており、モノやサービスを消費する人とそれを供給する人が同じとは限らない。

しつこいようだが、貿易は交換の利益と特化の利益を通じて国全体に利益をもたらす。しかし、多数の人々により構成される各国内では、貿易をきっかけにさまざまな利害対立が発生し、貿易により損失を被る人々も出てくるかもしれない。「貿易が各国に利益をもたらす」という基本命題が正しかったとしても、それは「貿易により利益を受ける人々の利益の大きさの合計が、貿易により損失を被る人々の損失の合計を上回っている」という意味であり、貿易が国内のすべての人々に利益をもたらすことを保証しているわけではない。

本節では、貿易をきっかけにした国内の争いと、貿易が特定の人々に損失を与える側面について整理しよう。

1　野球よりもサッカー？——異なる部門間の利害対立

スポーツの分野でもグローバル化が進み、筆者の幼少時に比べてサッカーなどの世界的に人気のあるスポーツが盛んになり、運動能力が優れた選手が目指すスポーツも多様化した。それ自体はスポーツ界全体として良いことだが、伝統的に盛んだった野球の競技人口は減少し、人気も落ちている。

同様のことが、生産活動でも起こる。先のAさんとBさんの例で、一人がすべての生産をするのではなく、各国内で卵焼きを作る部門とおにぎりを作る部門があるとしよう。貿易により比較優位に即した特化が進むと、A国ではおにぎり部門の生産が減り、卵焼き部門の生産が増える。B国では逆の変化が起きる。

生産パターンの変化の裏には、資本設備や労働者などの生産要素のおにぎり部門から卵焼き部門への移動がある。しかし、おにぎり部門の経営者や、その部門の生産に特有の能力を持った労働者などは、少なくとも短期的には部門間を容易に移動できないだろう。そうすると、比較劣位部門で働く人々は、貿易により損失を被ってしまう。比較優位部門と比較劣位部門との間で、限られた生産資源を争うことが、貿易による勝者と敗者を国内で生んでしまう。

2 強いチームへの移籍――同一部門内の利害対立

再びサッカーにたとえよう。ヨーロッパのサッカーリーグは、国内リーグでタイトルを争うだけでなく、各リーグの代表が戦うヨーロッパ全体のリーグ戦やカップ戦がある。国境を越えてチームが競争を行うことにより、各国リーグでは一部の有力チームに有力選手が集まるようになり、海外でも戦えるトップチームと、国内リーグだけで試合をするチームに二分化している。

第3節の**3**で説明したように、同一部門であっても生産性が高い企業と低い企業が混在するため、貿易が可能になっても一部の企業のみが輸出を行い、生産資源が国内販売にとどまる非輸出企業から輸出企業へと再配分されることになる。その結果、非輸出企業は損失を被り、なかには撤退する企業が出てくるかもしれない。当該部門の効率性の向上が全体として利益をもたらしたとしても、貿易に関わらない企業には打撃を与えてしまうのである。

3　輸入を増やしているのは誰なのか——生産者と消費者の争い

外国から安いモノが輸入されると，競合する国内の生産者は価格の低下や販売量の低下から損失を被る。本節の**1**で見たように，働く場を比較優位産業に容易に転換できない場合，輸入競争により損失を被る人が出てきてしまう。

このとき，輸入品を生産している外国が批判の対象になりがちであり，自国と外国とで利害対立が生じているように思える。生産者間の競争という意味では，確かに自国と外国の争いであるが，輸入の裏には常にそれを購入する国内の消費者がいることを忘れてはならない。輸入の増加が生産者に損失を与えたとしても，その一方で低価格の輸入品，および価格が下がった国内品を購入する消費者には利益が生じている。輸入は国内の生産者と国内の消費者との間の利害対立を生んでいるのである。

輸入は国内消費量が国内生産量を上回っているときに生じるため，輸入による価格低下と消費増加による消費者の利益は，通常は価格低下と国内生産の減少による生産者の損失を上回る。そのため，国全体で貿易利益が生じることは変わらない。しかし，その利益の背景には国内の生産者から国内の消費者への利益の移転があるのである。

●おわりに——貿易は選択肢を増やしつつ選択を迫る

貿易により、消費者は国産品だけでなく輸入品を消費できるようになる。一方、生産者は生産物を国内で販売するだけでなく、輸出により外国でも販売できるようになる。消費者と生産者の各々にとって、自らの行動の選択肢が増えることは良いことである。

貿易による外国との交換活動は、国内での交換と同様に、すべての国に交換の利益を生む。そして、国境を越えた交換の活発化は、一国内の消費のパターンと生産のパターンを分離することを通じて、各国の生産パターンに影響を与える。自由な貿易による生産者間の競争は比較優位に沿った特化を促し、特化の利益を生む。

貿易の活発化により、輸入品と差別化すべくより魅力的な製品の開発をする生産者もいるだろう。縮小する産業がある一方で、輸出により規模を拡大する産業や企業も出てくる。**貿易は選択肢を増やす一方で、消費者や生産者に「何を買うのか」「何を作るのか」という選択を迫るのである。**

貿易が国全体に利益をもたらしたとしても、貿易により損失を被る人々も国内にはいる。消費者が安価な輸入品を多く購入するようになると、これまでスーパーに並んでいた国産の食料品の多くは、輸入品に置き換わるかもしれない。輸入品と競合するものを生産する生産者は、事業が続けられなくなり、労働者は他の職を探しはじめるかもしれない。輸出産業の発展や、生産性の高い輸出企業の台頭は、異なる部門間ないし同一の部門内で限られた生産資源の奪い合いにつながる。結果として、国内で損失を被る人々も出てくるだろう。

貿易の利益をより強固なものにするためには、貿易により利益を受ける人々から貿易により損失を被る人々への利益の再分配政策や、部門間や企業間の資源の奪い合いによるデメリットを緩和する政策を講じることにより、「敗者」を「勝者」に転換する取り組みが必要になる（再分配の必要性については第4章で再び議論する）。貿易の利益は、そこに「ある」ものではなく、自らの努力により「得る」ものなのである。

第2章

貿易赤字は何を示唆するのか　交易条件の悪化こそが問題

●はじめに――貿易赤字国になった日本

「貿易赤字転落、日本岐路に」――2012年1月9日付の『日本経済新聞』の記事の見出しである。日本が貿易赤字を記録したことは新聞やニュースで頻繁に取り上げられたため、読者も一度は耳にしたことがあるであろう。同記事には、「このままでは向こう数年間は赤字から脱却できない可能性が大きい」との記述もある。この記事が予想したとおり、日本の貿易収支は2011年から15年までの5年間赤字が続いた。2016年・17年は黒字となったものの、18年は再び1兆2033億円の赤字となった。1998年に13兆9914億円もの黒字を記録するなど、日本は貿易黒字大国であったが、その面影はもうない。

冒頭の記事で「赤字転落」「赤字から脱却」と書かれているように，一般に，貿易赤字はその国の経済にとってマイナスであると捉えられる傾向にある。「赤字」という語句の悪い印象も手伝ってか，貿易黒字国は国際貿易における「勝ち組」で，逆に赤字国は「負け組」であるという印象が，貿易赤字に否定的な意見につながっているように思われる。また，貿易赤字の拡大は，日本から輸出されたモノの外国での販売額が外国から輸入されたモノの日本での販売額と比べて相対的に小さくなっていることを意味している。それをもって，日本製品の国際競争力が低下しているとの主張も多く見られる。貿易赤字は本当に問題なのだろうか。貿易赤字の進行は，日本製品の国際競争力の低下を意味するのであろうか。これらの疑問を解くために，本章では，貿易赤字の進行と日本製品の国際競争力について，「交易条件」と「付加価値貿易」という二つのキーワードをもとに，考えていくことにしよう。

本題に入る前に，本章で用いられる「国際競争力」という語句の意味について，明確にしておきたい。国際競争力と聞くと，企業の立場で外国のライバル企業との競争をいかに有利に進められるかをイメージすることが多いだろう。しかし，企業レベルの競争力の高さは，必ずしも「国全体の豊かさ」を意味するわけではない。確かに，日本の輸出企業が生み出す付加価値は，日本国内で生み出された付加価値の総額である国内総生産（GDP）を構成する一要素であり，輸出から生み出される付加価値の増大は（国内で生み出される付加価値の増大と同様に）日本を豊かにすることにつながる。

しかし，第1章でも説明したように，外国企業の生産性が高いことは，競争促進や分業によるメリットを増大させることにもなるため、必ずしも日本に損失を与えるわけではない。本章で論じる「日本製品の国際競争力」は、日本企業がライバルに勝てるか否かではなく、その強化が日本全体に利益をもたらすか否かという観点で用いることに注意してほしい。

第1節　黒字から赤字へ——日本の貿易収支の変化

貿易赤字とは、正確には貿易収支の赤字のことを指す。貿易収支とは、国内で生み出されたモノが外国で消費された額である輸出額から、外国で生み出されたモノが自国で消費された額である輸入額を差し引いた差額である[1]。すなわち、

貿易収支＝輸出額－輸入額

と定義される。差額がプラスの場合は貿易収支の黒字（貿易黒字）、マイナスの場合は貿易収支の赤字（貿易赤字）と呼ばれる。

日本は１９８１年から長らく貿易黒字を続けていたが、冒頭の記事が報じたように２０１１年に31年ぶりの赤字となり、14年には過去最大の12兆８１６０億円の赤字を記録した（図２－１参照）。

輸出額と輸入額を個別に見ると、世界金融危機が起こった２００９年に大幅に輸出入額が減少しているものの、中長期的に見れば両者とも拡大傾向にある。貿易赤字を記録した２０１８年の輸出額は

図2－1　日本の貿易収支の推移

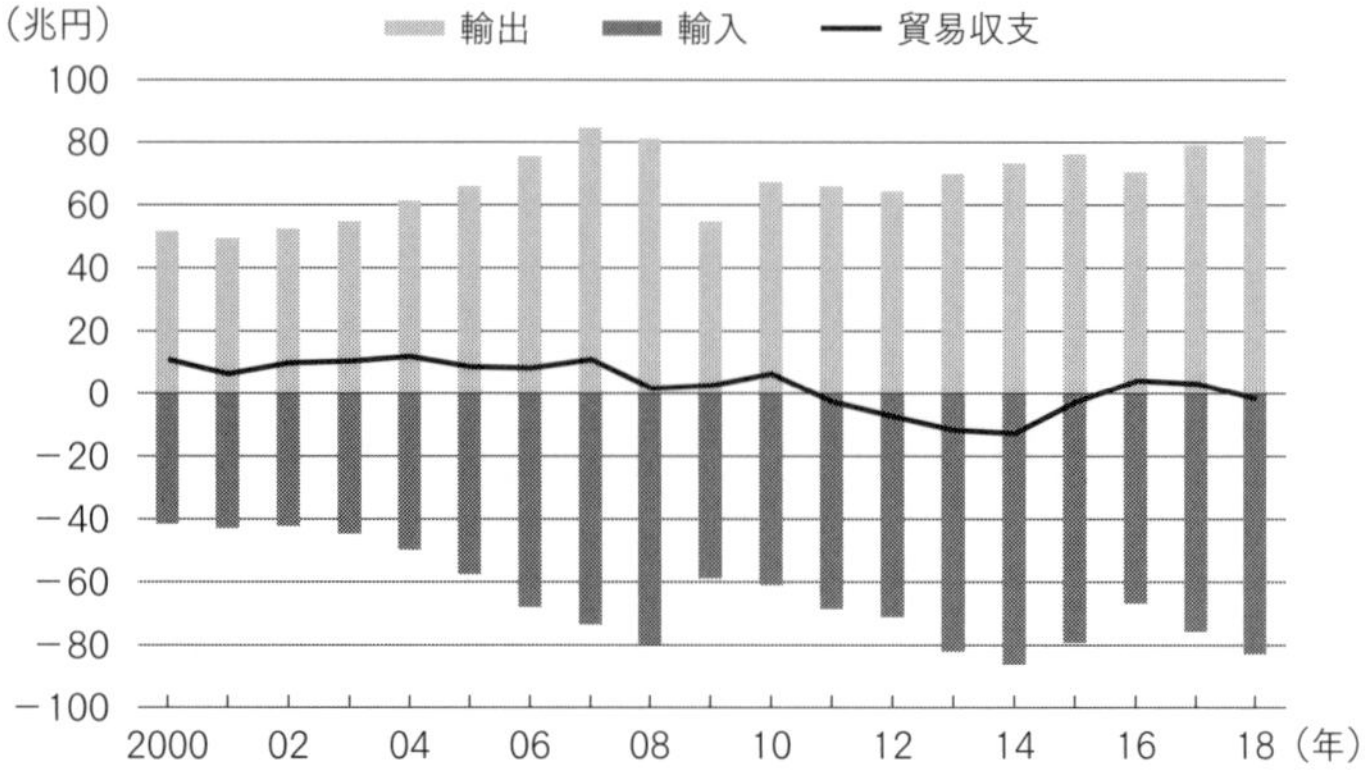

（出所）財務省「貿易統計」より筆者作成。

81兆４７８８億円であり、２０００年の輸出額（51兆６５４２億円）と比較して約58％増加している。一方、２０１８年の輸入額は82兆７０３３億円であり、２０００年の輸入額（40兆９３８４億円）と比較して１０２％の増加、すなわち２倍以上増加している。貿易赤字は、輸出の減少が原因ではなく、輸出額を上回る輸入額の増加によってもたらされていることがわかる。

第2節　価格か数量か
——貿易収支赤字化の要因

近年の貿易収支の赤字化は、どのような要因によってもたらされているのだろうか。輸出額は輸出価格に輸出数量を掛け合わせたものであり、輸入額は輸入価格に輸入数量を掛け合わせたものであるため、貿易収支は、

図２－２　輸出入価格・数量指数と為替レートの推移

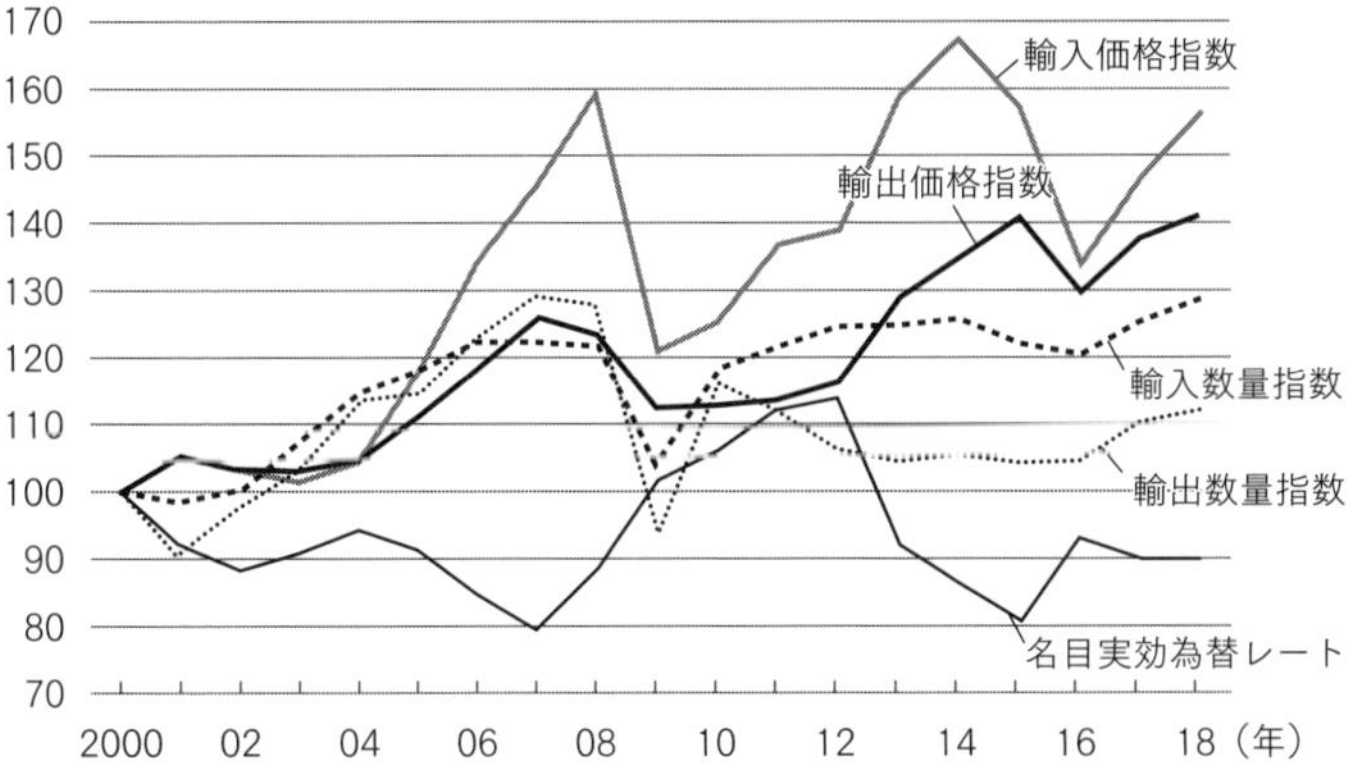

（出所）財務省「貿易統計」，日本銀行ウェブサイトのデータより筆者作成。

貿易収支＝輸出価格×輸出数量－輸入価格×輸入数量

と分解できる。したがって、貿易収支の変化は、価格要因と数量要因に分けて考えることができる。すなわち、貿易収支の黒字縮小ないし赤字進行には、①輸出価格の下落、②輸入価格の上昇、③輸出数量の減少、④輸入数量の増加の四つの要因が関係している。

図２－２は、２０００年を１００として円建ての輸出価格・輸入価格と輸出数量と輸入数量の変化をグラフにしたものである。また、名目実効為替レートの推移も同じく２０００年を１００としてグラフ化している。名目実効為替レートとは、通貨の総合的な価値の高さを表したものであり、日本円と他国通貨との間の為替レートを、日本にとっての各国の貿易額のシェアに応じてウエイトをつけて計算される。その数値が高いほど外国通貨に対して全体として円高が進行してお

り、逆に低いほど円安が進行していることを意味している。

2000年から2004年にかけては、輸出価格と輸入価格はほぼ同じように動いており、輸出数量と輸入数量も連動して変化している。結果として、貿易収支に大きな変化はない。一方、2005年から輸出価格と輸入価格は乖離しはじめ、輸入価格が輸出価格を大きく上回りつつ、変動していることがわかる。また、同方向に動いていた輸出数量と輸入数量は、2011年以降乖離しはじめ、輸入数量が上昇する一方で輸出数量が下落し、近年はどちらも安定的に推移している。為替レートは2008年から続いていた円高傾向が13年から円安傾向に大きく変化している。輸出価格と輸入価格も大きく変化しているが、輸出数量と輸入数量には大きな変化は見られない。

以上より、**日本の貿易収支の赤字化は、2011年以降の輸入数量の上昇と輸出数量の低下という数量要因、および2004年以降の輸出価格と比較した輸入価格の大幅上昇という価格要因によりもたらされている**ことがわかる。以下では、数量要因と価格要因から、貿易収支の赤字化をどのように評価すべきか、それぞれ考えていくことにしよう。

1　貿易数量と貿易収支——数量の変化が鈍い背景

まずは、日本の貿易収支の変化を貿易数量の観点から考えよう。図2-2からも読み取れるように、2012年までは、輸出数量も輸入数量も大きく変動していたが、13年以降、為替レートが大きく変動しているにもかかわらず、輸出数量と輸入数量はほとんど変化していない。とくに、円安局面でも輸出数量が反応していないことが、日本製品の国際競争力の低下の表れだとする主張も見られる。貿易数量の反応が鈍くなったのは、なぜだろうか。原因としては、以下の3点が考えられる。

第1に、海外生産の拡大とそれに伴う中間財貿易の増加があげられる。日本のモノの輸出の主力である製造業では、グローバル化に伴う国際競争の激化に対応すべく、生産の海外展開によるコストダウンや生産の効率化を活発に行っている。具体的には、海外の生産拠点の設立や外国企業へのアウトソーシングを通じて、国境を越えた生産ネットワークの拡大を進めている（アウトソーシングについては第3章でより詳細に議論する）。すなわち、一つの製品を生産する過程において、各々の生産工程を最適な立地点で行いながら、各国で製造された部品などの中間財を多数投入しつつ最終製品を生産するのである。最終製品の生産地が日本であるとは限らず、日本が高品質な中間財を外国に輸出し、外国の現地工場がそれを最終製品に組み立て、日本を含めた最終消費地に輸出する場合も多い。こうした傾向は世界中で見られ、いまや世界のモノの貿易の5割以上は中間財が占めている。

中間財貿易が盛んになると、輸出と輸入の連動性が高まる。すなわち、輸出をするためには中間財の輸入が必要であるため、輸出の増加には輸入の増加が伴い、輸出の減少は輸入の減少につながる。したがって、為替レートの変動などによる価格の変化が、輸入数量や輸出数量に影響を与えにくくなっている可能性がある。

第2に、輸入エネルギー依存の高まりが輸入数量と輸入価格の関係に影響を与えていると考えられる。2011年の東日本大震災以降、国内の原子力発電が停止し、火力発電などへのシフトから石油などの輸入エネルギーへの依存度が高まった。その結果、輸入エネルギーの需要が固定化し、輸入数量が輸入価格の変化に対してあまり反応しなくなっている（価格変化に対して非弾力的になっている）と考えられる。

第３に、輸出企業が現地の販売価格を変化させていない可能性がある。為替レートの変動がどこまで輸出数量に影響を与えるかは、その変動を輸出企業がどこまで現地での販売価格に転嫁するかに依存し、その転嫁の程度を「パススルー」という。

たとえば、日本からアメリカへ輸出するとき、円建ての輸出価格を１２００円に固定したまま、１ドル＝１００円から１ドル＝１２０円へと円安が進行すれば、ドル建ての輸出価格は12ドルから10ドルに下がるため、アメリカ市場でのドル建ての販売価格が下がり、輸出量が増えるだろう。しかし、輸出企業が現地通貨建ての輸出価格をたとえば12ドルに固定して輸出していれば、上記の為替レートの変化は輸出数量に影響を与えず、円建ての輸出価格のみを12ドル×１００円＝１２００円から、12ドル×１２０円＝１４４０円へと上昇させることになる。清水順子と佐藤清隆の研究によれば、現地通貨建ての輸出物価指数が為替レートの変動にもかかわらずほとんど変化していないという。[2]

図２－３は２０００年を１００とした、契約通貨（輸出契約書に記された支払通貨）ベースの輸出物価指数の推移を表している。契約通貨ベースの輸出物価指数は、外貨建て輸出が決済されている場合には外貨建ての輸出価格の変動部分のみが反映される。図より、為替レートの変動に対して、契約通貨ベースの輸出物価の動きが小さいことがわかる。すなわち、為替レートの変動に対して、輸出企

図 2－3　契約通貨ベースの輸出物価指数と為替レート

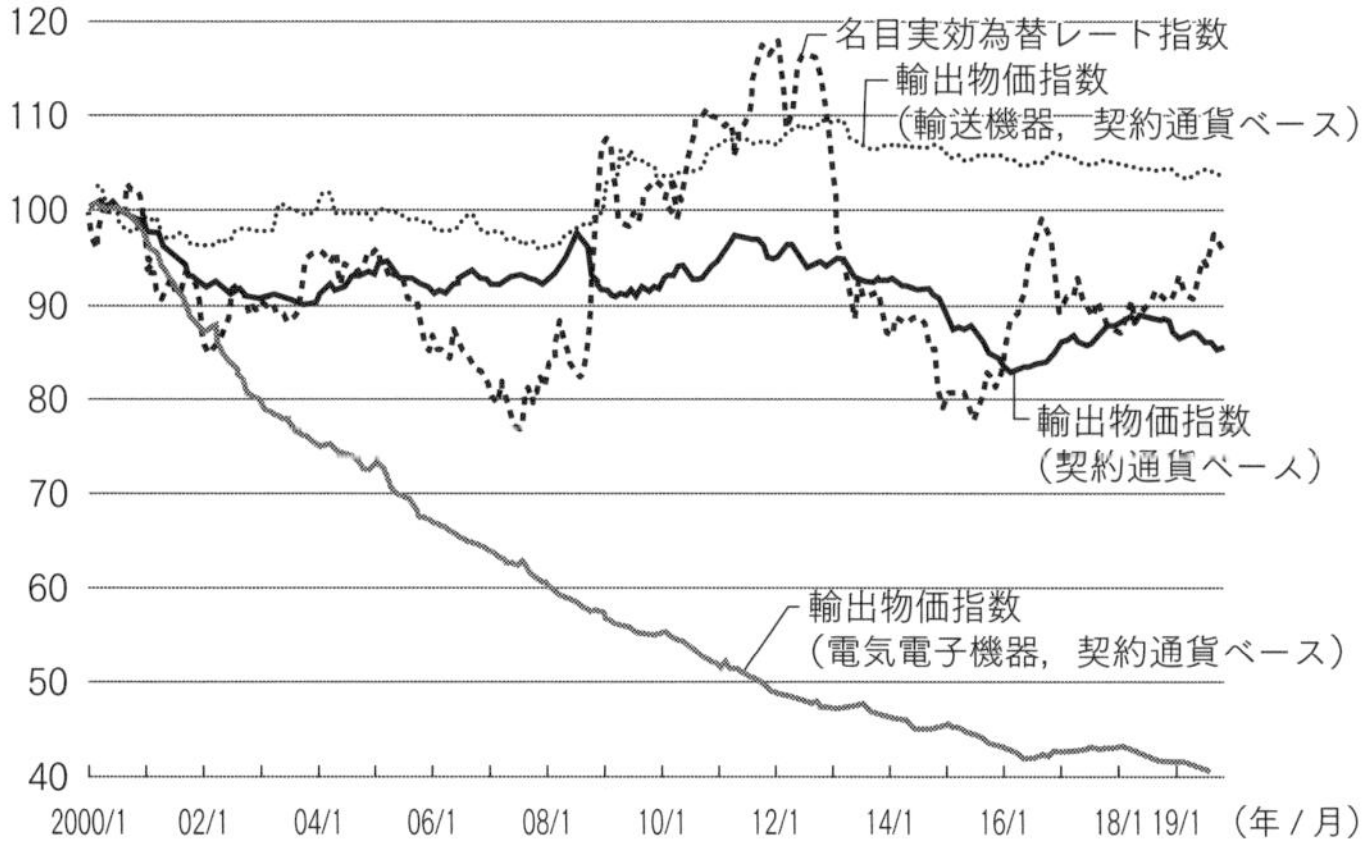

（出所）　日本銀行ウェブサイトのデータより筆者作成（2000 年基準に変換）。

業が外貨建ての輸出価格をあまり変化させていないことが示唆される。

　現地通貨建てで輸出が決済されている背景として、右記の清水と佐藤の研究では、日本の主力輸出品は外国企業との競争が激しく、外国製品の品質も向上しているため、販売を維持するために現地通貨建ての輸出価格を維持せざるをえないことをあげている。また、契約通貨ベースの輸出価格の変化は産業ごとに違う動きを見せており、輸送機器は横ばいから若干上昇傾向にあるのに対し、電気電子機器では一貫して下落傾向にある。伊藤隆敏らの研究では、電気電子機器産業では世界的に電子部品、半導体、事務用機器等の価格が低下していることを輸出価格の低下の理由としてあげている。[3] さらに同研究では、世界トップシェアを誇るか、あるいは製品差別化が進んだ日本の輸出品に関しては、円建てで輸出が決済される傾向が強いことを実証的に明らかにしている。製品差別化による製品の高付加価値化は経済成長に貢献するため、製品差別化が不十分であることが輸出数量の下げ止まりの背景にあるのであれば、より差別化された魅力ある製品を開発することが、日本経済に好影響をもたらすだろう。

2　貿易価格の変化と貿易収支——交易条件で考える

次に、価格要因から考えよう。日本の貿易収支の赤字化には、輸出価格と輸入価格の変化が少なからぬ影響を及ぼしている。図2－4は、図2－2のうちの価格の変化に限って、もう一度その推移を描いたものである。

まずは輸出価格について見ていこう。輸出価格は、2009年の世界金融危機や円高により一時的に下落したものの、全体として上昇傾向にあり、2013年からの円安の進行は、円建ての輸入価格を引き上げるだけでなく、円建ての輸出価格を押し上げた。先述のように、日本企業が現地通貨建ての輸出価格を固定する傾向にあるため、円安が円建ての輸出価格を押し上げる効果がある。

次に、輸入価格の変化の原因を考えてみよう。外貨建ての輸入価格が変わらなくても、円安が進行すれば一般に円建ての輸入価格は上昇する。しかし、2010年～12年にかけての円高局面でも円建ての輸入価格が上昇している。これは、エネルギー源である原油や天然ガス、石炭などの化石燃料の輸入価格そのものの上昇が大きく影響していることによる。その後、アメリカのシェール革命（頁岩《けつがん》層に含まれるシェールオイルという石油の大幅な増産）などをきっかけに2014年から原油価格が

図2－4　輸出入価格指数と交易条件指数の推移

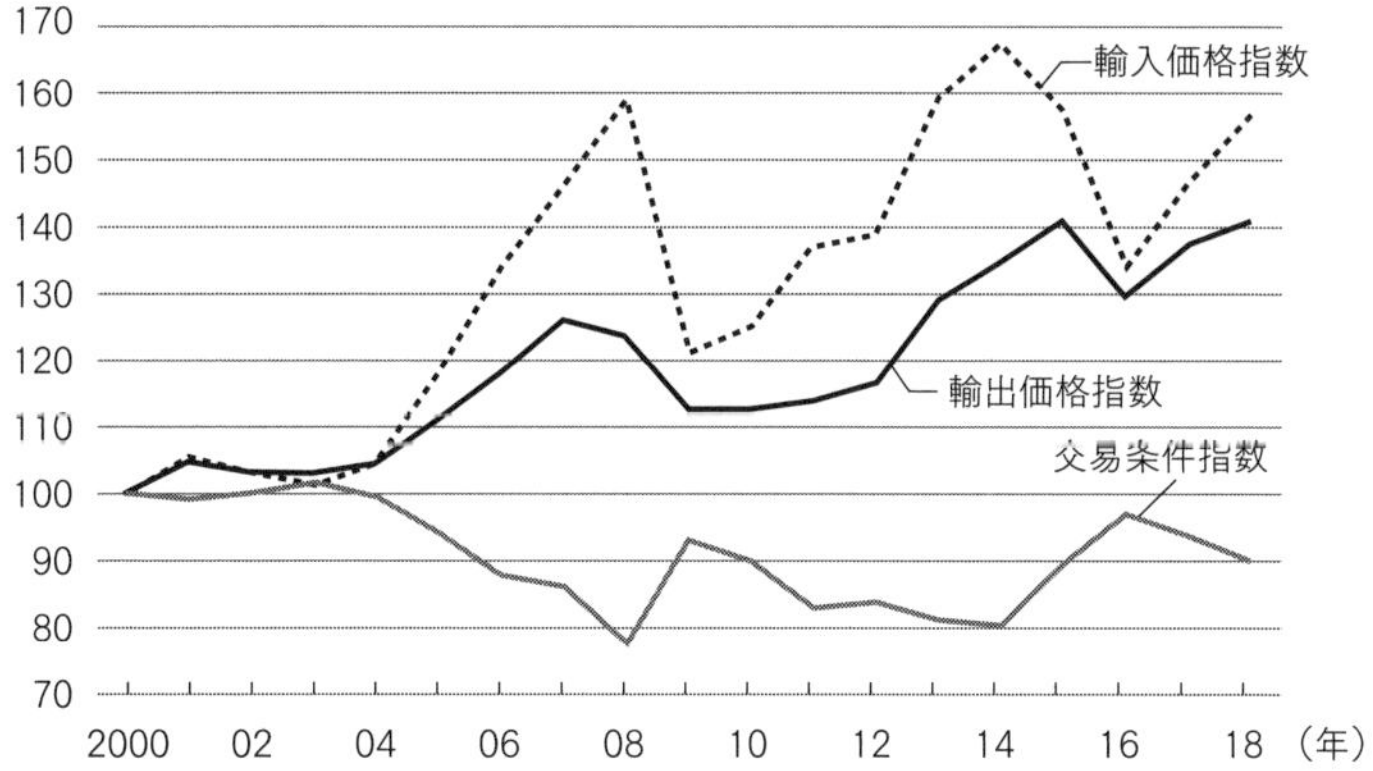

（出所）財務省「貿易統計」のデータより筆者作成。

暴落し、日本の輸入価格も下落したが、17年からまた上昇しはじめている。

こうした価格変化は、われわれの暮らしにどのような影響をもたらすであろうか。その一つの指標となるのが、「交易条件」である。交易条件は、次の式で定義される。

交易条件＝輸出価格÷輸入価格

式だけでは意味がつかみづらいが、実は**交易条件の大きさは、輸出品1単位でどれだけの量が輸入できるか、すなわち輸出品と輸入品の交換比率を表している**。仮に、輸入価格が1万円、輸出価格が2万円であったとしよう。この場合、1単位の輸出により2万円の代金が得られるが、それを元手に輸入品を買えば2万円÷1万円＝2単位の輸入品が手に入る。したがって、交易条件の水準が高くなるほど、国全体では少ない輸出（＝稼ぎ）でよりたくさん輸入（＝買い物）ができるため、貿易することの利益が大きくなる。これを交易条件の改善という。逆に、交易条件の下落は、貿易の利益を小さくするため、交易条件の悪化と呼ばれる。

たとえば輸出価格が1万5000円に下がり、輸入価格が1万5000円に上がった場合は、交易条件＝1万5000円÷1万5000円＝1なので、価格の変化前よりも同じ輸出品の量で手に入る輸入品の量が少なくなってしまっている。「少ない輸出で輸入するための資金をたくさん稼げる」という意味で、交易条件の上昇はその国の利益となる。

日本の交易条件はどのように変化しているだろうか。図2－4には、2000年を100とした交易条件の推移も描かれている。2004年以降、日本では輸出価格は上昇傾向にあるものの、それ以上に輸入価格が上昇しているため、日本の交易条件は2000年と比較してずっと悪化している状態である。2009年の世界金融危機や15年からの石油価格の大幅な下落などによる輸入価格の低下は日本の交易条件を改善しているが、いずれも一時的なものであり、交易条件の悪化傾向は変わっていない。

ところで、交易条件の悪化は輸入価格が輸出価格と比較して相対的に上昇することを意味するため、貿易収支を赤字化させる要因である。まだ貿易収支が11兆円に迫る黒字であった2000年と比較して、13兆円に迫る過去最大の貿易赤字を記録した14年は約20％も交易条件が悪化した。輸出価格が34・5％上昇した一方、輸入価格は約67％の上昇を記録している。再び貿易赤字を計上した2018年においても、2000年と比較して交易条件が約10％悪化している。

図2－5　各国の交易条件指数の推移

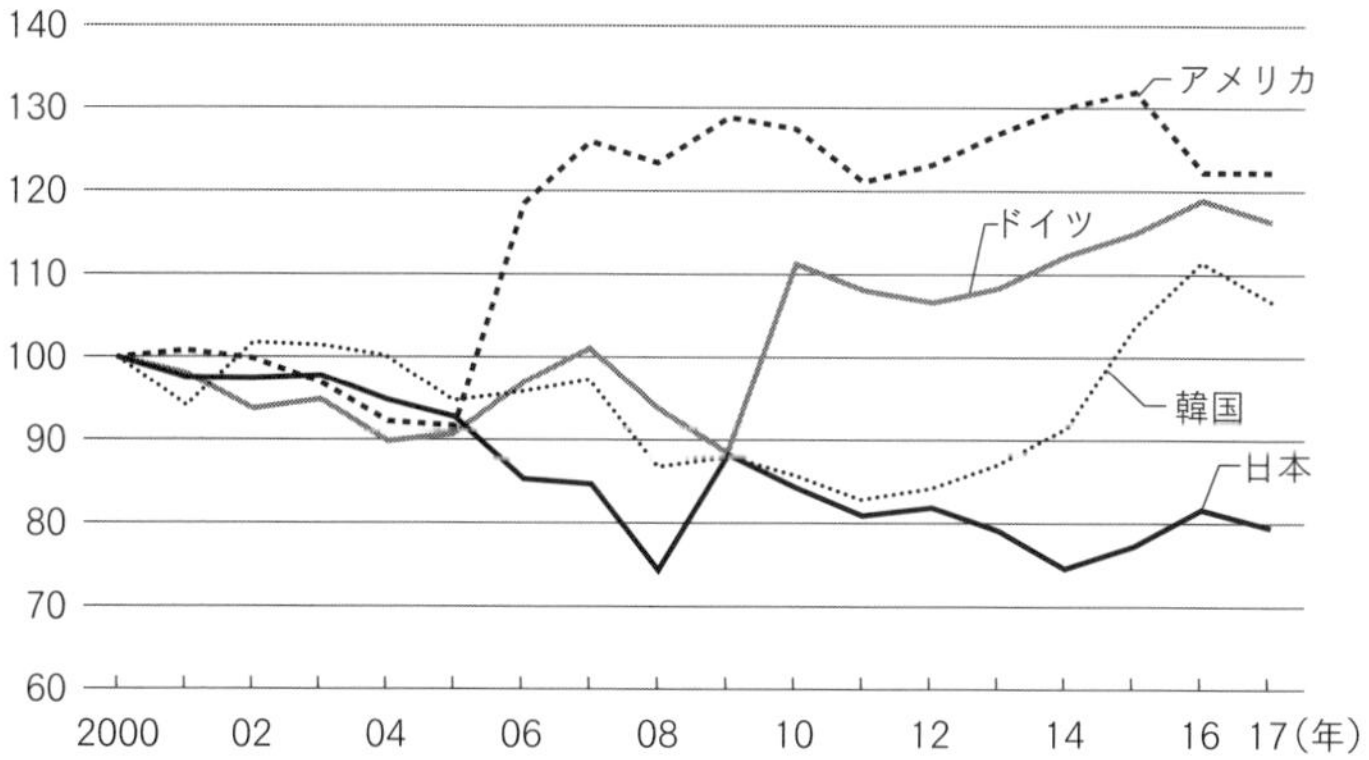

（出所）　JETRO アジア経済研究所「貿易単価・金額・数量・交易条件指数」より筆者作成。

3　貿易収支赤字ではなく交易条件の悪化こそが問題

輸入におけるエネルギー価格上昇や輸出における国際競争の激化は、他国にも共通する外部環境である。しかし、各国の交易条件の動きにはばらつきがある。図2－5は、2000年を100として、それ以降の各国の交易条件指数の推移を図にしたものである。

アメリカやドイツは交易条件を改善させているのに対し、日本の交易条件指数は趨勢的に低下傾向にある。日本と似た産業構造の韓国は、ウォン高による輸入価格の低下もあり、近年は交易条件指数が上昇している。しかし、2012年までは日本と同じく、交易条件が悪化傾向にあった。他国が交易条件を改善させている背景としては、先述のシェール革命により、アメリカでのエネルギー輸入価格が低下したことなども背景にあるが、輸出価格の動きの違いも影響している。図2－6は、2000年を100として、各国の輸出価

図2−6　各国の輸出価格指数の推移

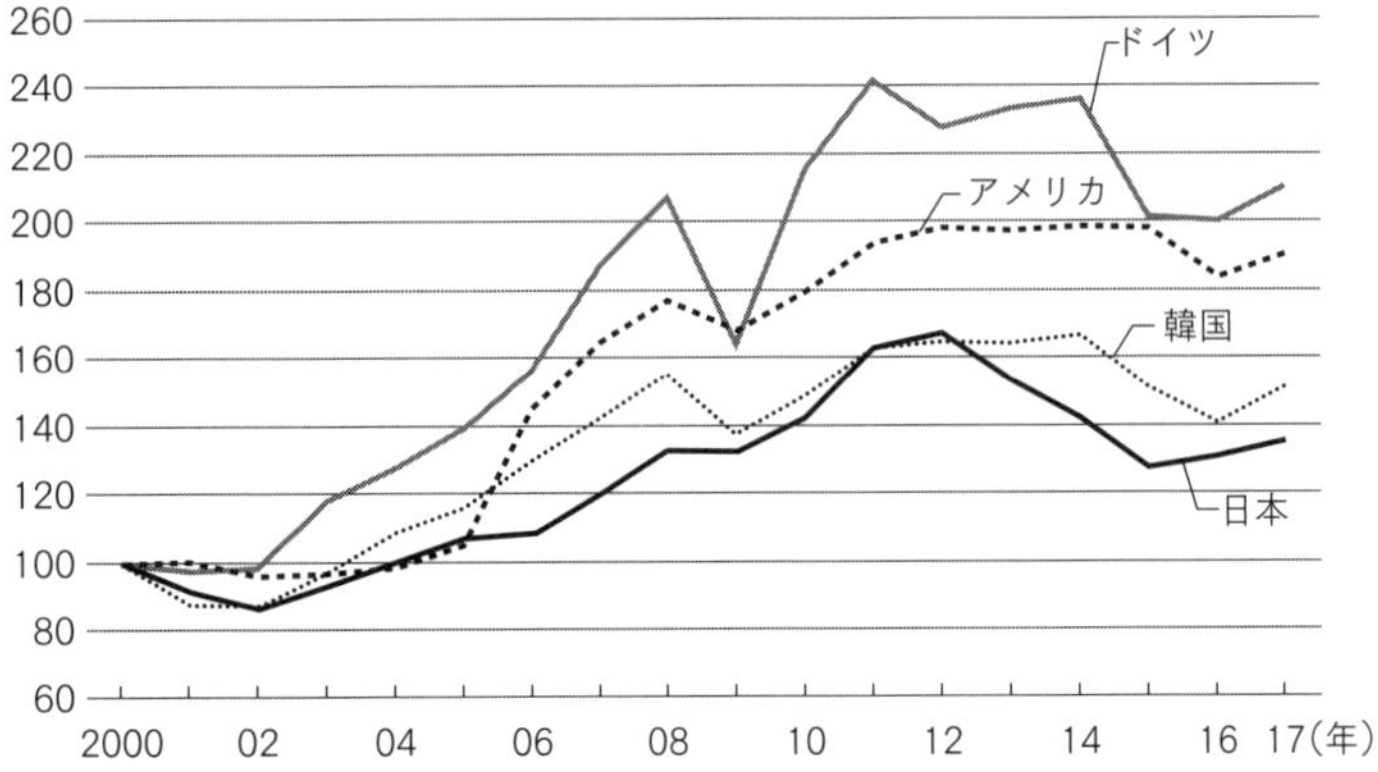

（出所）図2−5と同じ。

格指数を比較したものである。ドイツとアメリカと比較して、日本や韓国の輸出価格の上昇幅が小さいことがわかるだろう。

ドイツは巨額の貿易黒字を続ける国であり、一方でアメリカは長く貿易赤字を抱えている。しかし、貿易の絶対的な黒字・赤字ではなく、貿易収支の変化の裏にある交易条件の変化こそが重要である。貿易赤字が進行したとしても、それが交易条件の悪化を伴っていなければ、「輸出品の競争力」が失われているとはいえない。輸出品と輸入品の交換比率が変わっていないからである。問題にすべきは、貿易収支の赤字化ではなく、交易条件の悪化である。

第3節　輸出額の新しい指標——生産ネットワークの拡大と付加価値貿易

前節では、輸出品と輸入品をいかに有利な比率で交換するかという観点から、交易条件と貿易収支の関係について考えてきた。しかし、輸出には輸入品との交換手段という役割のみならず、外国の需要を国内で生み出される付加価値に変換し、需要面から日本のGDPを押し上げるという役割もあるだろう。日本の貿易赤字の進行は、輸出が生み出す付加価値が低下していることを意味するのであろうか。

この点を考える際には、輸出額のすべてが、国内の付加価値の増大に貢献するわけではないことに注意する必要がある。たとえば、日本から総額で100億円分の輸出をして外国で消費されたとしても、その輸出品の生産のために外国から輸入した中間財を20億円分投入したのであれば、100億円の日本の輸出額のうち、日本の付加価値となる額は100億円－20億円＝80億円になる。すなわち実際にはこの80億円が、「付加価値で測った日本の輸出額」ということになる。

第2節**1**において、企業が国境を越えた生産ネットワークを拡大させた結果、中間財の貿易が増加していることを述べた。こうした国際的な生産ネットワークの構築は、従来の輸出と輸入の捉え方では貿易が生み出す付加価値が測れないことを示唆している。アメリカの企業であるアップル社のiPadやiPhoneは主に中国で完成品が生産され各国に輸出されているが、中国からアメリカへのiPadやiPhoneの輸出額のうち、中国で生み出された付加価値は5％にも満たないとされる。すなわち、残りの95％の付加価値については、iPadやiPhone生産に用いられる中間財を中国に供給している国が、中国を経由してアメリカへ間接的に輸出することにより獲得している。総額で見れば中国が巨額の輸出をしている場合でも、国境を越えた生産ネットワークを利用した加工・製造により、その輸出には中国国外で生み出された中間財の付加価値が多数含まれているわけである（中間財貿易と生産ネットワークの構築については、第3章で詳しく説明する）。その場合、中国が輸出により生み出す国内付加価値は、見かけよりもずっと小さい。

逆に、外国からの輸入が増え、その輸入品の製造過程において日本で製造され付加価値が加えられた中間財が多く投入されていれば、その付加価値分は日本の国内付加価値の創出に貢献している。すなわち、**総額で見た輸出額が多いことが、日本で生み出される付加価値を大きく高めるとは限らず、逆に輸入額が多いことが、日本の国内付加価値を低下させるとは限らない。**

1 付加価値で測る輸出と輸入

そこで、貿易額を総額で測るのではなく、付加価値貿易、すなわち総額から中間財の投入額を差し引いたネットの付加価値で貿易額を測りなおす試みが近年行われている。世界貿易機関（WTO）や経済協力開発機構（OECD）などが中心となり作成している、TiVA（Trade in Value Added）と呼ばれる統計が、その代表である。

付加価値貿易は、2国間で取引されるモノの取引額ではなく、各国で生み出された付加価値が最終的にどこで消費されているかによって、貿易額を測る。図2－7を用いて、付加価値貿易の考え方を整理しておこう。

たとえば、輸入中間財を使わずに台湾で製造された半導体（CCDイメージセンサー）を40の額だ

図２－７　付加価値で測る貿易

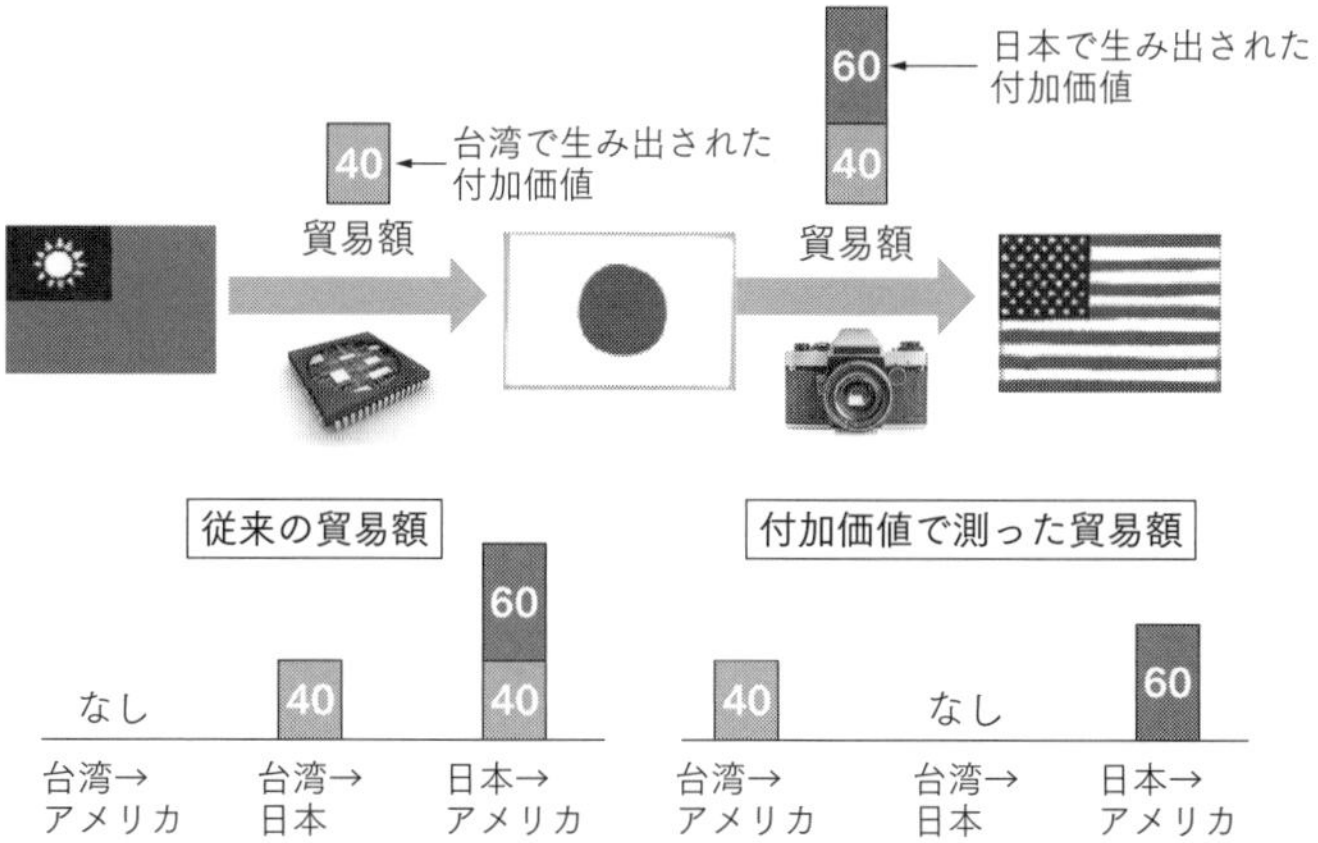

け日本が輸入し、日本ではその半導体を部品として用いてデジタルカメラを製造し、追加的に60の付加価値を加え、１００の額でアメリカに輸出したとする。最終的に、アメリカの消費者がデジタルカメラを購入したとしよう（この数値例は架空のものである）。

通常の貿易統計では、一連の取引による貿易額は台湾から日本への輸出が40、日本からアメリカへの輸出が１００、台湾からアメリカへの輸出額はゼロである。すなわち、２国間の取引額で見ると、日本はアメリカにデジタルカメラを輸出しており、デジタル分野において日本が国際競争力を有しているように思える。しかし、日本からアメリカへの輸出額１００のうち、日本で付け加えられた価値（付加価値）は60であり、残りの40はもともと台湾で生み出された付加価値である。したがって、日本のアメリカへの輸出額１００のうち４割は、実際には台湾の貢献部分である。

付加価値貿易の統計においては、このような二重計算による貿易額の「水増し分」は解消される。具体的には、最終製品が生み出されるまでにどのような中間財の貿易が行われようとも、輸出品が最終的に消費される国を輸入国とし、当該最終製品の付加価値額の源泉地に応じて輸出国が決まる。前記のデジタルカメラの例では、取引額では台湾から日本へ40の輸出がされているが、付加価値貿易額で測ると台湾から日本への輸出はゼロになる。台湾で生み出された40の付加価値額の最終消費地は、完成品であるデジタルカメラが購入されるアメリカである。したがって、実際には台湾からアメリカへ直接輸出されていないにもかかわらず、付加価値貿易で測ると台湾からアメリカへの輸出額は40となる。一方、付加価値貿易で測った日本からアメリカへの輸出額は、１００の取引額から台湾から輸入した半導体の付加価値40を差し引いた、60となる。輸出に際して日本で生み出された付加価値は、日本の総輸出額よりも小さいのである。

すなわち、日本の総輸出額が増えたとしても、それがそのまま日本の付加価値を押し上げるわけではない。逆に、たとえば中国から日本への総輸出額が増えたとしても、中国の輸出品に日本で付加価値が生み出された中間財が多く用いられているのであれば、それは日本の付加価値向上に貢献する。

2 日本の付加価値貿易

実際に、日本の付加価値貿易の状況を見てみよう。図２－８は、２０１５年について、日本の総輸出額に占める国内と外国の付加価値の割合を円グラフにしたものである。国内の付加価値額の割合は86・８％であり、残りの13・２％は外国で生み出された付加価値である。そのうち２・５％が中国、

図２－８　日本の総輸出額に占める各国の付加価値の割合（2015年）

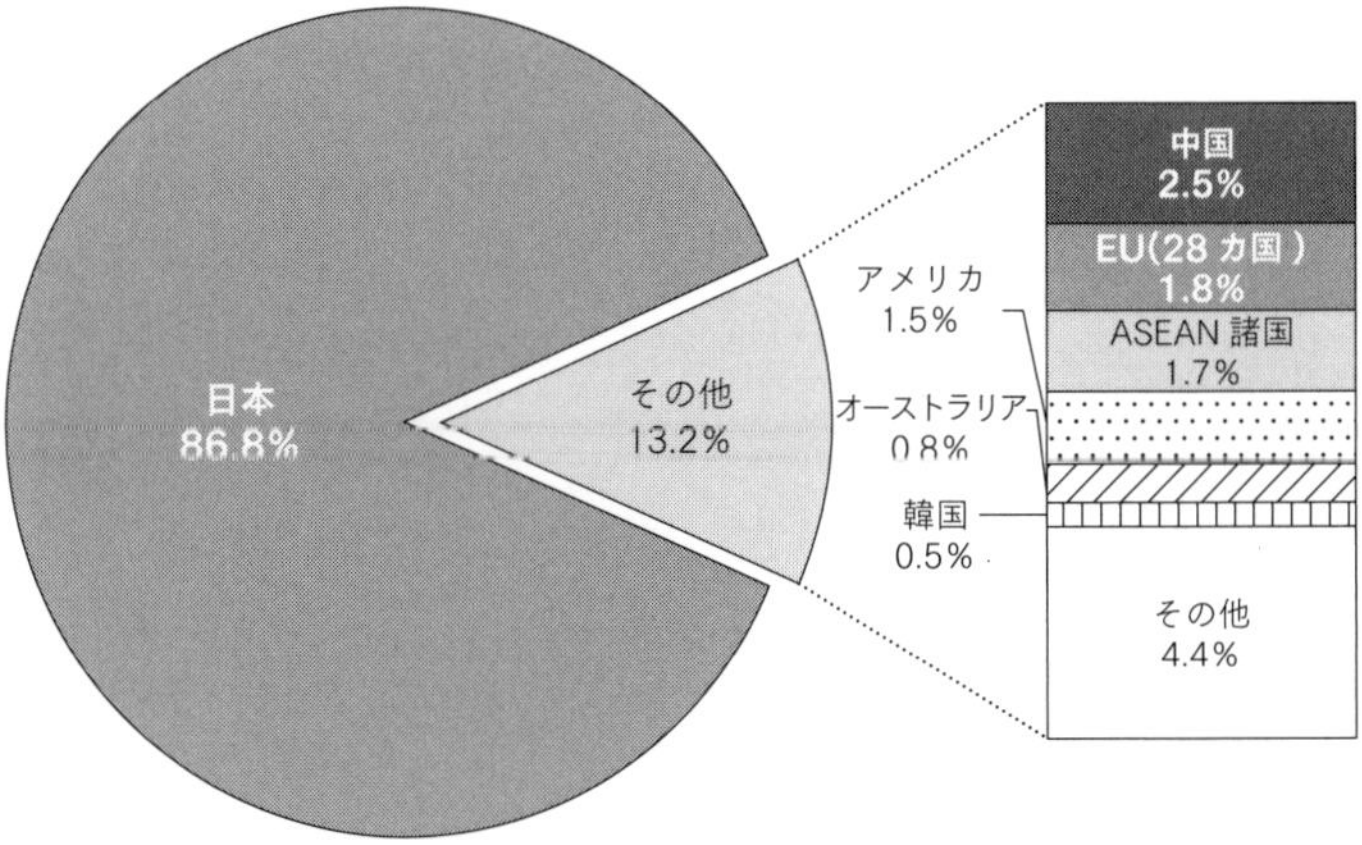

（出所）　OECD「TiVAデータベース」より筆者作成。

１・５％がアメリカ、ＥＵとＡＳＥＡＮ諸国が全体としてそれぞれ１・８％、１・７％を占めている。

日本の総輸出額に占める国内付加価値額の割合は、他国と比較しても高い水準にあり、たとえばベトナムではその割合は56・４％、メキシコでは63・６％、韓国では69・６％であり、国によっては輸出額の付加価値の３～４割を外国で生み出された付加価値が占めている。逆に総輸入額にも日本で生み出された付加価値が含まれている。日本で付加価値が加えられた中間財が外国に輸出され、それが加工されたものが最終製品として日本に逆輸入されている場合があるからである。たとえば、一部のドイツ車は、日本製のトランスミッションを部品として用いており、そのドイツ車の輸入には日本で生み出された付加価値が含まれる。総輸出額に外国で生み出された付加価値が含まれ、総

図2－9　外国の総輸出額に占める日本の付加価値の割合（2015年）

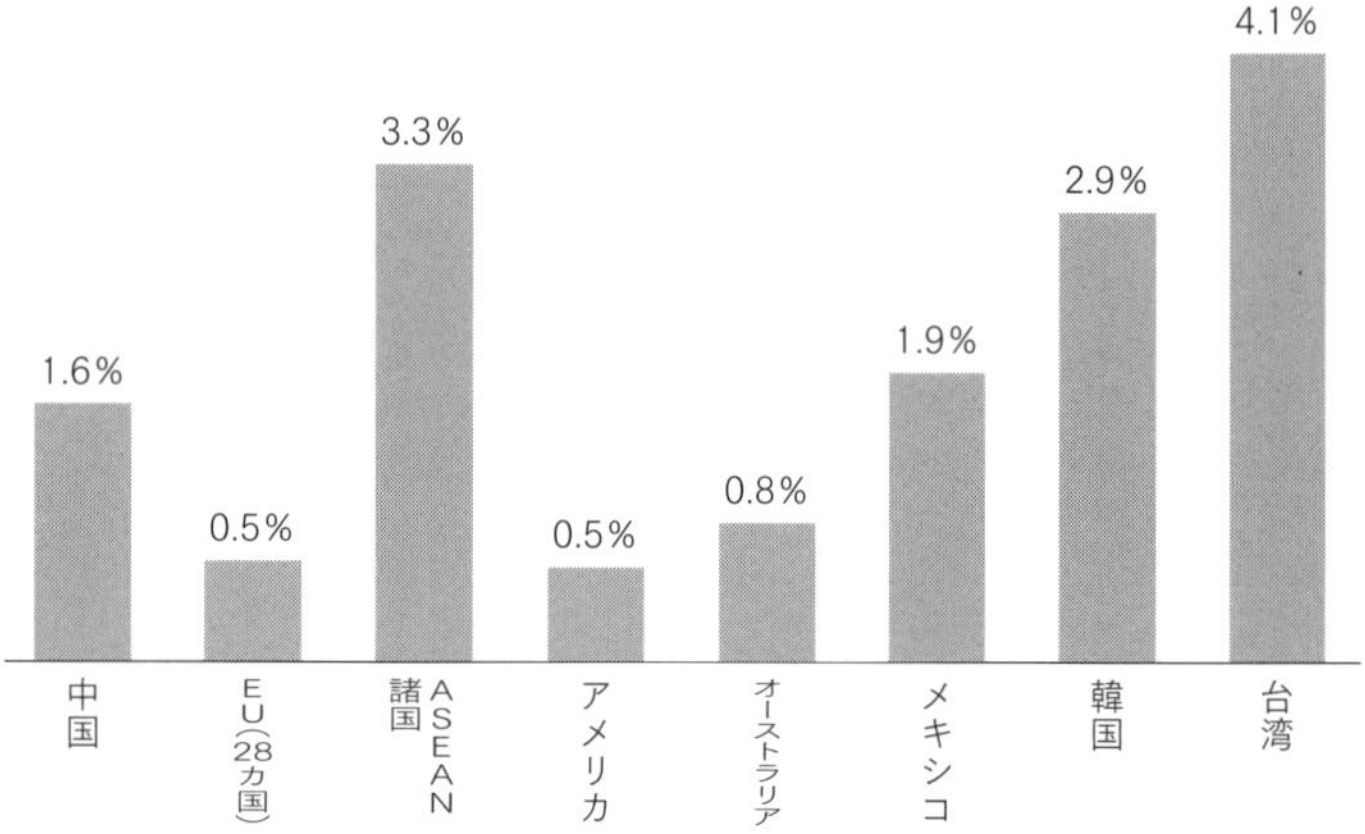

（注）EUやASEAN諸国からの輸出額には，域内国への輸出を含まない。
（出所）図2－8と同じ。

輸入額には自国の付加価値が含まれる以上、それらの大きさや貿易収支の黒字・赤字をもって、国内の付加価値への貢献度を論じたり、一国の製品の国際競争力が高いと解釈したりするのは不適切である。

日本の総輸出額に外国の付加価値が含まれているということは、同時に外国の総輸出額にも日本で生み出された付加価値が含まれていることを意味する。図2－9は、各国の総輸出額に占める日本の付加価値の割合を図示したものである。

各国の総輸出額に占める日本の付加価値の割合は、日本と距離が近いアジア地域で比較的高い。その値は数%と小さいが、たとえば中国の輸出額の1・6%を占める日本の付加価値額は、約355億ドルに達する。この額は、日本の総輸出額と比較すると4・8%であり、中国の輸出が日本の付加価値の創出に少なからぬ貢献をしていることがわかる。

●おわりに——貿易赤字にいかに対処するか

日本の貿易収支が赤字になったからといって，日本経済が危機的な状況にあるわけではない。日本からの輸出が多いことを善とし，輸入が多いことを悪とすると安易に考えるのは短絡的であり，輸出額と輸入額の差額である貿易黒字と赤字の大きさに過剰反応すべきではない。しかし，貿易赤字という「症状」自体には問題がないとしても，それが発症した背景には交易条件の悪化による輸出品と輸入品の交換比率の低下という好ましくない「病気」が潜んでいるかもしれない。注目すべきは，貿易収支そのものではなく，その背後にある交易条件の動きである。趨勢的に悪下している日本の交易条件を改善するためには，外国の消費者やユーザーから高く評価される，高品質な製品やサービスを提供することにより，輸出価格を上昇させることが必要である。

また，貿易を通じて外国の需要を国内付加価値の増進に結びつけるという，マクロ経済的な視点で考える場合にも，総輸出額や総輸入額の大きさをもって判断するべきではない。自国の輸出には他国で生み出された付加価値も含まれ，また他国の輸出や自国の輸入にも自国で生み出された付加価値が含まれるからである。貿易の総額やその差額ではなく，付加価値で測られた貿易に注目すべきである。

日本は戦後，エネルギーや資源を輸入して中間財や製品を生産し，生産の効率性向上や，壊れにくさといった品質の高さを追求することによって、輸出品の付加価値を高めてきたとされる。高い品質を有した製品は競争力があり、日本製品が高い輸出価格を維持する要因となっていた。そうした日本の産業構造は、グローバル化の進行による競争の激化や国際生産ネットワークの構築により、大きな転換点を迎えている。国家間の貿易パターンが多様化・複雑化する中で、貿易黒字・赤字をめぐる議論も、より現代的な視点で行うことが重要である。

第3章 輸入制限は回り回って自国を苦しめる

アウトソーシングと中間財貿易

はじめに――増加する中間財貿易

国際貿易というと、自動車を輸出し農産品を輸入するといったような、完成品（最終財）の貿易をイメージすることが多いだろう。しかし、世界のモノの貿易の中心は、最終財の貿易ではなく、素材や部品といった生産過程で投入される中間財の貿易である。

図3－1は、各国のモノの輸出と輸入に占める中間財の割合を示している。2017年の日本の中間財輸出の割合は58・6％であり、総輸出の半分以上を占めている。中間財輸入の割合は輸出ほど大きくないが、それでも40・9％を占めている。アメリカは輸出入とも日本と同様のシェアが中間財貿易により占められている。台湾は総輸出のうち77％を超える額が中間財輸出であり、輸入についても

図3－1　各国の貿易に占める中間財貿易の割合（2017年）

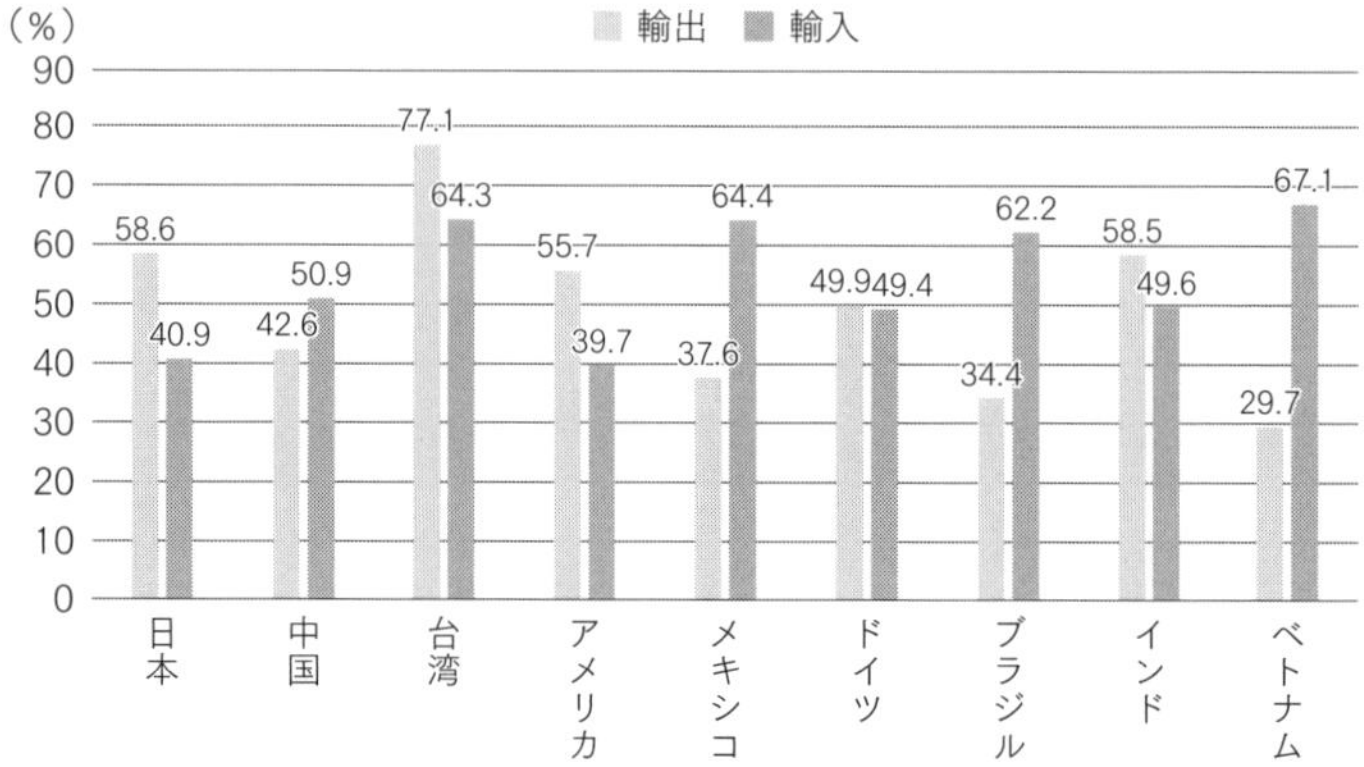

（出所）RIETI-TIDデータベースより筆者作成。

6割を超える。台湾の貿易構造が、他国で生産された輸入品を中間財として投入しつつ、新たな中間財を生産し輸出するという生産パターンを反映していることが示唆される。多国籍企業が工場を設け、アメリカをはじめ各国への輸出拠点となっているメキシコは、中間財の輸出割合はさほど大きくないが、中間財の輸入割合が大きい。ブラジルやベトナムも同様の傾向にある。

本章では、中間財貿易が大きなシェアを占めるようになった背景と、その活発化が各国経済に与えるインパクトについて考えていく。キーワードとなるのは、海外アウトソーシングの進展と生産工程の「フラグメンテーション」である。

第1節　誰がスマートフォンを作っているのか

中間財貿易の進展には、企業のモノ作りの構造が大きく変化していることが関係している。スマートフォンの製造を例にして、考えてみよう。近年、世界中でスマートフォンが急速に普及しており、多くの人の生活に欠かせないものとなっている。総務省「平成30年　通信利用動向調査」によれば、日本におけるスマートフォンの保有率は2010年には9・7％だったものが、18年には79・2％まで急上昇しており、いまや固定電話（64・5％）やパソコン（74％）の保有率を追い抜いている。

多くの人が利用しているスマートフォンは、いったい誰が作っているのだろうか。たとえば、代表的なスマートフォンであるiPhoneはアメリカのアップル社が開発した製品であるが、製品化されたiPhoneを実際に製造しているのは、実はアップル社ではない。

カナダのチップワーク社は、2016年9月に販売が開始されたiPhone7の分解レポートをウェブサイトで提供している。同レポートによれば、iPhone7のCPUは台湾のTSMC社製であり、モデムはアメリカのインテルやクアルコム、フラッシュメモリは日本の東芝や韓国のSKハイニックス、Wi-Fiモジュールは日本の村田製作所、背面カメラは日本のソニーが供給したものである。液晶パネルについては正確なレポートはないが、日本のジャパンディスプレイやシャープ、韓国のサムソン電子が提供しているといわれている。iPhoneの組立も、台湾の鴻海《ホンハイ》精密工業などが中国やブラジルの工場で行っている（アップル社のウェブサイトより）。他のスマートフォン・メーカーである韓国のサムソン電子や、中国のファーウェイ（華為技術）も、自社製品の製造に関してさまざまな企業から部品を調達していることが知られている。

1 アウトソーシングとファブレス企業

iPhoneの製造に用いられている他社製の部品は、一般に流通する汎用品ではなく、iPhone用に製造された特注品である。製品の製造やサービスの提供のために必要な部品やサービスを他社に委託・外注する活動を、「アウトソーシング」という。もしもこうした活動が外国企業に委託・外注される場合は、海外アウトソーシングと呼ばれる。一方、自社の海外子会社で自ら製造する(内製する)ことも含め、部品やサービスの生産を海外で行うことを、「オフショアリング」という。

生産の大部分がアウトソーシングされ、販売元の企業が生産にほとんど関わらない例は、ほかにもある。アメリカのボーイング社の最新鋭航空機であるボーイング787は、最終的な機体の製造はアメリカのシアトル近郊のエヴァレットにあるボーイング社の自社工場で行われている。しかし、その機体を構成するほとんどの部分が、ボーイングとは資本関係がない他社製の製造物で占められている(図3-2参照)。

たとえば、主翼は日本の三菱重工業が製造し、主翼の端のウィングチップと呼ばれる部分は韓国の大韓航空・航空宇宙部門の製造物である。さらに、水平尾翼はイタリアのアレーニア・アエルマッキ社が、エンジンはイギリスのロールスロイス社やアメリカのゼネラル・エレクトリック(GE)社が、乗降用ドアはフランスのラテコエール社、貨物室のドアはスウェーデンのサーブ社が製造したものである。ボーイング社が自ら製造した部分は、垂直尾翼と主翼と航空機本体の結合部分のみである。

図3－2　ボーイング787の部品サプライヤー

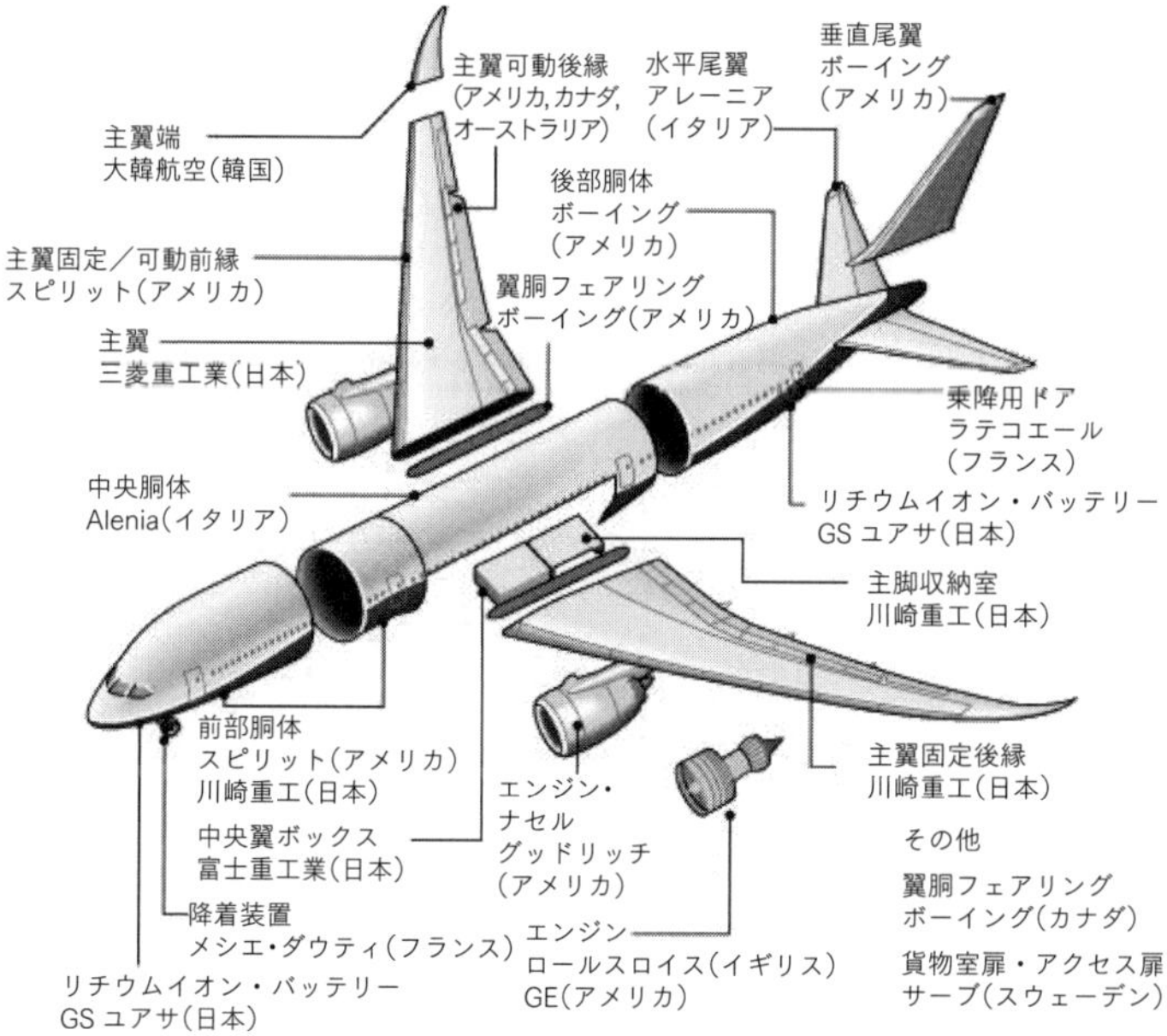

（出所） www.voanews.com.

ボーイング787はボーイング社の航空機であるが、その中身は世界中の多数の企業の部品で構成されているのである。

　ボーイング社は自社製の部品も提供し最終組立は自社で行っているが、アップル社は自社に生産設備をまったく持たない企業である。そうした企業は、製作（fabrication）をしない（less）企業として、ファブレス企業（fabless company）と呼ばれる。ゲーム機メーカーとして世界的に有名な日本の任天堂も、国内外の企業に生産を100％委託している、ファブレス企業である。

2 生産工程のフラグメンテーション

こうした海外アウトソーシングの活発化やファブレス企業の増加は、企業が生産工程や販売活動をフラグメンテーションさせる活動として捉えることができる。

製品が生み出され顧客がそれを購入し消費するまでには、さまざまな活動が行われる。新製品の開発から、人事・労務管理、原材料や部品の調達、組立、マーケティングやサービスの提供など、それぞれの企業活動が連関しつつ価値を生み出していくプロセスを、経営学者のマイケル・ポーターは「バリュー・チェーン」(価値連鎖)と表現した。アウトソーシングは、バリュー・チェーンの各活動をより効率的に行う企業に任せることにより、製品が生み出す価値を高めようとする企業行動である。とくに、海外アウトソーシングやオフショアリングを通じて、一つの製品の生産・販売に関わる企業活動が国境を越えて行われつつ、価値が生み出されることは「グローバル・バリュー・チェーン」と呼ばれる。

図3－3を用いて説明しよう。A国のA社の製品の生産には、生産ブロック(production block：PB)と呼ばれる生産工程がPB1～PB5まで五つ必要であるとしよう。当初、A社はすべてのPBをA国内で自ら行っていたとする。しかし、五つのPBのうち、PB2はB国のB社が、PB3はC国のC社が、PB5はD国のD社が最も効率的に行えるとしよう。A社は海外アウトソーシングを通じて各国の各社にそれぞれのPBを委託し、B社とC社は生産した中間財を次の工程を行う企業に輸

図3－3　フラグメンテーションの例

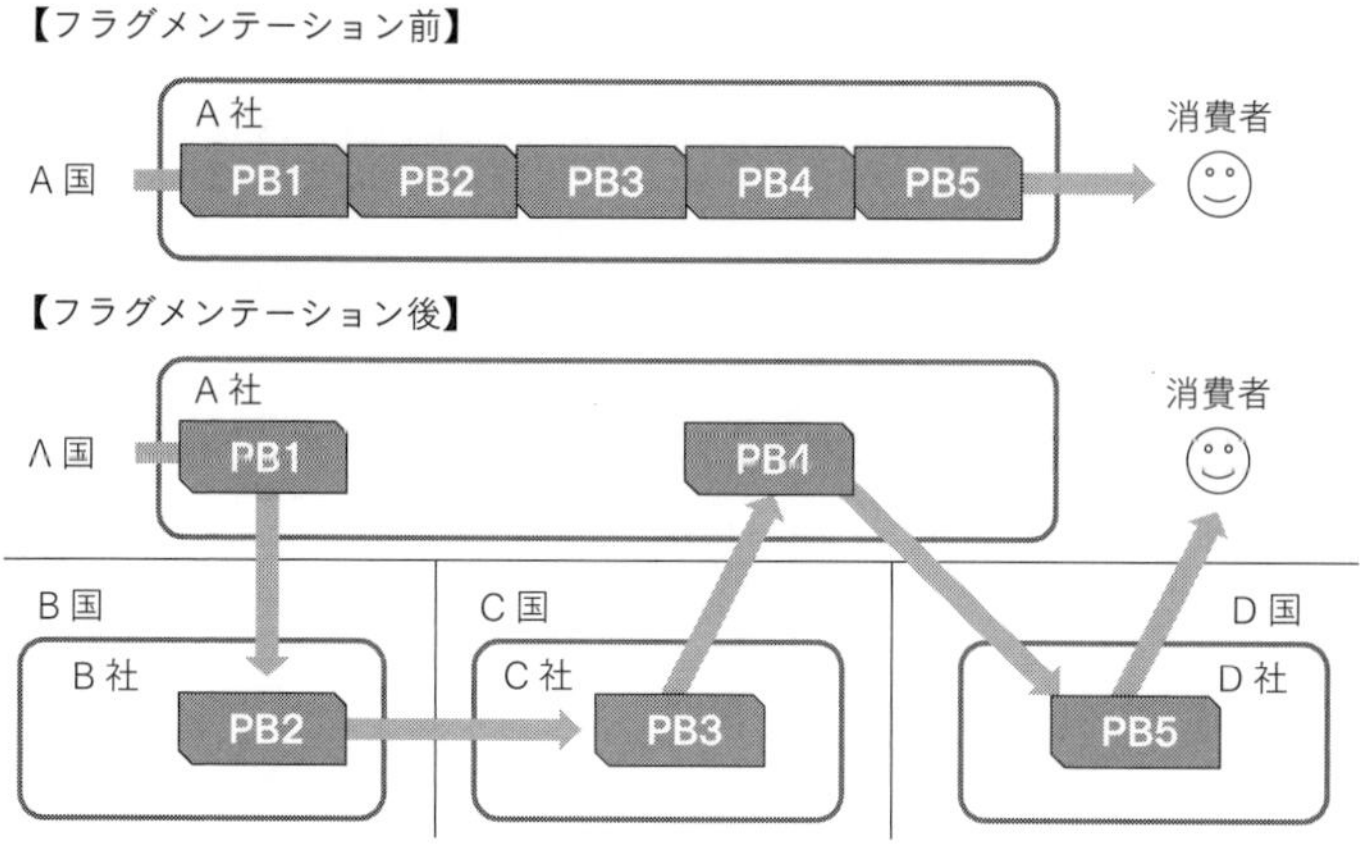

出する。PB5を経て完成品となったA社製品は、A国に輸入されA国の消費者が消費する。

このようなフラグメンテーションの結果、各PBを行うコストは下がり、全体として生産費用は下がる。しかし、各工程が異なる国に分散したために、中間財の輸送費や貿易障壁、ブロック間のコミュニケーション・コストなどを負担する必要がある。生産ブロック間のリンクを保つためにかかる追加的コストは、「サービスリンク・コスト」と呼ばれる。国境を通じた生産工程のフラグメンテーションが行われるかどうかは、コストの削減による利益の増分と、サービスリンク・コストによる追加的な費用の増分の相対的な大きさに依存する。

自社製品の生産を設計、部品の製作、および完成品の組立から販売まで、すべてを自社内で行ったとしたら、自社製品が生み出した価値はすべてその企業のものになる。しかし、**アウトソーシングの進行により製**

品が多数の企業の生産物により構成されるようになると、その製品が生み出す価値は多くの企業に分散されることになる。

コラム　スマートフォンの販売で稼いでいるのは誰なのか

フラグメンテーションにより、特定の製品の製造過程で生み出される付加価値が国境を越えて分散される例として、iPhoneやiPad販売の利益がどこに帰属するかを分析した、ケネス・クレーマーらの研究を紹介しよう。[1] 2010年にアメリカにおいて549ドルの価格で販売されていたiPhone4（16ギガバイトモデル）は、その生産に投入された労働コスト（29ドル）や労働以外のコスト（120ドル）を差し引くと、1台売れるごとに401ドルの利益（付加価値）を生み出した。そのうち、321ドルをアップル社が獲得し、同社とアメリカ国内の部品供給企業を合計すると334ドルの利益をアメリカ企業が獲得する。iPhone販売による利益は、アップル社に部品を提供する外国企業にも広がることになる。韓国企業は1台ごとに26ドル、EUの企業が6ドル、日本企業と台湾企業が3ドルずつ、その他の国の企業が全体として29ドル獲得している（表3-1参照）。スマートフォンやタブレットが1台生産・販売されるたびに、アップル社のみならず世界各国の企業に利益が生まれるわけである。

表 3－1　iPhone 4 の利益の分配

場所	活動内容	費用（値段）	割合
世界全体	小売価格	549 ドル	100.0
各国の獲得価値	獲得価値の総額	401 ドル	73.0
アメリカ	アメリカ合計	334 ドル	60.8
アップル社	デザイン・マーケティング	(321 ドル)	(58.5)
アメリカのサプライヤー	部品／コンポーネントの製造	(13 ドル)	(2.4)
日本	部品／コンポーネントの製造	3 ドル	0.5
韓国	〃	26 ドル	4.7
台湾	〃	3 ドル	0.5
欧州連合（ＥＵ）	〃	6 ドル	1.1
その他	〃	29 ドル	5.3
労働コスト	総労働コスト	29 ドル	5.3
中国	部品／コンポーネントと組立のための労働	10 ドル	1.8
その他	部品／コンポーネントと組立のための労働	19 ドル	3.5
世界全体	中間財の材料に関わる非労働コスト	120 ドル	21.9

（注）　小数点の四捨五入の関係で，各項目の合計は 549 ドルと 100％にそれぞれ一致しない。

（出所）　Kraemer, Linden, and Dedrick（2011）より筆者作成。

第2節　海外アウトソーシングのインパクト

海外アウトソーシングの活発化は、それに携わる企業、各国の経済、および貿易政策の効果にどのような影響を与えるのであろうか。その影響は多岐にわたるが、本節では、生産と販売の効率化、輸出と輸入の相互依存、および貿易政策の効果の複雑化という三つの面から整理する。

1　生産・販売活動の効率化

バリュー・チェーンのすべての活動を自社内で行えば、そこから生み出される利益は自社がすべて独占できる。しかし、他社へのアウトソーシングを行うことにより、委託元の企業は比較的コストの高い業務を他社に委託しコストを削減することができ、新製品の企画・開発など、自社がより優位性を持つ業務に、限られた人員を集中させることができる。そのため、利益を他社に分散させてもなお利益を高める余地が生まれる。実際、多数の国にオフショアリングを行っている企業は、そうでない企業に比べて生産性などの面で他企業よりもパフォーマンスが良いことが、実証研究により示されている。[2]

一方、委託先の企業は、製品開発力やブランド価値などの経営資源を自社内に十分に有していなくても、特定の活動に優位性を有していれば、委託元の製品のバリュー・チェーンに組み込まれることにより、新たな利益を生み出すことができる。

この委託元の企業と委託先の企業のウィン・ウィンの関係は、第1章で論じた国レベルの貿易利益が、企業レベルで生じていることにほかならない。すなわち、各国が自国に比較優位がある財の生産に特化し、お互いに貿易を行うことにより相互に貿易利益を得るのと同様に、特定の財の生産に関して、自国企業と外国企業がお互いに比較優位がある仕事に特化し、それによる仕事の効率化を通じてお互いに利益を得ているのである。すなわち、適材適所で生産を行うという比較優位の考えに沿った国際分業が、一つの製品の生産過程で生じているのである。

2 中間財貿易の活発化と輸出と輸入の相互依存

海外アウトソーシングをはじめとしたオフショアリングが活発になると、最終財の生産や貿易の増加は、その最終財の生産に必要な中間財の生産や貿易も同時に増やすことになる。たとえば、日本でｉＰｈｏｎｅの販売が増加すると、その最終組立工場である中国からの輸入が増える。日本への輸出のために中国の工場でｉＰｈｏｎｅが増産されると、中国の他国からの液晶パネルやメモリなどの中間財の輸入が増える。さらに、それらの中間財を中国に輸出している国は、その液晶パネルやメモリなどの生産に必要な他の中間財輸入が増えることとなる。日本での販売増加が、その製品を最終的に生産する中国のみならず、多数の国にまたがって生産と貿易に影響を与えるわけである。

再び図3－3を用いて説明しよう。フラグメンテーション前には、A社製品に関わる貿易はまった

図 3－4　総輸出額に含まれる輸入品の付加価値の割合（2016年）

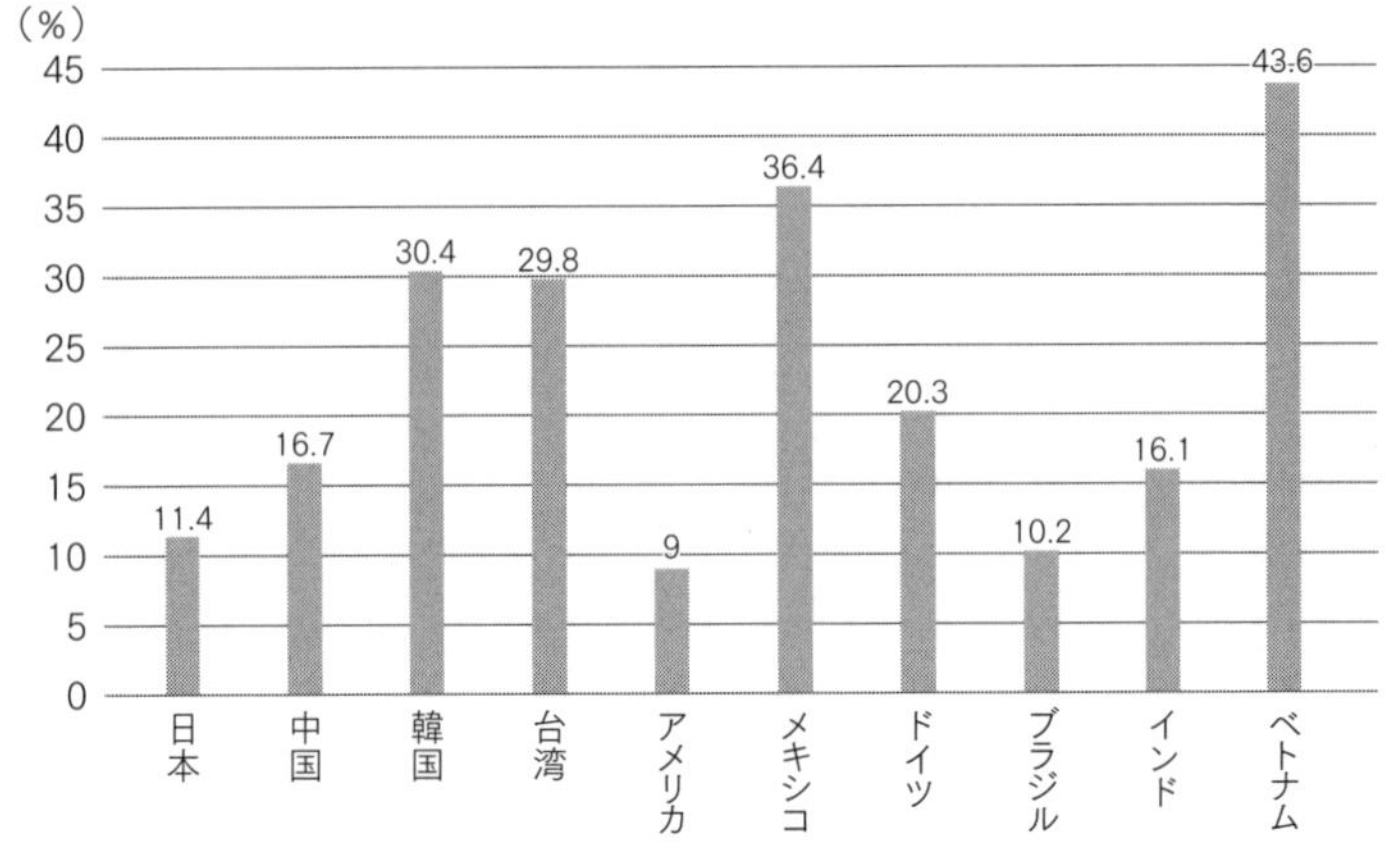

（出所）OECD「TiVA データベース」より筆者作成。

く発生していなかった。しかし、フラグメンテーション後は、A社の製品が生産される過程で中間財の貿易が発生し、最終的な完成品がD国からA国へ輸出される。B社、C社、D社がさらに他社に作業をアウトソーシングしていたとしたら、貿易の流れはより複雑になる。このように、フラグメンテーションが進行しているもとでは、原材料から始まり最終製品が完成するまでに、その生産に関わる部品・中間財の貿易が多数の国で生じることになる。このような貿易は、もはやA社製品の貿易というよりは、国家間の「作業（タスク）の貿易」あるいは「仕事の貿易」と呼ぶべきものである。

第2章でも論じたように、特定の製品の生産ネットワークが複数の国にまたがって構築されている場合、一国の輸出額と輸入額を単純比較し、その差からその国の製品の国際競争力を測ったり、貿易黒字・赤字の善悪を述べたりすることは的外れである。国内で効率的な生産を行い外国に輸出するためには、**外国からの中間財の輸入が必要なのであり、逆に輸入の増加は輸出の増加につながる。**

輸出と輸入の相互依存は、各国でどこまで進んでいるのであろうか。図3－4は、OECDの付加価値貿易（TiVA）のデータベースを用いて、2016年における各国の総輸出額に占める外国産の中間財の価値の割合をグラフ化したものである。たとえば、総額で100万円の輸出を行う場合、その100万円分の輸出品の生産に40万円分の外国から輸入された部品・中間財が投入されているのであれば、割合は40％となる。すなわち、この数字が大きいほど、輸出品の生産に外国産の部品・中間財などがより多く投入されていることを意味している。日本の割合は11・4％であり、絶対値としてはアメリカと同様に他国よりも低く、輸出と輸入のリンクはさほど大きくない。それでも、輸出額のうち1割以上は外国で加えられた価値であり、無視できるほど小さいわけでもない。中国はアメリカや日本よりも若干割合が大きい。韓国や台湾ではその割合は約3割で、ベトナムに至っては4割を超える。とくに経済規模が小さい国において、輸出品の生産には輸入品の投入が必要不可欠になっていることがわかる。

外国産の中間財が海外アウトソーシングにより調達されたものなのか、海外子会社で内製されたものなのか、それとも市場で調達した汎用品なのかは、このデータからは明らかではないが、「輸出の輸入依存」の背景に海外アウトソーシングの活発化があることを認識する必要がある。

各国の輸出と輸入がリンクするようになると、最終財産業におけるさまざまな変化が、中間財の貿易を通じて各国に伝播することになる。最新のスマートフォンや航空機の製造と販売は、その製品を開発した企業のみならず、世界中の国で新たな付加価値を生む。ある国の輸出が増えれば、その国の中間財の輸入が増え、さらにその中間財の輸出をしている国の輸出と輸入が増えるという連鎖反応が起こる。国同士が特定の製品の製造を通じてつながるようになり、その相互依存関係が強まっていくのである。

3 貿易政策の効果の複雑化

国境を越えた生産のネットワークが形成されている状況では、一国の貿易政策の効果も、より複雑なものとなる。貿易政策の効果についての詳細は第7章で説明するが、たとえば自動車の輸入に高い税金（関税）を課すことは、国内の消費者と外国の自動車産業の犠牲のもとに、国内の自動車産業に利益をもたらす。

しかし、中間財貿易を考えると、自動車への輸入関税は、バリュー・チェーンを通じて外国の自動車会社へ中間財を提供している他の国にも損害を与え、芋ずる式に各国の輸出を減らしてしまう。バリュー・チェーンの中に自国のサプライヤーが含まれている場合は、自動車への輸入関税は、回り回って自国の産業に負の影響をもたらしかねない。アメリカのトランプ大統領は、外国からの自動車や鉄鋼の輸入に高い関税を課しつつ、国内の雇用を守ろうとしている。しかし、上記の付加価値貿易のデータベースによれば、2015年の付加価値で測ったアメリカの自動車の輸入元の第1位は日本

図3－5　アメリカの自動車分野の輸入に占める各国の付加価値（2016年）

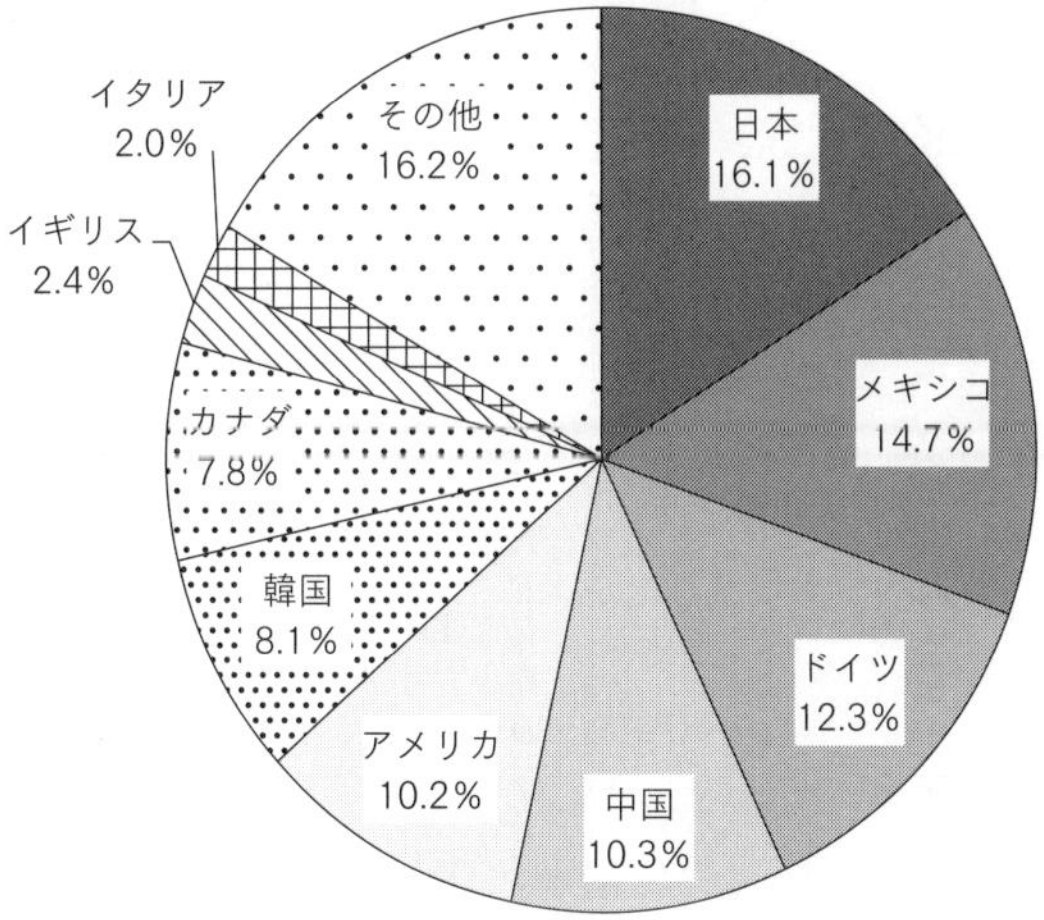

（注）Origin of value added in gross importsについて，品目分類D29（Motor vehicles, trailers and semi-trailers）についてそのシェアを表している。
（出所）図3－4と同じ。

（16・1%）、第2位はメキシコ（14・7%）、第3位はドイツ（12・3%）、第4位は中国（10・3%）だが、第5位はアメリカ自身（10・2%）である。その付加価値の額は中国からの（付加価値）輸入額とほぼ同額であり、日本からの（付加価値）輸入額の3分の2の大きさである（図3－5参照）。

なぜ、アメリカの輸入なのに、「アメリカ自身からの輸入が第5位」となるのであろうか。アメリカで付加価値が生み出され外国に輸出された部品・中間財の中には、最終的にアメリカが輸入する自動車の生産に用いられるものもある。つまり、アメリカの他国からの自動車の輸入額には、もともとアメリカで付加価値が生み出され、他国での自動車生産のために輸出された部品や中間財が含まれているため、アメリカ自身が主要国に匹敵する輸入自動車の付加価値の源泉となっているわけである。**アメリカは自動車の輸入を通じて中国と同じ規模の付加価値を国内で生み出しており、輸出が善、輸入が悪であるという考えが国内の付加価値創出の面からも誤っていることがわかる。**

また、自国が直接絡まない他国間の貿易においても、それらの国の間の貿易障壁が高まると、自国の輸出や輸入が減ってしまう。図3－3の例で、たとえばC国がB国からの中間財の輸入に関税を課したとしたら、B国からC国への輸出のみならず、A国からB国への輸出、C国からA国への輸出、A国からD国への輸出、そしてD国からA国への輸出がすべて減ってしまう。フラグメンテーションの進行により輸出と輸入の相互依存が深まると、各国の政策の影響が及ぶ範囲も拡大するのである。グローバル・バリュー・チェーンの利点を活かし、「作業の貿易」による効率的な生産ネットワークを維持するためには、自国と外国との2国間のみならず、多数の国で自由貿易体制を維持する必要がある（いかに各国で貿易自由化を進めるかについては、第9章で考察する）。

第3節　生産ネットワークの脆弱性と変動性

各々の生産工程を行う場所が、生産技術の高さや低い生産コストといった立地の優位性に基づいて決定される生産のフラグメンテーションは、効率的な生産を促す活動として肯定的に捉えられるべきものである。しかし、フラグメンテーションの進行には、その広範化と組み替えの柔軟さがゆえに、注意すべき点もある。

1 バリュー・チェーンの寸断

２０１１年3月に起こった東日本大震災により、尊い命が多く失われ、被災地の生活基盤や経済基盤が破壊されてしまった。同時に、東日本大震災はアウトソーシングを通じたグローバル・バリュー・チェーンに頼ることの危うさも浮き彫りにした。

震災時、被災地の企業が操業停止や廃業に追い込まれる一方、被災地以外の工場でも操業停止や減産が起こるという事態が生じた。遠く離れたアメリカでも、自動車会社のゼネラル・モーターズが一部の工場の操業を停止した。これは、自動車の運転の制御に欠かせないマイコンの世界最大手であるルネサスエレクトロニクス社の工場が、操業停止に追い込まれたからである。中間財の集積地だった東日本での震災の発生が、世界で中間財の供給不足をもたらした。とくに、ルネサスエレクトロニクス社は個々の自動車メーカー向けに特注品を製造しており、代替生産が難しかったことも影響したという。同様に、２０１１年9月にタイで起きた洪水も、部品工場が被災し、タイ以外でも多数の企業に影響を与えた。２０１６年に熊本で起きた大地震も、バリュー・チェーンを通じて世界中の企業に影響を与えた。２０２０年の新型コロナウイルスの世界的な蔓延により、多数の病人や死者が発生し、また多くの人が在宅勤務せざるをえない状況となった。それによる経済活動の停滞は、国内にとどまらず、バリュー・チェーンを通じて他国にも波及していくおそれがある。

複数の国や地域で生産された部品や素材を投入しつつ生産を行う場合、調達先での自然災害や疫病の発生などのトラブルは、バリュー・チェーンを寸断し、同一のバリュー・チェーンに属するすべての活動に影響を与えてしまう。バリュー・チェーンの優位性が、システムに障害が生じた場合には逆にネックとなってしまうのである。特定の市場の機能不全が、ドミノ倒しのように他の市場に波及し、システム全体を脅かしてしまうリスクは「システミック・リスク」と呼ばれるが、フラグメンテーションの進行はシステミック・リスクを高める面があるのである。

従来、中間財の投入は「ジャスト・イン・タイム方式」（あるいは「カンバン方式」）と呼ばれる生産方式のもと、必要なものを必要なときに必要なだけ用意することにより、不必要な在庫を減らし、効率的な生産管理をすることが良い経営手法だとされてきた。しかし、フラグメンテーションが進む中では、ジャスト・イン・タイム方式はバリュー・チェーンの寸断リスクを大きくしてしまう。ある程度の在庫の確保や、複数の調達先を準備、工場単位の過度な生産特化の見直しなど、リスクに対して頑健な生産体制、いわば「ジャスト・イン・ケース方式」ともいうべき生産体制を確立する必要がある。実際、戸堂康之らの研究によれば、東日本大震災により被害を受けた企業の中でも、被災地以外のサプライヤーや顧客とバリュー・チェーンを構築している企業は、そうでない企業よりも回復が早かったことを実証的に明らかにしている。[3] そうした企業は既存のサプライヤーや顧客から支援を受けられ、また新規の取引相手を探しやすいことが、理由としてあげられている。

2 経済の変動性の高まり

海外アウトソーシングの強みの一つは、委託先の変更や受注量の調整を通じて、需要の変動に対してよりフレキシブルに対応できるところにある。そのため、海外アウトソーシングを通じたフラグメンテーションによる「作業の貿易」の進行は経済の効率性を高める。

一方、海外アウトソーシングは、生産パターンを柔軟に変更できるがゆえに、その進行が各国経済の変動性も高めてしまうかもしれない。すなわち、海外アウトソーシングはビジネスの開始・停止の変動性が通常の生産よりも高いため、需要縮小などのショックをきっかけにした、委託先の国の経済変動リスクを高めるというわけである。アメリカからメキシコへの海外アウトソーシングとメキシコの経済の変動性の関係を実証分析した研究によれば、海外アウトソーシングはメキシコ経済の変動性を実際に高めており、雇用の変動の大きさはアメリカの2倍であるとされる。[4] この変動の大きさは、メキシコ経済全体の変動の大きさや産業規模の差を考慮（コントロール）したうえで比較したものであり、アメリカ企業からメキシコ企業へのアウトソーシング数の変化が、変動の要因となっていることが明らかにされている。

海外アウトソーシングによる経済の変動性の高まりは、適材適所で生産に必要なタスクを行うという利点と表裏一体の関係にあるため、グローバル・バリュー・チェーンがますます広がる中では避けられない問題である。委託先の企業は、特定の国の特定の企業向けの作業へ過度に集中するのではなく、委託元・提携先の多様化を図り、アウトソーシングによる利益の確保とそのリスクの管理を両立させることが求められる。

コラム　故障は誰の責任なのか——製品トラブルへの対処

本章の第1節の**1**で触れたボーイング社の最新鋭機、ボーイング787は、2013年の1月はじめに機体内部から出火するという不具合が発生した。トラブルに対処するため、同機は結果的に約4カ月間運行が停止される事態となり、航空業界に大きな衝撃が走った。出火の原因とされるバッテリーは、電源装置を供給する日本企業である、ジーエス・ユアサコーポレーションの製造品であった。しかし、同社はボーイング社からバッテリーの供給を直接委託されたのではなく、ボーイング社から電源装置の発注を受けたフランスのタレス・グループから、いわば孫請けの形で依頼されたものであった。

複数の企業に中間財の生産を委託し、その委託先がさらに別企業に委託している状況では、個々の中間財の製造工程や製品構造は委託先の企業が情報を有しており、異なる企業の製造品が組み合わさることでどのようなトラブルが生じるかが判断しにくくなる。ボーイング787の例のように、いったんトラブルが発生すると、個別の部品のトラブルなのか、あるいは設計上の問題なのかの特定も難しく、問題の対処を困難にしてしまう。パズルの1ピースともいうべき個々の中間財の質や値段を重視するだけでなく、パズルが適切に組み合わされているか、バリュー・チェーンのマネジメントがより重要となっている。

●おわりに——「作業の貿易」により多様化する価値創出パターン

生産のフラグメンテーションが進行し中間財貿易が大きなシェアを占める現代の貿易においては、一つの製品が設計され、生産され、そして販売されるまでの過程で何度も国境を越える。その際、各地で行われる作業（タスク）に応じて付加価値が付け加えられるため、アメリカの自動車輸入のように、自国が輸入したものであっても、実は自国の付加価値の創出に貢献していることもある。

もはや、輸出が国内の付加価値の創出に貢献し、逆に輸入は外国の付加価値を増やし自国の付加価値を減らすものと捉える二分論は、時代遅れである。むしろ、**輸入を制限することがバリュー・チェーンを分断し、めぐりめぐってその国の付加価値を減らすことにより経済状況や雇用環境を悪化させてしまうかもしれない**。重要なことは、世界中に張りめぐらされている無数の生産ネットワークとバリュー・チェーンの中で、自国が比較優位を有する作業（タスク）をそのネットワークに組み込み、より高い付加価値を生み出せる環境を構築することである。

第4章

輸入や企業の海外進出は失業者を増やすのか　グローバル化と雇用問題

はじめに──グローバル化の進行と雇用問題

失業の発生や賃金の低下、あるいは所得格差の拡大は、しばしば安価な輸入品の流入や、自国企業の海外進出、海外アウトソーシングの活発化、あるいは外国人労働者の流入といったグローバル化の進行と関連づけられる。自国民の雇用問題を改善する手段として、保護主義的な政策が有効であると主張されることも多い。たとえばアメリカのトランプ大統領は、アメリカ企業のメキシコへの工場移転や、中国や日本に対するアメリカの貿易赤字がアメリカの雇用を奪っていると主張し、それらの国からの輸入に高関税を課すなどの保護主義的な政策をとることにより、アメリカの雇用を取り戻すべきだと主張している。

輸入の増加や貿易赤字を悪とする考えには誤解があり、これまでの章で繰り返し説明してきた。しかし、輸入や企業の海外展開が国内の雇用不安や低賃金を招く可能性については、十分に考慮してこなかった。グローバル化が国内で雇用問題を引き起こすというのは、もっともらしい主張であろうか。近年、グローバル化と労働市場の関係について、国内外で活発な研究がなされている。本章では、さまざまな労働問題の中でも、失業の発生と賃金格差の発生に絞りつつ、グローバル化と労働問題の関係を考えていこう。

第1節　新興国からの輸入の増加は失業を増やすのか

まずは、輸入と雇用の関係について、検討していこう。さまざまな形態のグローバル化の中でも、外国からの輸入の増加は、国内の労働者に悪い影響を与えるものとみなされることが多い。

とくに、発展途上国において製造業が発達し、安価な製品の輸出を拡大していることが、先進国の雇用を奪っているとしばしば問題視される。実際、国連貿易開発会議（ＵＮＣＴＡＤ）の統計によれば、世界の輸出に占める途上国のシェアは、１９９０年には約24％だったものが、２０１８年には約45％に増加している。「生産コストが安い新興国ないし途上国からの輸入の増加が、先進国の労働者の雇用を奪っている」という主張は、もっともらしく聞こえる。輸入制限政策が価格の上昇を通じて消費者に大きな損失を与えたとしても、雇用を確保するためだといわれれば、それを支持する読者も多いのではないだろうか。

新興国からの輸入の増加は先進国の雇用に悪影響を与えているのだろうか。本節では、新興国からの輸入の増加と国内の雇用に対する最新の研究を紹介しつつ、輸入自由化が失業の発生や賃金の下落をもたらすことは否定できないが、中間財輸入の場合には雇用をむしろ増やす可能性があるなど、その関係は見かけよりも複雑であることを説明する。

1 輸入増加が雇用に与える四つの影響

輸入の増加が雇用環境に与える影響について、中国からの輸入の急増がアメリカの労働者に与えた影響を分析した、ダロン・アセモグルらの研究を例にして考えよう。[1] アメリカでは、新興国の中でも、中国からの輸入の増加が大きく問題視されている。1990年の時点で、アメリカの製造品の輸入額に占める中国からの輸入の割合はわずか5%に満たなかったが、2011年には23%まで急上昇した。その動きと反比例して、アメリカの製造業における就業者数は大きく低下した（図4－1参照）。製造業における雇用の減少は2009年の世界金融危機発生前から継続的に生じており、大きな不況による需要不足が原因とはいえない。とくに、中国がWTOに加盟した2001年以降の変化が顕著であり、中国からの輸入増加がアメリカの製造業における失業の原因であるように見える。

外国から安価な輸入品が国内市場に流入することによる労働市場への影響は、以下の四つに区別して考えることができる（図4－2参照）。

図 4－1　アメリカにおける製造業・非製造業の雇用の変化（1991 年＝ 1）

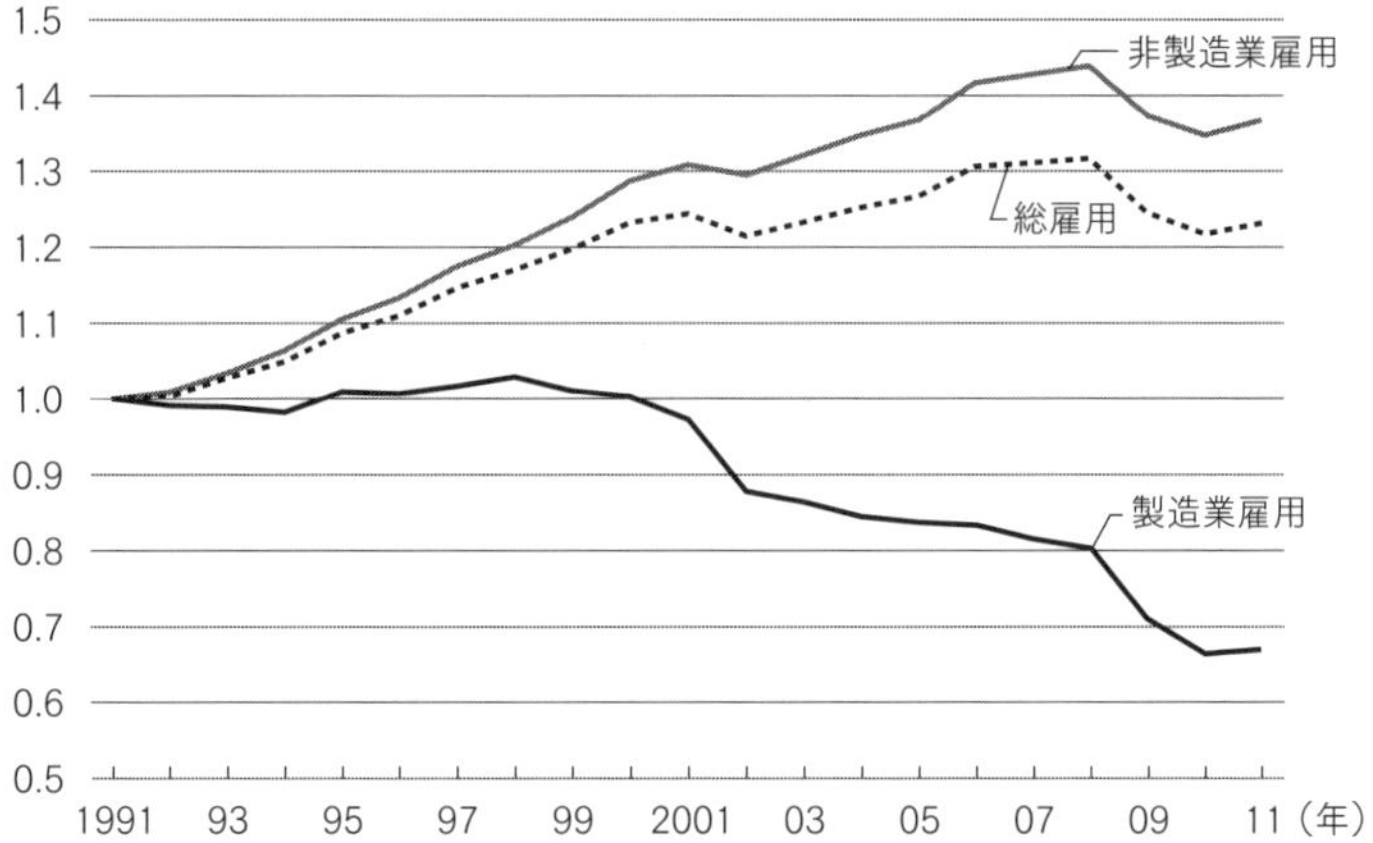

（出所）　Acemoglu et al.（2016）掲載の図を和訳したもの。

図 4－2　輸入競争が国内の雇用や賃金に与える影響

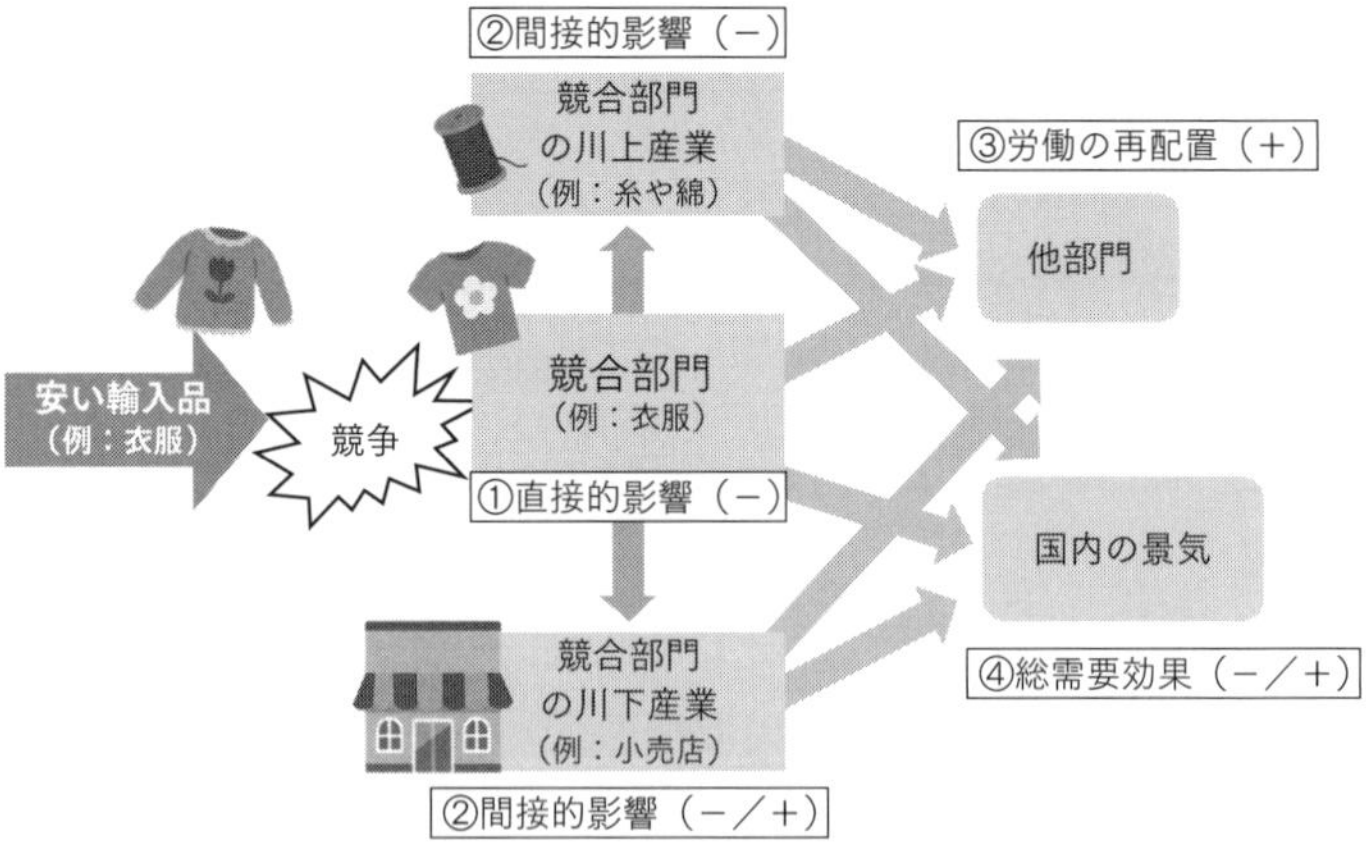

① 輸入競合部門に対する直接的な影響（マイナス）

安価な輸入品が流通するようになると、競合する商品を生産する自国の生産者の売上は低下する。たとえば、中国からの安価な衣類の流入は、アメリカの衣類の生産量を減らしてしまう。その結果、輸入品と競合する部門における労働者の賃金の低下や失業を招いてしまうかもしれない。

② 関連する部門に対する間接的な影響（マイナスorプラス）

①の効果により、輸入競合部門での生産量が低下すると、それは同部門に原料や部品を提供する川上の部門や、関連するサービス部門に悪影響を与えるおそれがある。たとえば、衣類の生産量低下はその原料である布や繊維製品等の生産量を低下させ、アメリカ産の衣類の生産に関わるサービスを提供する事業者に悪影響を与えてしまうかもしれない。輸入競争に直接的にさらされていなくても、生産者間の生産や販売ネットワークを通じて、賃金の低下や失業の発生につながるわけである。

ただし、輸入競合部門の川下に位置する部門は、輸入による国内品の価格の低下や輸入品の取り扱いの拡大により、結果的に利益が増大し同部門での賃金や雇用量が上昇する面もある。衣服の場合、安価な輸入品の増加によりその小売店の利益は増大する可能性があるわけである。その一方で、国内の輸入競合部門の生産者が廃業に追い込まれてしまう場合は、川下部門のコストをかえって上昇させてしまう場合もある。

③ 労働の再配置による影響（プラス）

輸入競合部門や関連する部門で職を失っても、別の部門で働き口を見つけることができれば、特定の産業で失業が発生しても経済全体では雇用状況は悪化しないか、少なくとも悪影響は軽減される。実際、図４－１から明らかなように、アメリカの製造業の雇用者数はここ20年で急落したが、アメリカ全体の雇用者数は同時期に必ずしも減っていない。

エルハン・アルトゥスらが行った研究によれば、産業をまたいで職を変えることのコストが大きい個人ほど、輸入品との競争にさらされることにより賃金が大きく低下することが明らかになっている。[2] しかし、そのような個人であっても、貿易自由化は職の選択肢を増やす効果もあるため、長期的には利益を得ることが同研究では示されている。

④ 総需要に与える影響（マイナス or プラス）

少なくとも短期的には、失業の発生や賃金の低下、資本報酬の下落は地域レベルや国レベルでの消費需要や投資需要を低下させ、いわゆる乗数効果を通じて経済全体の景気を悪化させてしまう。景気の悪化は、輸入競合部門と関連がない部門においても、失業や賃金の低下を招いてしまう。ただし、安価な輸入品の流入は価格の低下を通じて総需要を増加させる面もあり、輸入競争が総需要の減少につながるとは限らない。

輸入が雇用環境を悪化させるかどうかは、右記の四つの効果の相対的な大きさに依存する。アセモグルらは、実際のアメリカのデータを用いて中国からの輸入の増加の影響を実証分析し、①の「輸入競合部門に対する直接的な影響」に関しては、１９９１年から２０１１年の間で83万７０００人の雇用がアメリカの製造業において失われたとしている。アメリカにおける同期間の製造業雇用の減少数は560万人であり，そのうち約15％が中国からの輸入品との競争に端を発したものということになる。この数字をどのように評価するのかは難しいところだが，中国からの輸入品の流入による影響は製造業における雇用環境悪化の主要因とまではいえないが，無視できるほど小さいわけでもないといえるだろう。

一方，賃金に与える影響については，いわゆるホワイトカラーと呼ばれる非生産労働者の賃金には影響がなく，驚くことにいわゆるブルーカラーと呼ばれる生産労働者の賃金に与える影響はプラスであることが明らかにされた。このことは，中国との競争が生産労働者の中でも，比較的賃金が低い単純な作業に従事する労働者の失業を招いたため，国内の生産労働者の構成がより熟練労働にシフトしたからだと考えられる。すなわち，低賃金の生産労働者の雇用が失われる一方で，高賃金の生産労働者の雇用は維持されたため，生産労働者の平均的な賃金が上昇したわけである。

②の「関連する部門に対する間接的な影響」を考えた場合はどうであろうか。同研究の実証結果では，輸入品と競合する産業の川下に位置する産業の雇用には影響を与えないものの，川上に位置する産業の雇用にはマイナスの影響を与えることがわかった。この間接的な効果を考慮すると，中国との競争により，1991年から2011年の間にアメリカの製造業の雇用は141万人減少し，さらに非製造業の雇用も122万減少したと推計されている。関連産業への間接的な影響を考えると，雇用に対するマイナスの影響が大きくなり，製造業の雇用者数減少の約22％が中国からの輸入に起因する

ことになる。

さらに、前記③の「労働の再配置による影響」と④の「総需要に与える影響」の効果を考慮すると、両効果の合計はマイナスであり、新たな部門での職を見つけることのプラスの影響は小さく、総需要の減少が雇用をさらに減らしている。輸入の急増による雇用環境の悪化は、少なくともアメリカにおいては、実際のデータにより確認されているのである。

同様の影響は、日本の労働市場のデータを用いたいくつかの研究でも確認されている。具体的には、輸入価格の低下や輸入浸透度（供給全体に占める輸入品の割合）の上昇が、雇用にマイナスの影響を与える。[3]

コラム　輸入増加による失業がもたらす追加的な負担

輸入増加により失業が発生することの悪影響は、新たな職を得るまでの一時的な所得の減少にとどまらないかもしれない。デイビッド・オーターらの研究によれば、中国からの輸入の急増により職を失ったアメリカの失業者のうち、約7割はその後の職探しをしなくなっているという。それら失業者は社会保障身体障害保険を利用することが多く、輸入の増加が間接的にアメリカの社会保障費負担の増加につながっている。[4]

さらに、ジャスティン・ピアースとピーター・ショットの研究によれば、中国からの輸入増加により影響を受ける産業が多いアメリカの地域ほど、生産年齢にある人々が薬の過剰摂取により死亡する率が高くなっているという。[5] これらの研究は、輸入の増加をきっかけとした失業が、人々の勤労意欲や健康状態に深刻な影響をもたらしうることを示唆している。

しかし、だからといって、輸入を悪と考えるのは早計である。中国からの輸入が短期間に大きく増加したことが、急激な変化をアメリカ産業とその労働者に迫ることとなり、こうした副作用を大きくした可能性がある。目指すべき政策的な対応は輸入自体を止めるのではなく、その増加スピードを緩め、調整をスムーズに進めるための環境を整備することである。

2　中間財輸入の雇用創出効果

これまでは、新興国からの輸入の増加が失業や賃金の低下など、マイナスの影響を与えうることを説明したが、輸入の増加が新たな雇用機会を生み出す面もある。たとえば、谷口美南の実証研究によれば、日本の中国からの輸入の増加は、前記のアメリカの製造業に与えた結果と異なり、日本の製造業の雇用をむしろ増やしているという。[6] これは、日本の中国からの輸入は中間財が大きな割合を占めており、それによるコストダウンが国内の製造業の生産の効率化と生産増加につながり、結果的に国内の雇用を創出しているからだと考えられる。

また、新興国からの輸入の増加を評価する際には、輸入品と競合する産業だけでなく、国内のバリュー・チェーンへの波及効果も考慮する必要がある。ミハル・ファビンガーらの研究は、谷口の結果をより一般化し、中国からの輸入の増加は川上産業の付加価値を減少させるが、川下産業の付加価値は上昇することを実証的に明らかにした。[7] 付加価値の変化がそのまま雇用の変化につながるとは限らないが、こうした産業同士の連関効果を考慮すると、輸入の増加と雇用との関係は複雑であることがわかる。

第2節　企業の海外生産の拡大は失業を増やすのか

これまでは新興国からの輸入に注目してきたが、グローバル化に伴う雇用不安としては、企業の海外拠点の設立に伴う国内の事業活動の縮小と人員削減があげられる。本節では、企業の海外生産の拡大という観点から、グローバル化と国内雇用の関係をもう一度考えよう。

1　海外生産比率の上昇

1990年代以降、製造業を中心に、日本企業が海外現地法人を設立し、海外で生産を行う活動が活発化している。新たな法人の設立を含め、企業が現地企業の経営参加や支配を目的とする投資は、「海外直接投資」と呼ばれる。

海外直接投資の活発化により、日本の製造業企業の海外生産比率（総売上高に占める海外の現地法人の売上高）は、1994年度には7・9％だったものが、2017年度には25・4％に上昇した（図4－3参照）。いまや日本の製造業企業の売上の4分の1は、海外で生産されたものから得られて

図 4－3　日本の製造業の海外生産比率の推移

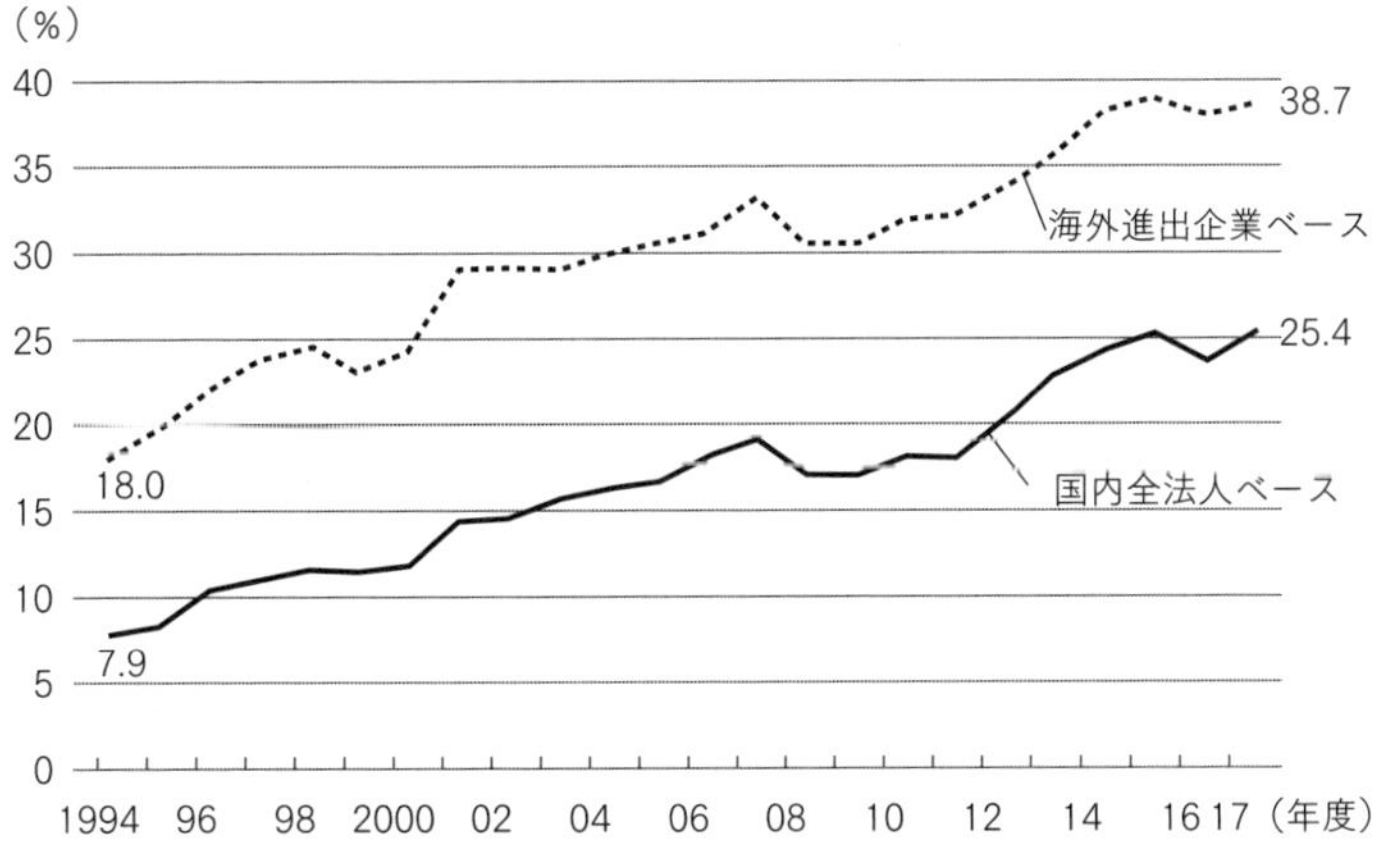

(出所)　経済産業省「海外事業活動基本調査」各年版より筆者作成。

おり、海外に現地法人を有している海外進出企業に限ると、その割合は38・7%にのぼる。

この海外生産比率は、企業が海外直接投資を通じて自ら生産したものだけを対象としているが、企業が海外生産を拡大する手段はほかにもある。たとえば、第3章で取り上げた海外アウトソーシングは、外国企業への生産委託を通じて間接的に海外生産を行う企業行動とみなすことができる。海外アウトソーシングを考慮すると、日本企業の海外生産の規模はもっと大きいであろう。

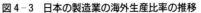

2　海外生産が雇用に与える三つの影響

上記のような企業の海外生産の拡大は、国内の雇用機会を奪い、国内経済を「空洞化」させるものとして、しばしば批判の対象となる。単純に考えると、企業が国内ではなく海外の工場での生産を拡大させることは、国内で行われていた生産を

図4－4　海外生産移転が雇用や賃金に与える影響

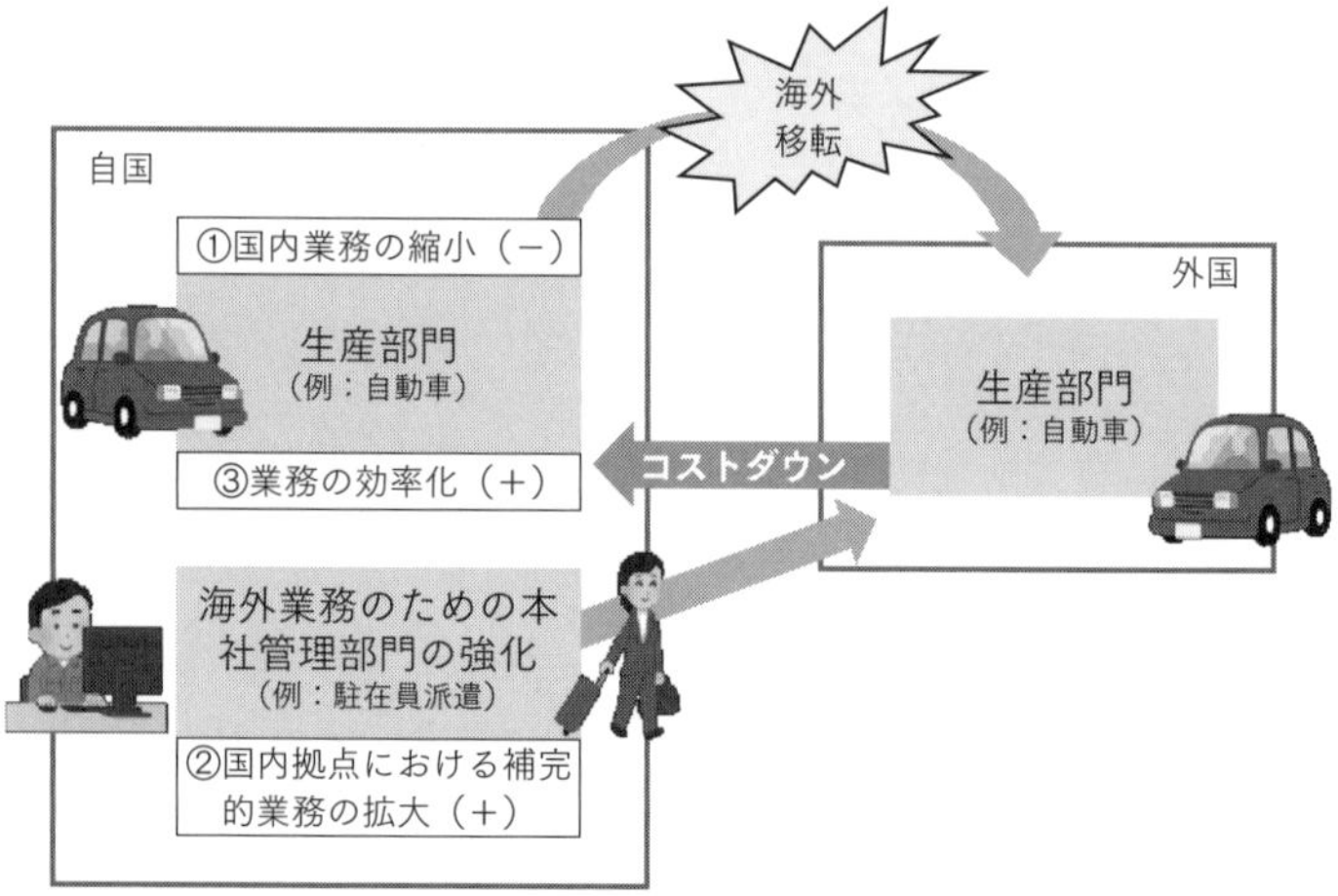

減らし、結果として国内の労働者の雇用機会を奪うように思える。海外アウトソーシングの拡大も、外国企業に委託された作業が国内で縮小することを通じて、やはり国内の雇用状況に悪影響を与えてしまうかもしれない。

しかし、企業にとって海外生産の重要度が相対的に高まることが、国内拠点の活動の規模を絶対的に縮小させるかどうかは、もう少し慎重な考察が必要である。企業レベルで見た場合、海外生産の拡大が国内拠点の雇用に与える影響としては、以下の三つがある（図4－4参照）。

①　国内業務縮小の影響（マイナス）

海外生産により国内で行われてきた活動の一部あるいは全部が海外に移転すると、国内で行われていた業務が縮小する。たとえば、日本の自動車会社が外国に自動車工場を設立し、それまで日本から輸出していた自動車を現地生産ないし現地からの輸出に切り替えたならば、日本での自動車の生産量は減少する。生産量の減少は直接的には国内の雇用機会の減少を意味し、失業や賃金の下落を招くおそれがある。この生産面での代替効果は、企業が輸出していたものを現地生産に切り替える目的で行う、いわゆる水平的直接投資により海外生産を拡大する場合により生じやすい。

② 国内拠点における補完的業務の拡大効果（プラス）

本社から現地法人への駐在員の派遣や、外国でのリスク管理のための本社管理部門の強化、外国の委託先との交渉や調整など、バリュー・チェーンのマネージメント、外国向けの製品開発など、グローバル経営を行うための業務がむしろ増加し、国内の雇用の増大につながる面もある。また、海外拠点あるいは海外の委託先に対して国内拠点が生産する中間財やサービスが提供されている場合、海外での売上拡大は国内拠点による中間財生産やサービス提供の拡大につながる。海外移転された部門の仕事（タスク）が減るとしても、国内でほかの仕事がむしろ増えるかもしれない。

実際、経済産業省が日本の製造業企業を対象に2007年度に行ったアンケート調査によれば、海外現地法人と国内法人とが「補完関係」にあると回答している企業の割合は63・9％であり、一方で「代替関係あるいは競合関係」にあると回答した企業の割合は11・2％にとどまる（図4－5）。また、4割の企業が、海外移転による減産分は海外拠点への輸出によりカバーされ、国内拠点の生産や付加価値はむしろ増加したと回答している。こうした補完関係は、国内拠点の活動と異なる段階の事業活動のために行われる、いわゆる垂直的直接投資の場合に生じやすい。

図4－5　海外現地法人と国内法人の補完性に関するアンケート調査

(1)　海外現地法人と国内法人の関係

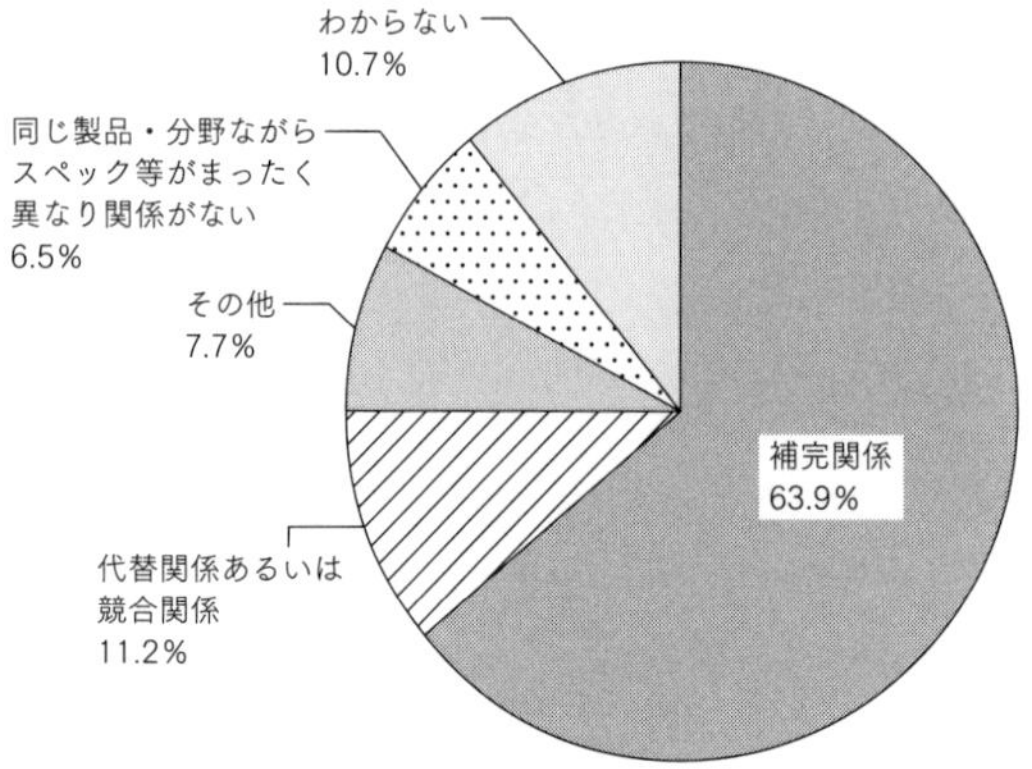

(2)　下工程・後半工程を海外移転した際の国内拠点への影響

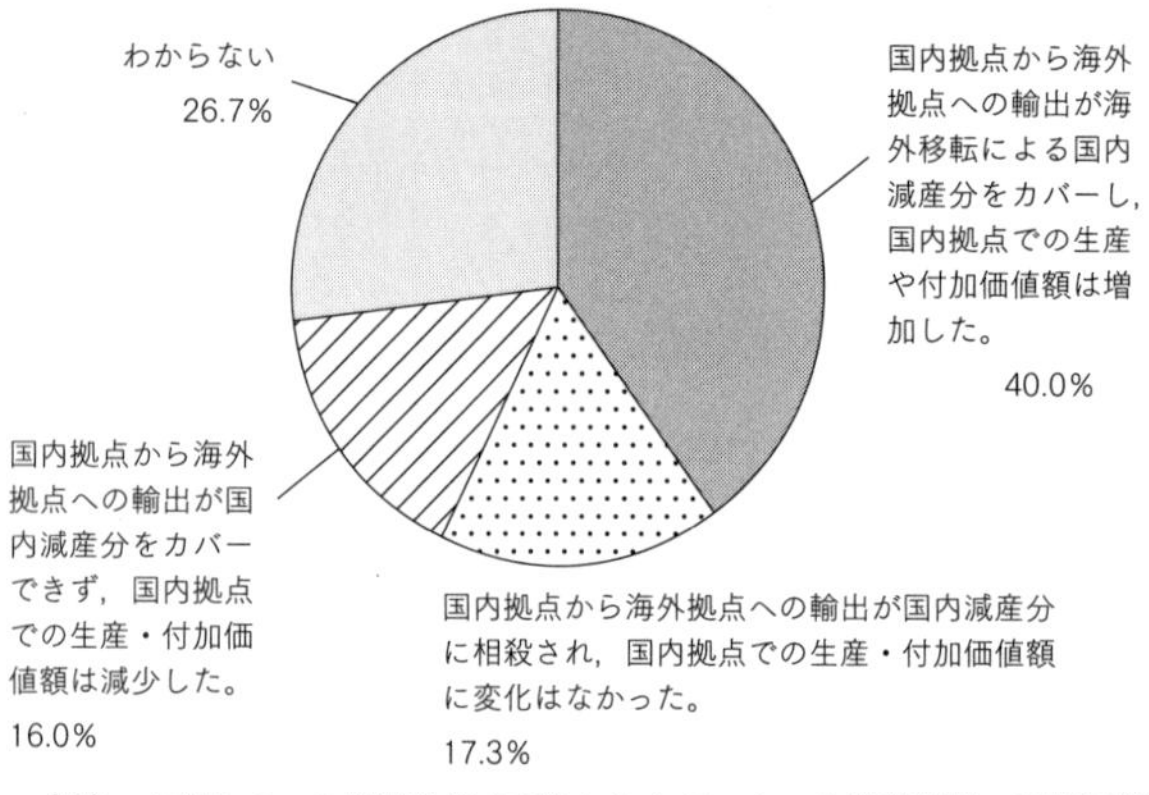

（注）　上場している製造企業を対象にしたアンケート調査結果。有効回答数は 227 社。

（出所）　経済産業省『ものづくり白書』(2007 年版)。

③ 経営パフォーマンスの上昇効果（プラス）

海外生産の拡大は、企業全体のコストダウンにつながり、当該企業の効率化を通じて生産性などの企業の経営パフォーマンスを上昇させるかもしれない。海外アウトソーシングにより安価で質の高い中間財が利用可能になることも、企業の経営パフォーマンスを高める。こうした経営パフォーマンスの上昇により、本社の国内での活動規模も増加し、国内の労働者に雇用の増大や賃金の上昇などの好影響をもたらすかもしれない。

実際、冨浦英一の研究によれば、海外直接投資や海外アウトソーシングをする企業の経営パフォーマンスは、そうでない企業よりも高いことが確認されている[8]。第1章で輸出に関わるメリッツ効果として説明したように、海外生産比率の拡大は、国内の生産資源を生産性が高いグローバル企業に集中させることにつながり、産業全体のパフォーマンスを向上させ国内経済を活性化させる面がある。こうしたグローバル化による産業全体の生産性の上昇も、雇用にもよい影響を与えることが期待される。

海外生産の拡大が国内雇用に与える影響は、これらの効果の相対的な大きさによるため、理論的にはプラスかマイナスかをはっきりと結論づけることはできない。したがって、実際のデータを用いた実証研究が重要となる。とくに、近年の企業レベルのデータの整備に伴い、企業の海外進出と雇用の関係を検証した実証研究が国内外で多く行われている。以下では、日本のデータを用いた実証研究を紹介する。

3 日本のデータを用いた実証研究

日本のデータを用いた実証研究の多くでは、海外直接投資を通じた海外生産の拡大は日本の雇用に影響を与えないかむしろ増やしている、との結果が得られている。たとえば、山下直輝と深尾京司の研究では、企業特性や産業特性の違いを考慮したとしても、海外現地法人の雇用の増大と国内での雇用には有意な関係がないことが明らかにされている。[9] 海外生産を行う企業が、そうでない企業と比べて、国内雇用を維持・拡大する傾向にあるとの実証研究もある。[10] また、日本の雇用に与えるプラスの影響は、先進国への水平的直接投資であっても途上国への垂直的直接投資であっても生じることが明らかにされている。[11] その一方で、枝村一磨らの実証研究では、アジアへの直接投資が日本の本社の雇用にマイナスの影響を与えるという結果を得ている。[12]

このように、実証研究の結果はさまざまであり、海外生産と雇用との関係は一意に定まらない。日本企業以外のデータを用いた実証研究でも、同様に雇用への影響はプラス・マイナスの双方の結果が得られている。

4 企業外の雇用への影響

企業の海外進出は、当該企業以外の雇用にも影響を与えるかもしれない。たとえば、海外進出企業が国内雇用を維持したとしても、輸入増加の効果同様、その企業に部品や中間財を提供する産業が国内で縮小し、結果的にその産業での雇用を縮小させてしまうかもしれない。とくに、ある企業が国内生産から海外生産に切り替えたら、国内にとどまる部品・中間財を提供する川上産業の雇用に悪影響を与えてしまうおそれがある。

しかし、伊藤恵子と田中鮎夢の実証研究によれば、主要な取引先の企業が海外移転したとしても、日本のサプライヤーの雇用は減るどころか、むしろ増えるという。[13] この結果は、輸入の増加に関して国内のバリュー・チェーンへの影響を考えた研究と正反対である（第1節参照）。これは、海外移転した日本企業の多くが日本のサプライヤーとの取引関係を継続させているため、輸入の増加による生産縮小と異なり、海外移転による生産増加の影響がサプライヤーにも波及していることを示唆している。**企業間のバリュー・チェーンが維持される限りにおいて、コストの下落など生産ネットワーク全体に好影響を与える企業の海外進出は、雇用をむしろ増大させる**のである。その意味で、自由貿易協定の原産地規則のように（詳細は第9章参照）、海外進出先で一定の現地調達を要求する制度は、国内サプライヤーと海外移転企業とのバリュー・チェーンが切断されてしまうため、雇用に悪影響を及ぼすおそれがある。

コラム　雇用を奪っているのは誰なのか――作業の機械化と雇用

海外生産が雇用を減らすという主張の背景には、国内外の労働者が代替関係にあるため、一方の投入の増加は他方の減少につながるという考えがある。しかし、代替関係にあるのは労働者同士とは限らず、労働節約的な機械設備など、他の生産要素とも代替する。たとえば、神林龍と清田耕造の実証研究によれば、資本財価格が低下し機械などの資本設備の投入が増え、それらが労働と代替したことが、日本の雇用減少の要因であるという。実際、外国の賃金の増減は日本の雇用にほとんど影響がないことを明らかにしている[14]。

神林・清田論文は人工知能（ＡＩ）やロボットの普及による機械化こそが、国内の雇用を奪う主要因であることを示唆している。たとえばアセモグルらによる研究は、１９９０年から２００７年にかけてのアメリカの雇用の減少の主要因は、産業ロボットの導入であることを明らかにしている[15]。具体的には、新しいロボットを1台導入するたびに、平均的に6人が職を失うという。このインパクトは、輸入や海外アウトソーシングの増加、資本投入の増加やＩＴの導入のインパクトよりもはるかに大きいとされている。

こうした実証研究が雇用減少のすべてを説明しきれているわけではないが、国内の雇用がさまざまな要因が絡み合って変化していることは確かであり、「外国の労働者が国内の雇用を奪っている」という主張は、その妥当性を注意深く検討する必要がある。

第3節　グローバル化は国内の賃金格差を拡大するのか

労働の問題は、失業や賃金の下落だけではない。近年、各国内で労働者間の賃金格差が拡大していることが問題視されている。森口千晶の研究によれば、世帯規模を考慮した一人当たり所得（等価市場所得）で計算した日本のジニ係数（格差を測るための尺度の一つで、1に近いほど格差が大きい）は、1995年は0・345であったが、2012年には0・488に上昇している。[16] こうした格差を助長させる原因として、グローバル化が槍玉にあげられることも多い。

グローバル化と賃金格差にはどのような関係があるだろうか。まず、労働者のタイプには違いがあり、たとえば技能労働者と単純労働者に分けられるとしよう。伝統的な貿易理論においては、貿易の自由化による輸入価格の低下と輸出価格の上昇はその国に豊富に存在する労働者の賃金を上昇させ、そうでない労働者の賃金を低下させることが指摘されている（「ストルパー＝サミュエルソン定理」と呼ばれる）。[17] したがって、技能労働が相対的に豊富な先進国では、単純労働が豊富な新興国との貿易により熟練労働の賃金が相対的に上昇するため、先進国内の賃金格差を拡大させる要因となる。

同様に、単純労働を多く必要とする生産工程や作業（タスク）を海外直接投資や海外アウトソーシングにより国外に移転することも、国内の技能労働の需要を相対的に上昇させるため、賃金格差を拡大する要因となりうる。実際、いくつかの実証研究では、企業の生産拠点の海外移転が国内の賃金格差を拡大させることを明らかにしている。[18] さらに、技能労働を集約的に用いる財への特化は、技能労働の生産性を高める技術開発を誘発し、技能労働の需要と賃金をさらに上昇させる効果もある。[19]

賃金格差の拡大は、異なる職種で異なる作業（タスク）を行う労働者間で起こるのみならず、同一産業で同じ職種に就く労働者の間でも生じることが指摘されている。たとえば、第1章で説明したように、生産性などのパフォーマンスが企業によって異なる状況では、同じ産業でも高パフォーマンス企業のみが輸出を行うことになる。利潤を多く稼ぐ輸出企業は労働者による「正当な賃金（fair wage）」の要求に対応し、同一職種でもより優秀な労働者を雇用するインセンティブがあるため、そうでない企業と比較して高い賃金を労働者に支払うことになる。結果として、貿易自由化により同一産業・同一職種での賃金格差が生まれる。[20]

こうした賃金格差の拡大が必ずしも国内に悪い影響をもたらすとは限らない。しかし、もしも格差の拡大が国内の貧困層の増加を意味するのであれば、治安や健康状態の悪化、教育機会や労働意欲の喪失などの社会的・経済的コストを生み出すおそれがある。従来の国際経済学の研究は、こうした格差の拡大は適切な所得再分配により解消されるものであり、貿易利益を否定する材料とはならないという立場をとってきた。しかし、近年の研究では、所得格差の問題を考慮したうえで貿易利益を評価しなおそうとする動きも見られる。たとえば、ポル・アントラらの研究によれば、国民が所得の変動幅が大きいという意味でのリスクを好まないことと、所得再分配を目的とした累進課税が富裕層の所得獲得意欲を削ぐことを考慮すると、**貿易自由化による国内の所得格差の拡大は貿易利益の20%を消失させる**という。[21]

ただし、消費者の観点からは、輸入の自由化が貧困問題を軽減する側面もある。最近の研究によれば、国内の低所得層ほど、食品や衣服など外国からの輸入が多いものに所得の多くの割合を費やしている一方、高所得層は教育や不動産などの貿易が行われにくいサービス部門に多く支出しているため、**貿易は低所得者層の購買力をより高めている**ことを明らかにしている。[22] たとえばアメリカにおいて、輸入は国民の購買力を平均8％上昇させる効果があるが、所得の下位10％に属する人々に関しては69％も上昇すると報告されている。日本においては、輸入による購買力の上昇は平均6％であるが、所得の下位10％層では46％に跳ね上がる。逆にいえば、「国民を貧困から救う」ために輸入を減らすことは、その貧困層の消費生活を苦しくしてしまうのである。

●おわりに――グローバル化の敗者を生み出さないために

グローバル化が国内で失業を増やし、賃金格差を拡大するおそれがあることはさまざまな研究で指摘されており、無視できない問題である。しかし、グローバル化が逆に雇用を増やし、また貧困層の生活水準を上げる効果も指摘されており、その関係は単純ではない。

たとえば、輸入の増加は競合する部門における雇用を減らす影響があるが、その一方で安価な中間財の輸入が川下産業の雇用を増やす効果や、産業構造の転換を通じて労働者に新たな雇用機会を提供する効果もあるため、国全体の雇用に常に悪影響を与えるとは限らない。

また、失業などの労働問題が発生する背景には、労働市場自体に根本的な原因があるということを忘れてはならない。たとえば、失業が発生する原因としては、賃金が硬直的で伸縮的に変動しないため、賃金が必要以上に高止まりしてしまい、職探しをする労働者の数に見合った労働の需要が生まれないことが考えられる。また、全体としては十分な労働需要が国内にあったとしても、雇用者と労働者とでお互いの情報が共有されていない、あるいは都市部を中心とした特定の地域に求人が集中することにより、両者のマッチングが適切に行われないことも、失業が生じる背景にあると考えられる。失業を減らすために保護貿易政策を用いるのは、労働問題の根本的な解決にはつながらず、労働市場自体の問題を解消するための政策を講じることが本筋である。

しかし、だからといって、グローバル化と労働問題が無関係だと放置するわけにはいかない。グローバル化の良い面を認めたとしても、労働市場に問題を抱えたままそれが進行すると、失業などの労働市場の問題をさらに悪化させてしまうおそれがある。体調がすぐれない人が運動をすると状態が悪化してしまうように、グローバル化推進の方向が間違っていなくても、国内市場に問題を抱えたままそれを実施すると、かえって状況が悪化してしまう。運動をすること自体に問題があるのではなく、そもそもは体調がすぐれないことが問題であり、まずはそれを治さなければならない。とはいっても、体調が悪いままで健康時と同じように運動をするべきではない。すなわち、グローバル化自体が労働問題の直接的な原因ではなくても、もしもそれが労働問題を悪化させてしまうきっかけになるのであれば、グローバル化の波を一定程度抑制することも必要な応急措置となりうる。

重要なのは、グローバル化そのものを問題視するのではなく、グローバル化が国内の労働問題をどの程度悪化させ、その応急措置としてどのような貿易政策や関連する政策が必要であるかを、見極めることである。必要な対応は貿易により損失を被った人々を救済することであり、貿易自体を阻止することではない。たとえば、外国からの輸入の増加や国内企業の海外生産移転が原因で失業した労働者や企業を支援するアメリカの貿易調整支援（Trade Adjustment Assistance：TAA）では、解雇前の年収に応じた給付や、適切な職業に復帰するための職業訓練（手当ても支給される）、さらに求職や引越の費用の補助が行われる。輸入の増加と失業との因果関係の特定が難しいという問題を抱えるものの、検討に値する支援制度の一つである。

第5章

モノだけでなくサービスの貿易も重要に

国境を越えるサービス・文化

● はじめに――「クールな日本」の輸出?

日本のゲームやアニメ、映画やマンガなど、コンテンツと呼ばれる分野で日本が世界から注目を集めている。フランスでは、Japan Expo という日本文化の博覧会が毎年開催されており、コンテンツ産業に限らず伝統的な文化から食文化に至るまで、日本のさまざまな文化が外国で受け入れられているようである。

実際、日本への興味関心の高まりを反映するように、訪日外国人の数は増えている。日本政府観光局が公表している統計データによれば、2018年の訪日外国人の数は約3119万人に達し、2005年（約673万人）と比較して4・6倍以上も増加した。本書の読者も、日本の各地で外国人を多く目にするようになったことを実感しているのではないだろうか。2020年の新型コロナウイルスの発生により、同年3月の訪日外国人数は前年同月比で93％も下落しており、先行きは不透明であるが、近年、訪問先としての日本への注目度が高まっていたといえる。

そこで、日本政府は「クールジャパン戦略」という看板を掲げつつ、「日本文化の輸出」の促進を図っている。文化を輸出するとはどういうことだろう。たとえば、外国で日本映画が配給・上映され、それを外国人が鑑賞したならば、それは日本文化の輸出と捉えられる。映画に限らず、音楽、ゲーム、伝統芸能に至るまで、日本独自の文化を外国人が対価を支払って消費をすれば、それは文化の輸出といえるだろう。一方、外国の映画、音楽、スポーツなどで、われわれも外国の文化に日々触れ、それに対して対価を支払っている。そうした「文化の輸入」に対して、異なる文化に触れる良い機会だとして歓迎する声がある一方、異文化の流入が国独自の文化を衰退させ、文化の多様性を損ないかねないと懸念する声もある。たとえば、GATTのウルグアイ・ラウンドという国際交渉の場において、フランスやカナダは音響や映像といった文化的な財を協定に含めることに反対した。また、2005年にはユネスコにおいて文化多様性条約が採択され、文化の多様性を保護・促進するための措置を採用する権利を各国が有することが確認された。

外国人が訪日し日本の文化を体験すること、あるいは海外のアーティストが国内でコンサートを開催することのどこが貿易と関係するのだろうか。実は、こうした文化に関わる国際交流は、貿易の中でもサービスに関する国際取引、すなわちサービス貿易と深く関わっている。本章では、サービス貿易について解説し、その課題を考えていこう。

第1節　国境を越えるサービス――サービス貿易とは何か

われわれの日々の生活は、モノの消費のみならず、サービスの消費に溢れている。サービスは日本語では役務といい、その消費が人々の満足度（効用）を高めるのである。しかし、モノとは異なり、サービスには物理的な形がなく、生産と消費が同時に行われる傾向がある。したがって、消費者と提供者が距離的に近くにいないと売買が行われにくい。

たとえば、医師の治療を受けることは医療サービスの消費となるが、医療行為により医者（提供者）から患者（消費者）に目に見えるものが受け渡されているわけではなく、治療により健康になることで患者は満足度を高めているわけである。料金を支払って飛行機や電車、船で移動することは、「より早く、効率的に移動すること」を運輸サービスにより実現している。銀行などの金融機関の利用は、お金を安全に保管したり円滑に運用したりするという金融サービスを、レストラン等での食事は食材を美味しく調理し、また食事をする場を提供するという外食サービスを利用していることになる。筆者のような大学教員は、専門知識を受講者に伝えるという教育サービスを学生に提供している。

サービスの中にはモノの生産や消費とセットになってはじめて価値を生むものもある。たとえば、自動車や家電など消費者が購入後も継続的に利用するモノ（耐久財と呼ばれる）の場合、故障や不良、劣化に対応する修理サービスや保守サービスなどが十分に提供されることが、結果的に耐久財を消費することの満足度を高める。インターネットを通じたオンライン・ショッピングは、直接店頭に出向かずにモノを購入することを可能にし、また充実した物流サービスは消費者へのモノの配送を迅速かつ正確に行うことを可能にする。同じモノを消費したとしても、モノの消費に付帯するこうしたサービスが充実していると、消費者の満足度が高まるわけである。

実は、こうしたサービスも国境を越えて取引されている。しかし、そもそもサービスの実態がつかみにくいのに、サービス貿易となるとさらにわかりにくい。本節では、サービス貿易の定義をはっきりさせたうえで、サービス貿易の影響について考えていこう。

1　存在感を増すサービス産業

サービス産業は各国の経済活動においてすでに大きな比重を占めている。図5－1は、国内で生み出された価値の総額、すなわちGDPに占めるサービス産業の割合を世界全体と国別に示したものである。世界全体のGDPに占めるサービス業の割合は、2017年時点では65％に達している。

国別に見ると、2017年の日本のGDPに占めるサービス産業の割合は69・1％である。すなわち、日本国内でサービスが生み出した価値は、全体の7割ほどを占める。アメリカがより顕著であり、77・4％を占める。特筆すべきは、ブラジルのような新興国でも6割を超えていることである。比較的サービス業の割合が低い中国やインドでも上昇トレンドにある。モノ作り大国であり「世界の工

図5−1　各国のGDPに占めるサービス産業の割合

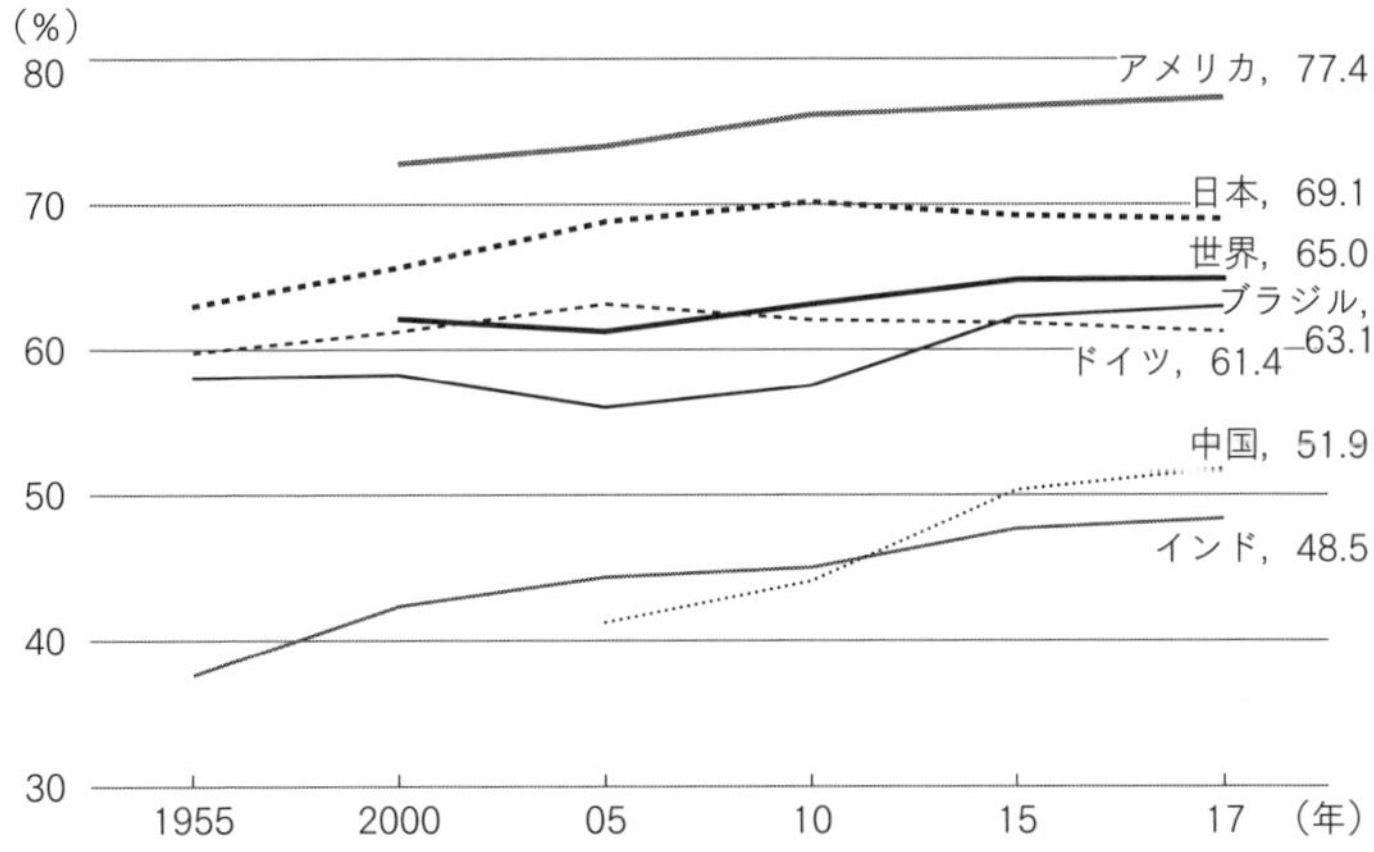

（出所）　世界銀行「World Development Indicators」のデータより筆者作成。

場」として名を馳せる中国でも、GDPの半分以上はサービス産業から生み出されている。「経済のサービス化」は世界中で進行しているのである。

こうしたサービス産業の台頭の背景には、各国の経済発展がある。一国の経済が発展するにつれて主要産業が第一次産業（農林水産業）から第二次産業（製造業）、次いで第三次産業（非製造業）、すなわちサービス産業へと比重がシフトしていく現象は、「ペティ＝クラークの法則」として知られている。元来、サービスは国境を越えて取引しづらい非貿易財で、とくにモノの生産と一体となったサービスが国内で発展するためには、第二次産業である製造業が先に発展することが前提となっていた。しかし、インドのように、近年は製造業の拠点が国内になくてもサービス産業が発展するという新しいパターンが見られる。インドは、ソフトウェアの開発やコールセンター業務に代表されるIT関連業務を拡大させているが、これは第3章で取り上げた、外国企業の海外アウトソーシングの活発化が関係している。

また、モノの貿易や国境を越えた人の移動の活発化は運輸サービスの需要を高めるため、モノの貿易自由化や、新興国の人々による海外旅行の増加も、サービス産業の比重が各国で増している理由であると考えられる。

2 サービス貿易の類型

サービスの貿易は、ある国の居住者が他国のサービスを消費した場合に生じる。たとえば、日本の居住者が外国のサービス事業者が提供するサービスを購入した場合、これは日本のサービスの輸入になる。逆に、日本のサービス事業者が提供するサービスを外国の居住者が購入した場合、日本のサービスの輸出になる。

しかし、こうしたサービスの国際取引はなかなかイメージしにくい。無形であるがゆえに、モノの貿易のように、どのタイミングで国境を越えたかもわからない。しかし、**実は日々の生活の中で、われわれ自身がサービスの貿易に携わっている**のである。以下を例に考えてみよう。

大型連休を利用して家族でハワイ旅行に行くことになった。外資系銀行で円を米ドルに両替し、アメリカの航空会社であるユナイテッド航空で渡航、現地に到着後タクシーで宿泊するホテルに到着、近くのレストランでシーフード料理を満喫した。帰国後、現地で演奏を耳にしたウクレレ奏者が来日したことを知り、そのコンサートに行った。

右記の文章の中に、実は外国からサービスを輸入する行為が六つ含まれている。1995年のWTOの設立とともに締結された「サービスの貿易に関する一般協定」（GATS）では、国境を越えたサービスの取引を以下の四つの形態（モード）に分類している。

- 第1モード　越境取引（cross-border supply）
- 第2モード　国外消費（consumption abroad）
- 第3モード　現地拠点を通じたサービス提供（commercial presence）
- 第4モード　自然人の移動（movement of natural person）

図5-2をもとに一つずつ解説しよう。サービスの消費国はサービス提供国からサービスを輸入、逆にサービス提供国はサービス消費国にサービスを輸出することになる。

越境取引（第1モード）では、B国のサービス事業者がB国にいながらにしてA国にサービスを提供し、A国の消費者はA国にいながらにしてそのサービスを消費する。たとえば、B国への進出を考えているA国企業が、現地市場に関する情報収集と進出へのアドバイスをB国のコンサルティング会社に依頼し、Eメールや電話、国際郵便等で調査結果を受領した場合、コンサルティング・サービスの越境取引になる。

国外消費（第2モード）では、A国の消費者自身が国境を越えてB国に移動することにより、B国内でサービスを消費する。A国の消費者が旅行中に（B国資本の）ホテルに宿泊したり、現地の鉄道

図5－2　サービス貿易の類型

● 第１モード　越境取引

…B国のサービス提供者が，自国にいながらにしてA国の消費者にサービスを提供する

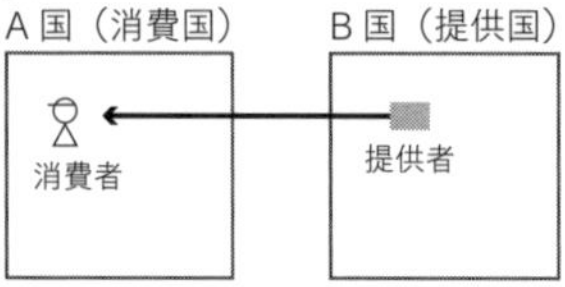

【例】 電話での外国サポートセンターの利用，ネット通販

● 第２モード　国外消費

…A国の消費者が，B国に出向いて現地のサービス提供者からサービスの提供を受ける

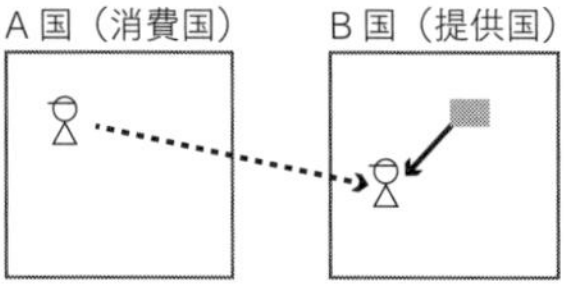

【例】 外国でのホテル宿泊，外国での医療受診，外国での鉄道利用

● 第３モード　現地拠点を通じたサービスの提供

…B国のサービス事業者が，A国に支店や現地法人を設立してサービスの提供をする

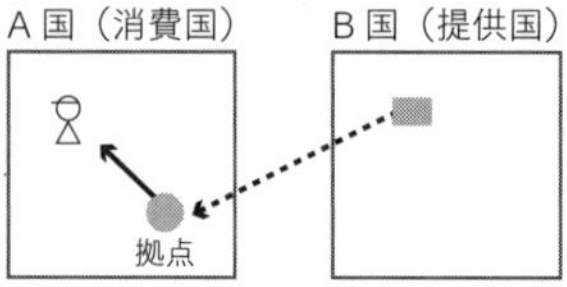

【例】 外資系銀行の利用，外国車の日本支店での修理

● 第４モード　自然人の移動

…B国のサービス事業者が，社員や専門家を派遣して，A国にいる消費者にサービスを提供

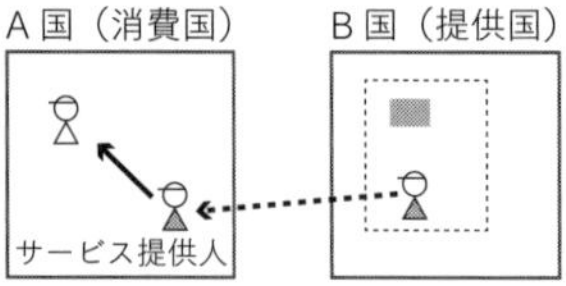

【例】 外国アーティストの国内コンサート，研究者の海外でのセミナー報告

を利用したりするのは、国外消費によるサービス貿易の例である。
サービスの消費者が国境を越えて移動するのではなく、その提供者が消費国に移動するのが、第3モードと第4モードである。現地拠点を通じたサービスの提供（第3モード）では、B国のサービス事業者がA国に現地拠点を設立し、A国内でサービスを提供する。たとえば、B国の自動車メーカーがA国で販売した自動車の修理サービスや保守サービスを現地の自社ディーラーを通じて行うことは、現地拠点を通じたサービスの提供である。拠点の設立自体は投資活動であり、第3モードは貿易としてイメージしにくいかもしれないが、現地拠点を通じて外国の法人が国境を越えてサービスを国内に提供していることから、サービスの貿易とみなされる。

第3モードでは、サービスを提供する事業者が法人として消費国に移動しているのに対し、自然人の移動（第4モード）はサービスを提供する人間（すなわち自然人）が消費国に移動する。B国人のアーティストやオーケストラがA国内でコンサートを行うことは、自然人の移動を通じたサービス貿易の例である。

以上を踏まえて、ハワイ旅行の例の答え合わせをしよう。まず、外資系金融機関での両替は、第3モードによるサービスの輸入である。ユナイテッド航空の利用もサービスの輸入である。外資系航空会社の国際便の利用は、乗客にサービスを提供する航空機自体は日本に入国しておらず、かつ日本人旅客も降機後にアメリカに入国することから、第1モードの越境取引に分類されている。現地でのタクシーの利用、ホテルの宿泊、レストランでの外食は、すべて第2モードの国外消費によるサービスの輸入である。帰国後のコンサート参加は、第4モードの自然人の移動によるサービスの輸入になる。

モノの貿易の場合は、モノ自体が国境を越えて移動するため、消費者と生産者が直接コンタクトをとる必要はなかった。しかし、サービスは無形でありその提供者自身がその場にいないと提供できない場合が多いため、電話やインターネットでのやりとりで事足りる場合を除き、消費者と提供者が近い距離にいなければならない。したがって、サービス貿易の発生には現地拠点の設立や人の移動を伴う場合が多いのである。

3　サービス貿易の現状

図5－3は世界のサービスの輸出額の推移をモノの輸出額と比較している。2018年の世界のサービスの輸出額は約5・8兆ドルであり、2005年と比較すると、約2・2倍増加している。一方、2018年の世界のモノの輸出額は約19・5兆ドルであり、10年前と比較すると約1・2倍増加している。2018年の世界のモノとサービスの輸出の合計額のうち、約23％がサービス貿易であり、徐々にそのシェアを増やしていることがわかる。

第2章では、モノの貿易に関する日本の貿易収支の黒字が近年縮小し、赤字も記録しはじめたことを述べた。それでは、サービス貿易の収支（サービス収支）についてはどうであろうか。日本のサービス収支はずっと赤字を続けていたが、近年はその赤字額が縮小し、2019年に約1248億円の黒字を記録した（図5－4）。これは、モノの貿易収支とは逆の動きである。

図 5－3　世界のモノの輸出とサービスの輸出

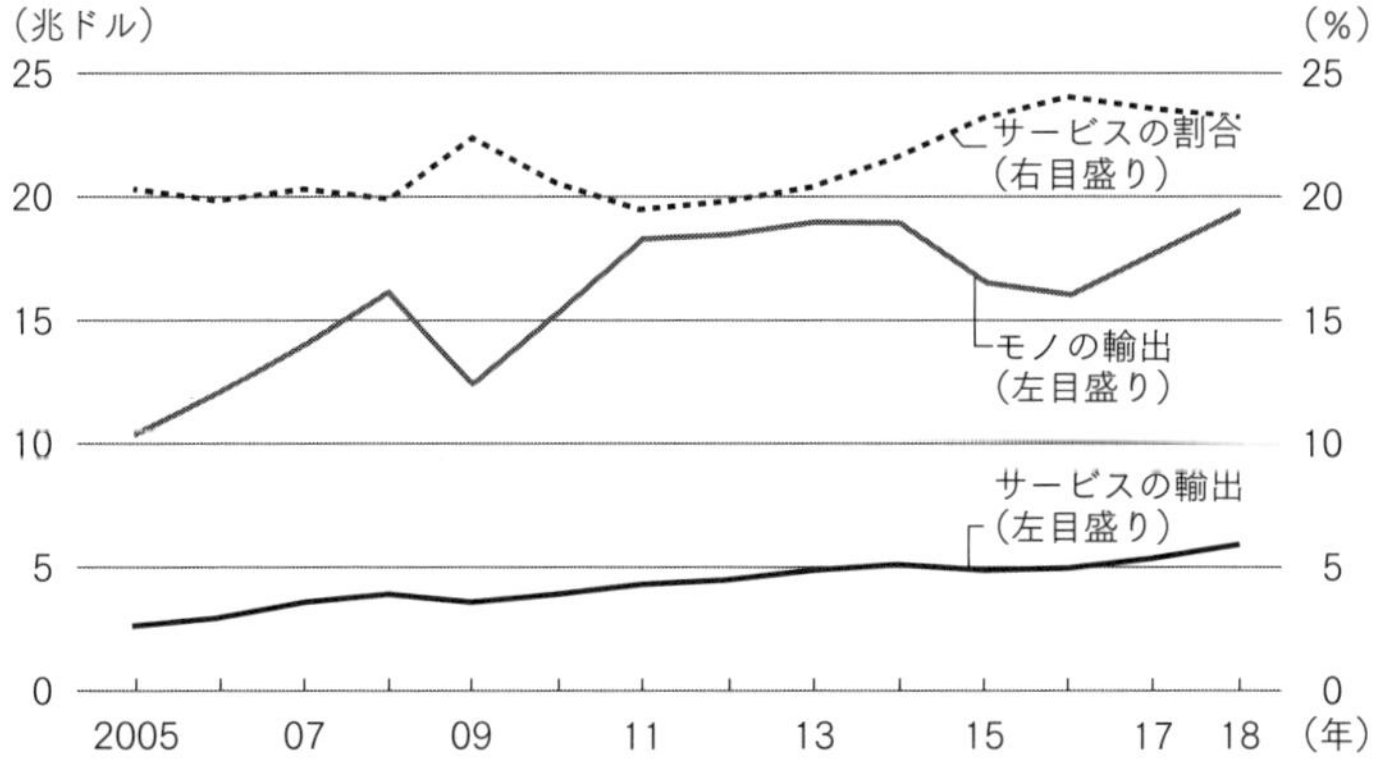

（出所）　国連貿易開発会議「UNCTAD Stat」のデータより筆者作成。

図 5－4　日本のサービス収支とその内訳

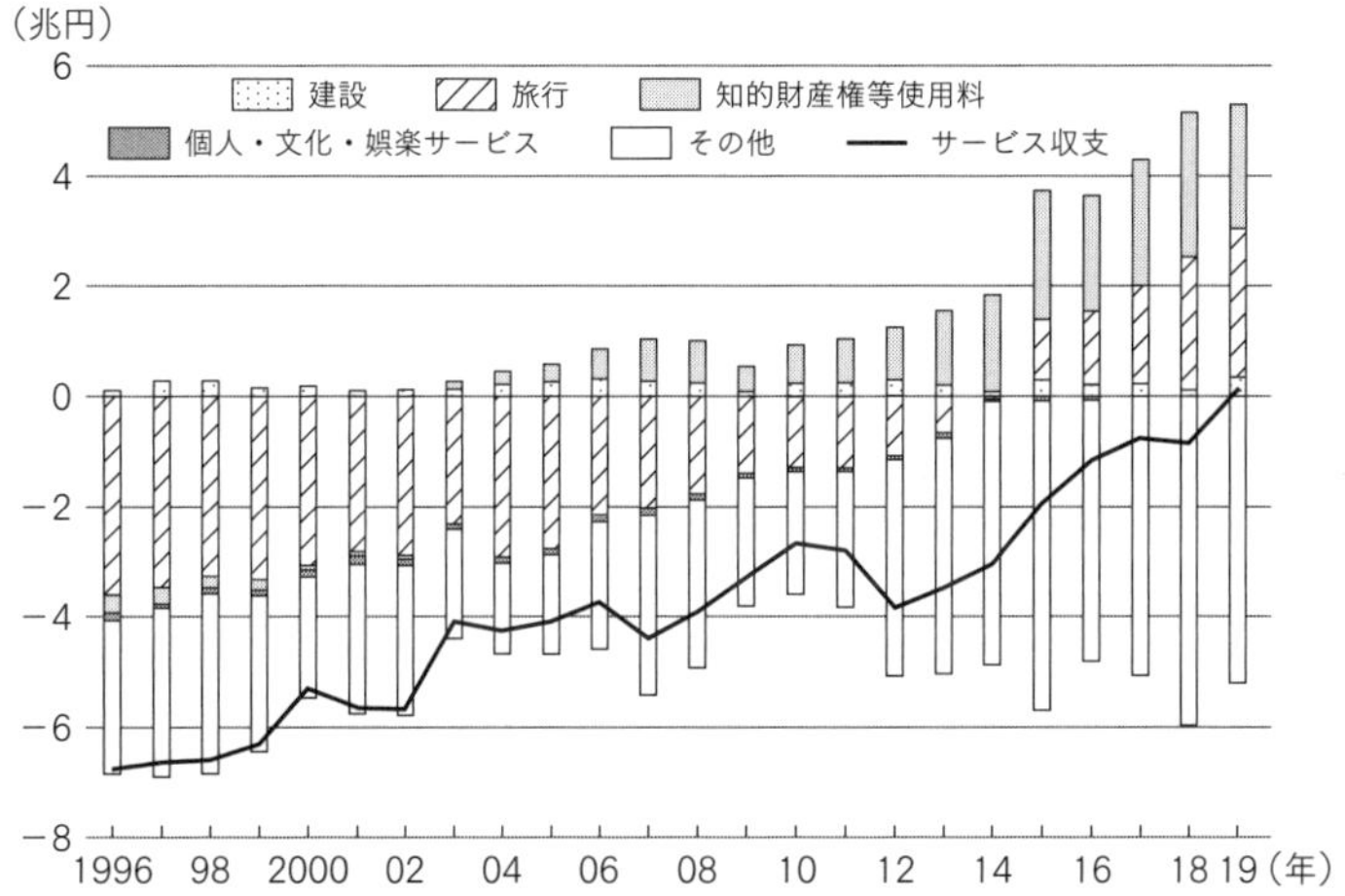

（出所）　財務省「国際収支状況」より筆者作成。

項目別に見ると、一貫して黒字なのは建設サービスのみである。たとえば、マレーシアのクアラルンプールにある「ペトロナス・ツインタワー」のうち一つのタワーは、日本の建設会社のハザマが建設したものであり、日本にとって建設サービスの輸出になる。それ以外のサービス収支は、1996年当時はすべて赤字であった。しかし、近年は旅行収支や知的財産権等使用料が黒字化している。旅行収支が黒字化したのは、訪日外国人の数が急増したことが背景にある。知的財産権等使用料が黒字化したのは、日本企業の海外現地法人の設立が増加し、その現地法人が本社の保有する特許や商標などの知的財産権の使用に対価を支払っていることが大きく影響している。

一方、「文化の輸出」と直接関連する個人・文化・娯楽サービスについては、ずっと赤字を記録していたが、2019年に約230億円の黒字を記録した。また、経済産業省の2016年版の『通商白書』によれば、映像や音楽等の使用権料や著作権の使用料は、2015年時点の知的財産権等使用料の6％を占めており、日本のコンテンツ分野の輸出が一定の貢献をしていることがわかる。

第2章でモノの貿易収支について論じたように、サービス収支の赤字自体は必ずしも悪いことではない。たとえば、日本人が海外旅行に行くことは日本のサービス収支を赤字化させ、外国人が訪日することは黒字化させるが、外国人が日本に旅行に来る以上に日本人が海外旅行に行くことが悪いとはいえないだろう。ただし、潜在的にはもっと日本のサービスを海外に輸出できるにもかかわらず、サービス貿易に対する障壁が阻害要因となり日本のサービスの輸出が低く抑えられているのだとすれば、その除去が必要である。次節では、サービス貿易の障壁について解説していこう。

第2節　サービス貿易の障壁──国内の規制も阻害要因に

世界のサービス貿易は無視できない規模に拡大している。しかし、世界のGDPにおけるサービスの比重が7割に迫る一方で、世界貿易に占めるサービス貿易の割合は2割強とやや低い。無形であるため、サービス貿易の実態が把握しにくいのが原因の一つであるが、加えてサービス貿易に対する各国の障壁の高さが、サービスの国際取引の阻害要因となっているのかもしれない。

サービス貿易の障壁とはいかなるものであろうか。モノの貿易の場合には、国境を越える際に賦課される関税や、税関手続きなど国境での煩雑な手続きが貿易障壁であり、貿易自由化は関税の引き下げや通関業務の効率化により行われる。しかし、無形であり、電話やインターネットでの通信、あるいは提供者や消費者が直接国境を越えて移動することにより発生するサービス貿易の場合には、関税のような直接的な保護貿易措置が存在しない。サービス自体のみならず、その障壁もまた実態がつかみにくいのである。

1　サービス貿易の制限指標

消費者と提供者の近接性が求められるサービス貿易においては、サービスを提供するための現地法人の設立や、外国人の入国や就労に関する国内のさまざまな規制や政策が、実質的なサービス貿易の障壁となる。たとえば、マレーシアでは外国資本のコンビニエンスストアの参入に厳しい規制がしかれ、ガソリンスタンド、特定の規模のスーパーマーケットの出店などが認められていない。日本では、近年はその受け入れが推進されているが、外国人の就労が厳しく規制されてきた。観光目的で海外に行く際も、入国ビザの取得が要求される場合がある。障壁となるのは政府の政策だけではない。提供者と消費者が直接やりとりすることが多いため、言語の違いや習慣の違い、政治的な対立に端を発する国民感情の悪化なども、間接的にサービス貿易の障壁となる。

また、モノの貿易の自由化はGATTやWTO、あるいはFTAの締結などの貿易協定によりある程度進行しているが（詳細は第9章で説明する）、サービス貿易の自由化はあまり進んでおらず、依然として高い障壁が各国で残っている。ただし、モノの貿易に課される関税とは異なり、サービス貿易に関する障害はさまざまな分野での規制の有無や外資に対する差別的な措置に起因しており、その大きさを定量的に測るのは容易ではない。

有用な指標として、OECDが開発したサービス貿易制限指標（Service Trade Restrictiveness Index：STRI）がある。サービス貿易制限指標は、OECD加盟国を中心にサービス貿易に影響する法律と規制をデータベース化しつつ、各サービス部門に関してその厳しさをゼロ（サービスの貿易や投資が完全に自由）から1（サービスの貿易や投資をまったく行うことができない）の間で数値化したものである。

図5－5は、特定のサービスについて2018年のサービス貿易制限指標の値を図示したものであ

図5－5　各国におけるサービス貿易の制限

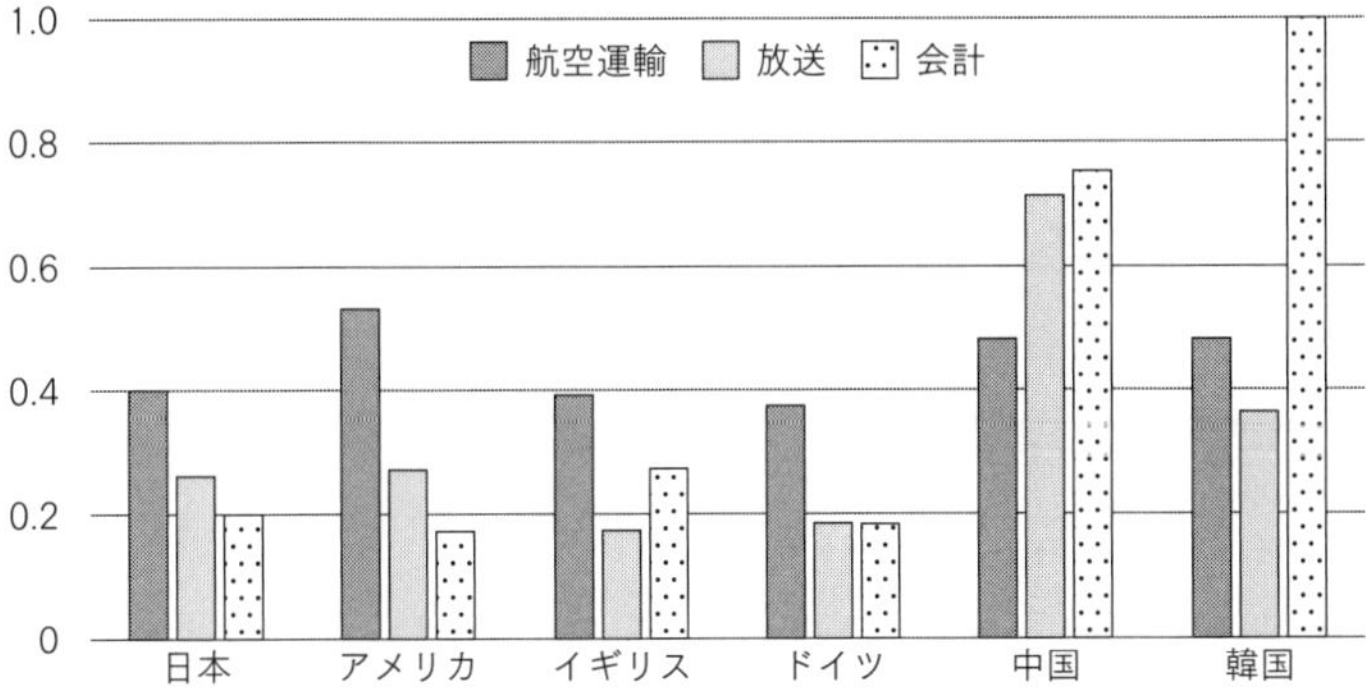

（出所）　OECD「Service Trade Restrictiveness Index」より筆者作成。

る。たとえば中国は放送部門や会計部門に関する制限が厳しく、韓国は会計部門のサービス貿易がまったく開放されていない（ＳＴＲＩの数値が1）。韓国では、会計サービスや監査サービスを提供するためには、現地のライセンスを取得することが義務づけられ、そのライセンスを得るためには韓国の大学において指定された資格を取得する必要があることが、その背景にある。日本の制限は全体的に低く、相対的にサービス貿易の自由化が進んでいるといえるが、航空部門で若干数値が高い。日本の航空会社への外資の出資に一定の制限がかけられ（外国からの市場参入への制限）、空港の発着枠が自由な競争により割り当てられていないこと（競争制限的措置）などが、その理由である。

コラム　デジタル貿易と情報保護の問題

インターネットなどのデジタル情報通信技術の発展や携帯端末の普及により、ＣＤやＤＶＤなどを購入して視聴していた音楽や映画は、ネット購入と電子送信により直接情報端末にダウンロードすることが当たり前になってきている。海外旅行に行くときも、ネットを通じて海外の航空会社の航空券や、現地のホテルの予約・支払いが容易にできるようになった。国境を越えたデータ通信（越境データ通信）はサービス貿易に必要な消費者と提供者との「距離」を近づけることを通じて、新たなサービス貿易を生み出す要因となる。越境データ通信が関係する貿易は「デジタル貿易」と呼ばれ、大きな注目を集めている。

デジタル貿易が拡大する一方、越境データ通信を規制する動きも見られる。たとえば中国では、政府のインターネット検閲により、多くの外国のウェブサイトが国内から閲覧できない。個人情報やその他の重要なデータの移転を制限したり、国内で取得したデータの国内保存を要求したりする、いわゆるデータ・ローカリゼーションのための規制が課されている例もある。OECDは、各国のデジタル貿易に関わるサービス貿

図5－6　各国におけるデジタル・サービス貿易の制限指標

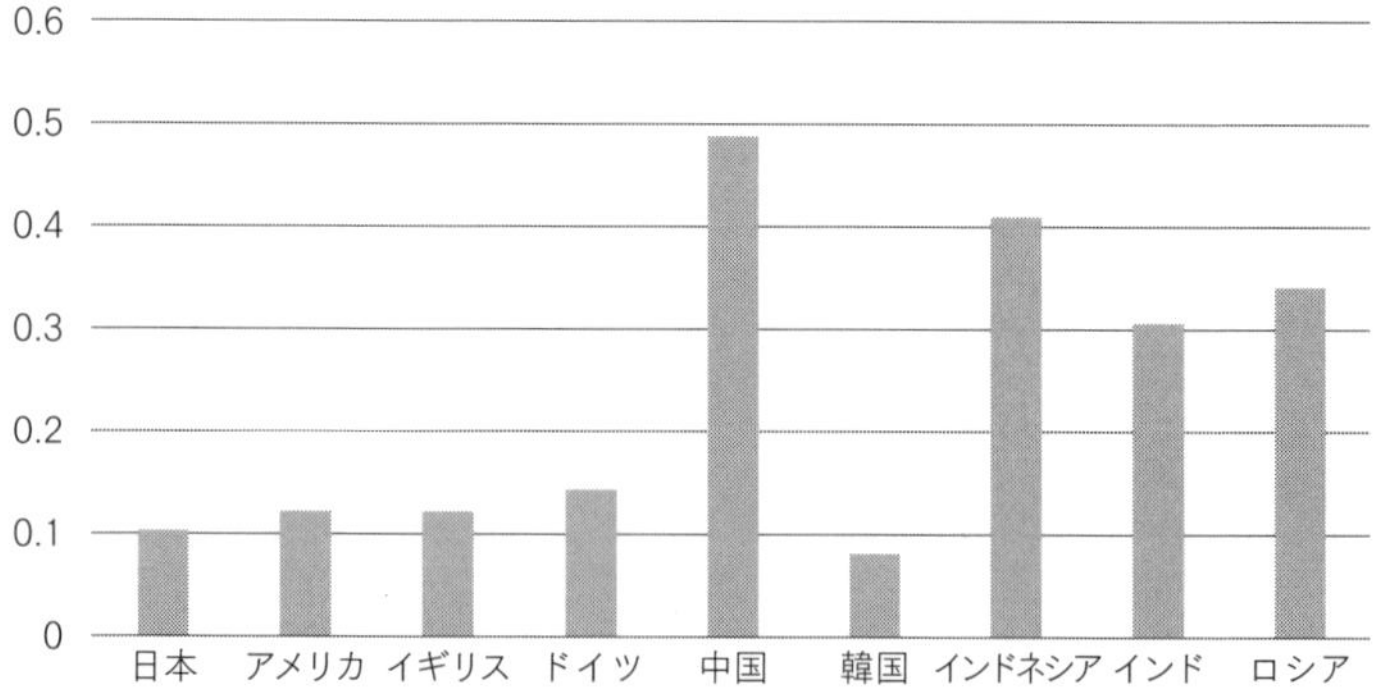

（出所）OECD「Digital Service Trade Restrictiveness Index」より筆者作成。

易制限指標（デジタルＳＴＲＩ）を公開している（図５－６）。個人情報の越境データ通信に関する保護が中心の日本や韓国、欧米諸国は比較的制限指標の値が小さいが、国内で収集したデータの国内保存義務などの追加的な制限を課している中国、インドネシア、ロシアは制限指標の値が大きい。

高関税の賦課など保護主義的な政策が行われるなか、電子送信によるデジタル貿易に関税を賦課するのは技術的に難しいため、貿易の「デジタル化」は自由貿易体制の維持に貢献する可能性がある。個人情報保護とのバランスをとる必要があるが、データの保護がデジタル貿易の利益を損なわぬよう、デジタル貿易を持続的に発展させるルール作りを国家間で進める必要がある。

2 著作権料の支払いと知的財産権の問題

これまではサービス一般について、その比重の高まりと自由化の重要性を述べてきたが、ここで冒頭の「日本文化の輸出」に話を戻そう。経済産業省が公開している「コンテンツ産業の現状と今後の発展の方向性」によれば、マンガ・ゲーム・アニメ・映画・音楽等のコンテンツの市場で、日本由来のコンテンツの売上は１３８億ドルであり、海外市場全体の２・５％を占めるという。全体で見ると日本のコンテンツの消費が海外市場で特段目立つとはいえないが、コンテンツの種類によってはシェアが大きいものもある。たとえば、マンガに関しては海外市場の24・1％、ゲームに関しては19・3％のシェアを占める。日本由来のコンテンツの輸出を高めていくために、政府は映画やアニメの外国語字幕・吹き替え等の充実や、国際見本市などへの出展などを積極的に推進している。

ところで、こうしたコンテンツの輸出には、著作権等の知的財産権が絡む。マンガやアニメの海外での売上に伴う著作権料の受領は、日本にとってはサービスの輸出としてカウントされ、図5－4の知的財産権等使用料の項目に反映されることはすでに述べた。しかし、外国ではこうしたコンテンツの海賊版の販売が横行しており、いくら日本のコンテンツが人気でも、知的財産権の使用料が回収できないことが問題となっている。日本の文化庁の推計によると、中国の主要4都市（北京・上海・広州・重慶）だけでも、海賊版による被害額は約5600億円に達するという。マンガやゲームの海賊版や、映像・音楽の動画サイトへの違法アップロードが、結果的に日本文化の海外への伝播に貢献していることは否定できない。同人誌のような、二次創作物がオリジナルの人気を高めているのも確かであろう。しかし、そうしたプラス面に一定の評価を与えたとしても、海賊版の氾濫により知的財産権の権利者へ十分な報酬がもたらされないと、将来的にはコンテンツ産業が縮小してしまうおそれがある。海賊版や違法アップロードでは、翻訳の質や映像の解像度が低いため、コンテンツ自体への興味や評価が下がってしまうという問題もある。

知的財産権の保護に関して、各国は個別に対応策を講じつつ、国際協定による取り締まりの強化を模索している。たとえば、WTO加盟国は、「知的所有権の貿易関連の側面に関する協定」（TRIPS協定）に基づき、貿易に関連する知的財産権を保護し、その侵害者に対する取り締まりを実施する必要がある。また、日本を含めた有志の国が集まり、知的財産権の保護に関する条項が強化された「偽造品の取引の防止に関する協定」（ACTA）も署名されたが、日本を除いた各国の議会の承認を得られず、発効に至っていない。

日本が比較優位を有するコンテンツ産業を、確立した輸出産業に育てていくためには、次々に生み出される新しいコンテンツの魅力を世界に宣伝するという攻めの姿勢だけでなく、既存のコンテンツの権利を保護するという守りの強化も必要である。また、**各国の知的財産権の保護強化が、輸出面だけでなく、輸入面でも良質なコンテンツや知的財産権が絡むサービスの提供につながることを認識すべきである。**

第3節　サービス貿易の自由化はなぜ重要なのか

これまで、サービス貿易の制限が厳しいことを述べてきたが、サービス部門の自由化の影響はどのように評価されるであろうか。

まず、サービス部門の自由化は、サービス部門を活性化しその成長を促す。経済産業省の『通商白書2007』によれば、インドにおいてサービス産業が急成長したのは、1990年代後半にインドが規制緩和を行い、通信分野など従来は国営企業が独占していたサービス部門へ外資を含めた民間企業の参入を認めたからだという。

サービス部門の自由化は、サービス産業自体のみならず、製造業にも波及する。モノの製造から販売、および消費の過程で、さまざまなサービスが関係するからである。本節では、サービス貿易の自由化の重要性について考えていこう。

1　モノの生産とサービスの投入――スマイル・カーブの発生

モノ作りにおいて、サービス産業の重要度が高まっていることを典型的に表したものとして、「スマイル・カーブ」と呼ばれるものがある。スマイル・カーブは、個別の企業がモノを生産する過程をデザイン・設計やマーケティングなどの生産前サービス、生産工程、販売やアフターサービスなどの生産後サービスの三つの段階に分類し、生産前サービスと生産後サービスから生み出される価値の比重が大きくなっていることを表した曲線である（図5－7参照）。

図5－7　企業レベルのスマイル・カーブ

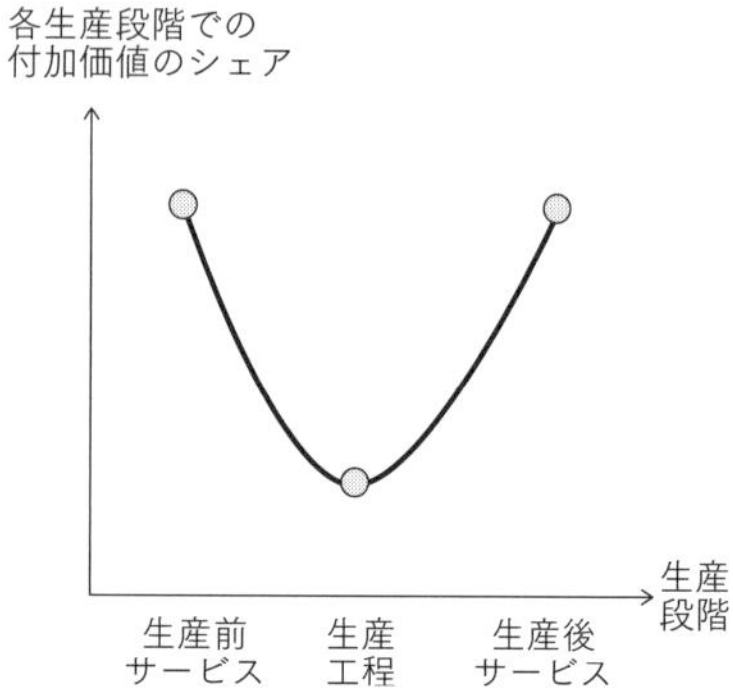

リチャード・ボールドウィンらは、企業レベルのスマイル・カーブの考えを経済全体の付加価値の創造に応用し、輸出品の付加価値がどこから生まれたのかを第一次産業、製造業、およびサービス業の三つの部門に分けて分析した。[1] たとえば、製造品である自動車を日本から外国に輸出するとき、その自動車の製造過程においてこの3部門から投入が行われ、それぞれ付加価値を生み出す。そして3部門がそれぞれ生み出した付加価値を、自動車輸出の付加価値全体に対する割合で測るのである。このような計算方法に基づいて分析がなされた結果、1985年には日本の輸出品の付加価値の6・

図５－８　輸出品の付加価値の源泉とその変化

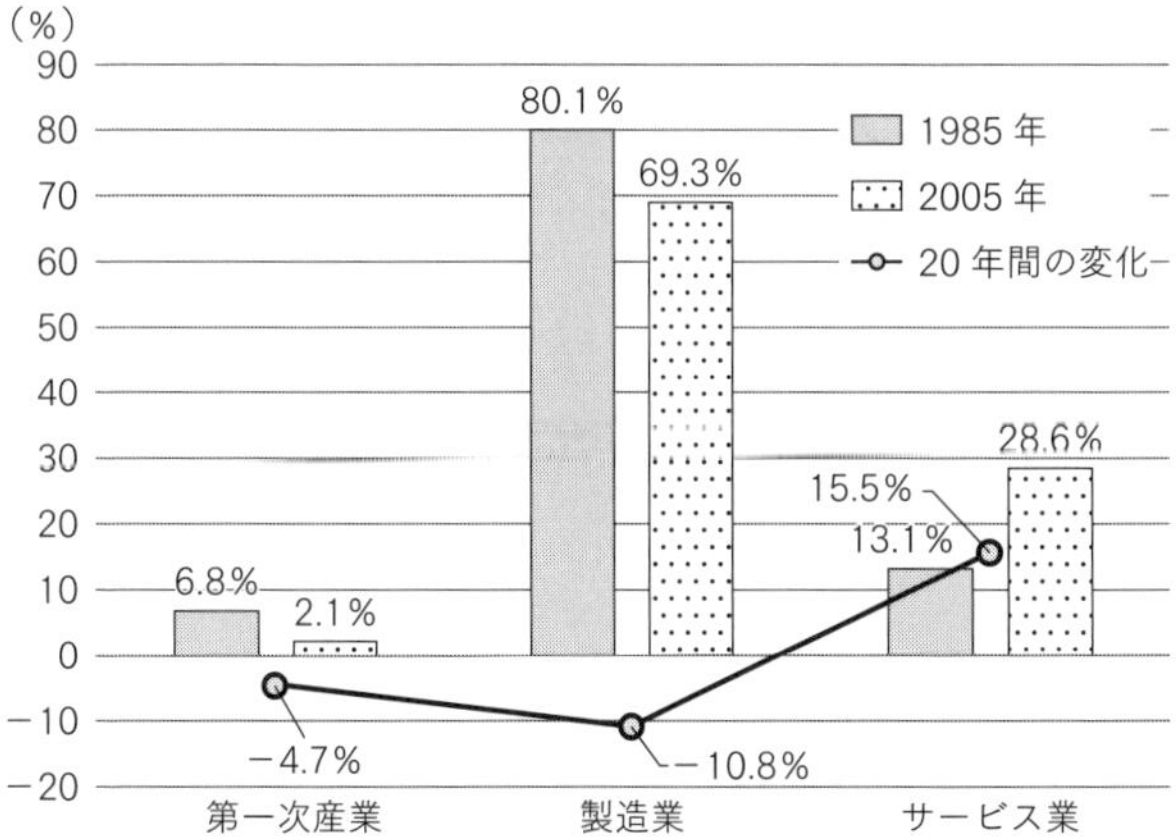

（出所）　Baldwin, Ito, and Sato（2014）より筆者作成。

8％が第一次産業で、80・1％が製造業で、13・1％がサービス業で生み出されていることがわかった。しかし、2005年になると、その構成はそれぞれ2・1％、69・3％、28・6％となり、20年前と比較して第一次産業で4・7％ポイント、製造業で10・8％ポイント、それぞれシェアが下落している。一方、サービス業では15・6％ポイントのシェアの上昇が見られる（図5－8参照）。絶対値としては製造業から生み出される付加価値が大きいが、その変化を見ると、その割合は下落している。一方で、サービス業から生み出される付加価値は上昇している。その変化をなぞると、スマイル・カーブの考えに沿った変化が生じていることがわかる。同様の変化は、各国でも観察される。

　サービス業の付加価値の割合が上昇している背景には、スマートフォンなどの情報関連（ＩＴ）

商品の増加に代表されるように、デザイン・設計、ソフトウェア開発など、多様なサービスの投入がモノ作りにおいてますます重要になり、その付加価値が増していることがあると考えられる。その一方で、モノの製造部門は貿易自由化による競争の激化や、第3章で論じたアウトソーシングの進行などによりますます低コストで生産が行われ、生み出す付加価値の比重が減少している。右記のボールドウィンが述べるように、**一国で生み出す付加価値を高め、国民の所得の向上を図るためには、付加価値が低下傾向にある製造業部門における「悪い仕事」から、上昇傾向にあるサービス部門における「良い仕事」へと、国全体で産業構造をシフトしていく必要があろう。**

ただし、サービス部門の付加価値の割合が増していることは、一方で需要の高まりに応じたものであるが、他方でサービスの貿易自由化が進んでいないことの表れかもしれない。多くの規制がサービス部門で残存しているため、競争の欠如から少数のサービスの提供者のみが参入している状況では、サービス提供者が独占力を発揮し、コストに大きいマークアップ（費用に対する利益の積み増し分）を上乗せして高い価格でサービスを提供してしまう。そうした高価格は、提供者が得る利益（すなわち付加価値）を増大させるものの、サービスの消費者にそれ以上の打撃を与えるという独占の弊害をもたらしてしまう。たとえば、船舶業界の情報提供会社であるアルファライナー社によれば、世界で運行中のコンテナ船の積載量のシェアを見ると、約68％が上位10社により占められており、上位3社だけで約4割を占める。海上運送はモノの貿易を支えるサービスであるが、海運業が少数の企業による寡占を招いているため、海運会社の価格づけに関して大きいマークアップが設定され、輸送代金が高く設定されていることが指摘されている。具体的には、8社が競合する航路と比較して、2社のみが運航する航路では21％も代金が高いという[2]。

サービスの高付加価値が、サービス部門の規制を背景にした企業の独占的な価格づけによりもたらされているのだとしたら、製造業からサービス業への付加価値のシフトは、競争原理が働いている比較的効率的な部門から競争力があまりない非効率な部門への資源の移転を通じて、経済全体の効率性を損なっているかもしれない。この問題については、以下でもう少し詳しく論じよう。

2 サービス貿易の自由化によるモノの輸出の促進

モノの輸出にサービスが関わっている以上、サービス部門の自由化はモノの輸出にも影響を与える。各国でサービス部門を自由化し競争を促すことは、サービス部門の効率化をもたらす。さらに、効率的なサービスの提供は、モノの製造過程におけるサービスの投入コストを引き下げ、その競争力を増強する。たとえば、流通サービスの効率化は部品や中間財の調達、および完成品の国内外への配送を迅速にする。あるいは、モノの消費に不可欠なサービスの効率的な提供はモノの魅力を高め、消費者の需要を引き上げる。たとえば、修理やメインテナンス・サービスの充実は、耐久品の魅力を高め需要の増加につながるだろう。

実際、先述のサービス貿易制限指標（ＳＴＲＩ）を用いた実証研究によれば、国内のサービス貿易の規制が厳しいほど、その国のサービスの輸出入が少なくなるだけでなく、モノの輸出も少なくなるとの結果が得られている。[3] モノ作りの面で優れた技術を持っていたとしても、製造過程や製造後に必要なサービスの提供が非効率であるならば、それがボトルネックとなり本来有しているモノの比較優位が失われてしまうおそれがある。

さらに、筆者が行った共同研究によれば、サービス貿易の自由化が進んでいない状況でモノの貿易だけを自由化すると、貿易自由化のメリットが縮小するどころか、かえって輸入品の価格が上昇してしまい、輸入国の消費者が損失を被るおそれがある。[4] 貿易自由化は直接的には輸入品の価格を引き下げる効果がある。しかし、輸入品の流入は現地での流通や、マーケティング、修理や保守といったサービスの需要を高めるため、サービス部門にも影響を与える。このとき、現地でサービス部門の自由化が十分に進んでおらず、輸出企業が現地へ進出して直接サービスを提供できない場合は、サービス提供のコストや修理サービスの価格が高まることとなり、全体で見て消費者の負担が増してしまうのである。サービス自体の貿易のみならず、モノの貿易のメリットを高めるうえでも、サービス貿易の自由化は重要なのである。

おわりに——重要度を増すサービス貿易の自由化

経済活動に占めるサービスの比重が高まるなか、サービスの貿易も活発化している。スマイル・カーブが示唆するように、付加価値の源泉としてのサービス部門の役割は増大している。サービス部門の効率化はサービス部門自体に利益をもたらすのみならず、サービスを多く投入するモノの生産を効率化し、輸出を伸ばす効果がある。しかし、サービスの貿易自由化はモノの貿易自由化ほど進んでおらず、さまざまな規制がサービス貿易の阻害要因となっている。各国はサービス貿易の自由化を進め、サービス発の経済の活性化と経済成長の実現を目指すべきである。

インターネットや携帯端末の普及などにより、海外の情報へのアクセスはより容易になり、それに伴い人と人が直接コミュニケーションをとる必要があるサービスも、国際化が進んでいくだろう。また、外国の異なる文化に触れることも増えていくだろう。外国文化の流入は、自国の文化を侵害し、文化の多様性を損なうものであろうか。確かに、自国の独自の文化に触れることが減ることで、自国の文化が失われる部分もあるかもしれない。しかし、サービス貿易の自由化は、訪日外国人観光客の増加や日本のアニメやマンガ、食文化の海外進出などを通じて、自国の独自の文化を輸出し、それを世界的に広める効果もある。人々がさまざまな文化に触れる機会を確保することが、むしろ文化の多様性の保持につながる面もあるだろう。

19世紀の経済学者ジョン・スチュワート・ミルは、貿易による経済的利益よりも、その知的・道徳的な影響がより重要だとし、自分たちとは異なった人々と接することが、人間の向上にとってこの上なく価値があることだと説いた。「異なる人々」や「異なる文化」と接する機会が増えることは、経済効果を越えた便益を人々にもたらすかもしれない。

第6章 自由貿易はなぜ嫌われるのか　貿易政策の政治経済学

はじめに――貿易自由化への反発

第1章では、貿易の利益をさまざまな側面から整理した。しかし、現実には多くの品目で輸入に税金（輸入関税）が課されており、自由化による貿易障壁の引き下げに反対する意見も多く耳にする。日本は2017年に、アジア太平洋地域の12カ国で高いレベルの貿易自由化を目指す環太平洋パートナーシップ協定（TPP）を締結したが、国内で反対意見が多く出され、10年に参加を検討しはじめてから13年に日本が交渉に参加するまでに長い時間を要した（その後、アメリカの離脱によりTPP11として2018年に発効）。

貿易自由化に反対する活動は多く見られる一方で、貿易自由化を推進する活動はほとんど目にしない。TPPに反対する立場をとる書籍は多く出版されたが、賛成する立場の書籍は少なかった。TPPに反対するデモ活動はニュースでも多く報じられたが、TPP賛成を掲げるデモが行われたという話は聞いたことがない。たとえば、インターネットの検索サイトで「貿易自由化」と「デモ」を検索してみてほしい。貿易自由化に反対する人々のデモ活動ばかりが、検索結果として出てくることが確認できるだろう。こうした傾向は外国においても同様であり、貿易自由化は人々に評判が悪いように思える。なぜ、貿易自由化は「嫌われる」のだろうか。

TPPをはじめとした自由貿易協定（FTA）の締結は、外国と相互に貿易自由化を行うものとして単純化されがちだが、実はFTAを通じた貿易自由化の効果には複雑な要素が絡むため、そのメリット・デメリットについては慎重な議論が必要である。FTAの効果については第9章で詳細に議論するとして、本章では、貿易自由化の推進が政策的になぜ困難なのか、政治的な面を含めつつ考えてみることにしよう。

第1節　貿易自由化は実際に嫌われているのか——アンケート調査

貿易自由化は嫌われていると述べたが、そもそも人々は本当に貿易自由化に反対しているのだろうか。メディアを通じて入ってくる情報で判断する限り、大多数の人々が貿易自由化、とくに輸入品に課している関税の削減など、輸入の自由化に反対しているように思える。

実際のところ、人々は貿易自由化に対してどのような意見を持っているのだろうか。国民の意見をより客観的に把握すべく、筆者を含む複数の研究者は、日本全国で大規模なアンケートを行い、貿易自由化をはじめとした政府の貿易政策に対する人々の意見を調査した。具体的には、日本全国の20～79歳の人々に対して、主にインターネットを通じて2011年10月に調査を行った（一部の高齢者には郵送により調査を行った）。調査対象者の抽出は回答者の性別比、年齢分布、地域分布を2010年の国勢調査に近づけるように行われ、結果として1万816人から回答を得た。すなわち、あたかも日本を1万分の1の縮図にした形でアンケートを実施しており、偏りのない調査となっている。[1]

1 輸入自由化反対派は賛成派よりも少ない

さて、次の質問に対して、あなたならどのように回答するだろうか。

> Q 「いろいろな品物が安く買えるように輸入をもっと自由にすべきだ」という意見についてどう思いますか?
> ①非常にそう思う　②どちらかといえばそう思う　③どちらともいえない、わからない
> ④どちらかといえばそう思わない　⑤まったくそう思わない

上記の質問は、外国からの輸入を増やす輸入自由化に対する人々の考えを問うものである。調査結果は図6－1にまとめられている。輸入をもっと自由にすべきだという意見に対し「非常にそう思う」人々（9％）と「どちらかといえばそう思う」人々（42・5％）を足し合わせると、輸入自由化に賛成する人々の数は過半数（51・5％）に達している。他方、「まったくそう思わない」人々（4・6％）と「どちらかといえばそう思わない」人々（26・9％）を足し合わせると、輸入自由化に反対する人々の割合は31・5％になる。残りの17％は、「どちらともいえない、わからない」と回答した人々である。

日本の住民の半数以上は自由化に賛成なのであり、輸入自由化に反対している人々は全体の約3分の1である。すなわち、賛成派は反対派の1・6倍の人数を占めている。また、「非常にそう思う」の人数が「まったくそう思わない」の人数を上回っており、輸入自由化に強く賛成する人の数が、強い反対意見を持っている人の数よりも多いことがわかる。貿易自由化はむしろ多くの人に好まれているのだ。

ただし、この質問には「いろいろな品物が安く買えるように」という文言があるため、質問自体が自由化のメリットを意識してもらったうえで回答してもらうことが意図されている。そのため、そもそも貿易自由化に関心がなかった層が賛成しやすい面もあり、賛成よりの回答を導きやすい設問になっている点は注意が必要である。それでも、**「いろいろな品物が安く買える」という輸入のメリットが提示された場合、それを重視する人々が国内の過半数を占めているというのが調査から得られた**

図６－１　輸入自由化に対する選好

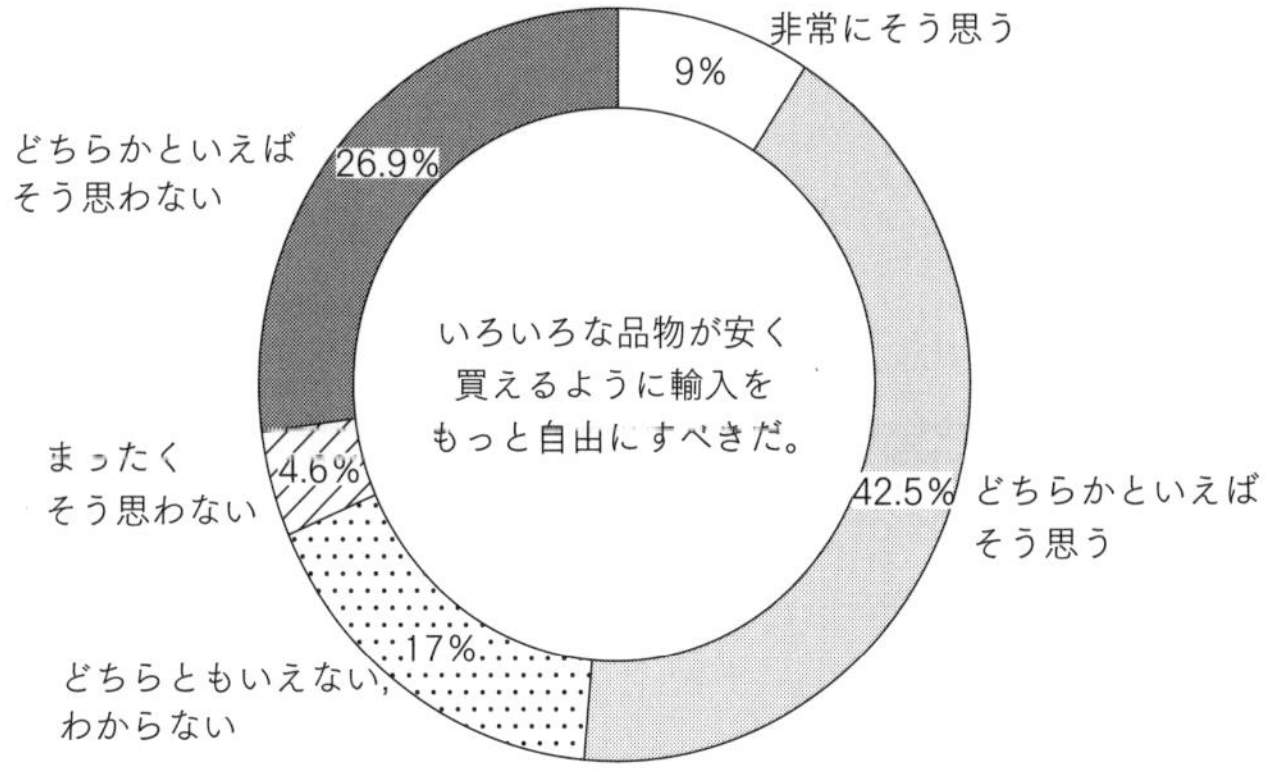

（出所）　冨浦ほか（2013）より筆者作成。

事実である。

同様の傾向は、他国でも見られる。アメリカのピュー研究所の２０１６年３月の調査によると、アメリカ国民の51％が他国とのＦＴＡの締結がアメリカにとって「よいこと」だと答えており、「悪いこと」と答えた39％を上回っている。[2]

2　外国の貿易自由化が必ずしも賛成の条件ではない

輸入自由化に賛成する人の中には、貿易協定による外国との相互の自由化を想定し、輸入自由化が外国の貿易自由化を引き出せることが賛成理由なのかもしれない。すなわち、日本が輸入自由化をすれば外国も貿易自由化をするので、輸出が増加することを期待して賛成しているというわけである。

前記アンケートでは、対象者に「あなたは、『外国が門戸を閉ざしているのに自国だけが輸入を自由化するのは損だ』という意見についてどう思いますか」と

表6－1　輸入自由化への賛否と一方的自由化への賛否

一方的な自由化は損 ＼ 輸入自由化すべき	そう思う	そう思わない	わからない	合計
そう思う	20.6% 互恵主義的賛成者	19.5% 重商主義的反対者	5.8%	45.9%
そう思わない	21.1% 絶対的賛成者	6.0% 絶対的反対者	2.1%	29.2%
わからない	9.7%	6.0%	9.1%	24.8%
合計	51.4%	31.5%	17.0%	

（出所）Tomiura et al.（2014）より筆者作成。

尋ねている。表6－1を用いて説明しよう。[3] 全体としては、45・9％の人々が自国だけが自由化するのは損だと考えており、29・2％の人々が損ではないと考えている。「どちらともいえない、わからない」と回答した人も24・8％おり、自国の貿易自由化の見返りとして外国の貿易自由化を求めるべきかの判断は、輸入自由化への賛否に比べて、明確な意見を持ちにくいことがうかがえる。二つのアンケート結果を組み合わせると、全体のうち20・6％が輸入自由化に賛成しつつも「自国だけ自由化するのは損」だと考えている。これらの自由化賛成者は輸入増加のメリットを重視しているとは限らず、「外国も同時に自由化するならば」という条件付きで輸入の自由化に賛意を示している可能性がある。外国の貿易自由化を前提に輸入自由化に賛成している人たちを、「互恵主義的賛成者」と呼ぶことにしよう。

他方、全体の回答者のうち21・1％、すなわち5

人に1人は輸入自由化に賛成しつつ「自国だけ自由化するのは損ではない」と考えている。これらの人々は輸入自由化のメリットのみを重視し、外国の貿易自由化を条件としない「絶対的賛成者」である。ところで、輸入自由化に反対しつつ、かつ「自国だけが輸入を自由化するのは損だ」と思わない人々は、相手国の貿易自由化に興味がなく、したがって自国の輸入自由化で譲歩する余地はないと考える「絶対的反対者」であるとみなせる。絶対的反対者は全体のうちの6％、すなわち約16〜17人に1人にすぎない。無条件に輸入自由化に賛成する人は、無条件に反対する人よりもやはり数が多いのである。

なお、輸入自由化に反対しつつ、かつ一方的な自由化を損だと思う19・5％の人々は、安価な輸入品流入に反対でありかつ自国から外国への輸出を増やさない自由化に否定的である。こうした人々は、輸出を利益と考え輸入を不利益だと考える、いわば「重商主義的反対者」といえるかもしれない。

3 誰が反対しているのか

それでは、どのような人々が輸入自由化に反対しているのであろうか。われわれの研究グループは、どのような個人属性を有した人々が輸入自由化に賛成で、どのような人々が反対しているのかを実証分析により詳細に検討した。なお以下の結果は、回答者の属性や特性について単純に賛成派と反対派の割合を比較したものではなく、回帰分析と呼ばれる統計的手法を用いた、より緻密な分析に基づいたものである[4]。

まず、各個人が働いている産業との関係を分析した結果、所属する産業と輸入自由化への賛否は基本的に無関係であり、唯一、農林水産業に従事している人は輸入自由化に反対する傾向があることがわかった。第1章でも論じたように、輸入自由化により安価な輸入品が流入すると、競合する国内産業は損害を被る。したがって、そうした傾向は自然なことといえよう。

また、所得や年齢、学歴の違いなど他の個人属性を調整したうえで違いを検証すると、将来にリスクが生じることを好まない人ほど、また男性よりも女性の方が輸入自由化に反対する傾向があることがわかった。輸入自由化がどのような効果をもたらすかが予測不能である以上、現状からの政策の変化にはリスクが伴うため、それを嫌う個人は反対しがちである。一方、女性が男性と比べて輸入自由化に反対する傾向は、外国の研究でも同様に観察されているが、その理由には諸説あり明確な結論は得られていない。

一方、輸入自由化に賛成する人々の個人属性としては、大学を卒業していること、管理的職種についていること、年収が1000万円を超える高所得者であることがあげられる。第4章で論じたように、外国からの安価な輸入品の流入は、あまり高度なスキルを必要としない仕事に従事する人々の雇用環境を悪化させる。一方、高等教育を受けた人は、専門的知識や高度なスキルが必要な仕事に従事するいわゆる「熟練労働者」であることが多い。貿易自由化は先進国の熟練労働者の需要を高め、その報酬を上昇させる面があるため、それが管理職や高所得者の貿易自由化への支持につながっているのかもしれない。管理職以外では、特定の職種が賛成と反対の選択に影響を与えていなかった。また、すでに多くの人々が定年退職している65歳以上の人々は輸入自由化に賛成する傾向にあり、それは退職者は消費者としての意識が高いからかもしれない。

コラム　反対するのは地元のため？——地域コミュニティの影響

　輸入自由化への賛否は地域ごとに異なるであろうか。図6－2は、都道府県（以下「県」）別に反対派に対する賛成派の比率を計算し、賛成派が相対的に多い県を薄く、逆に反対派が多い県を濃く塗りつぶしたものである。県別にその比率に違いがあり、隣り合っている県でも、大きく異なることもある。図示はしないが、より細かく都市別に比較すると、同じ県内でもバラツキがある。

　こうした違いの一部は、各地域の年齢構成の違い、あるいは学歴や収入の違いなど、個人属性に地域性があることを反映している。とくに、北海道のように、農業従事者が多い地域では反対派の比率が高くなる傾向にある。しかし、それらの違いを考慮し調整したとしても、なお地域差は残ることがわかった。伊藤萬里が筆者らと行った共同研究では、その地域差の原因を探り、「本人が農業に従事していなくても、その居住地域に農業従事者が多いほど、輸入自由化に反対する傾向になること」を実証研究により明らかにしている。[5] また、その傾向は「本人がその地域から引っ越す意向が低いほど」強まる。このことは、自分自身が直接影響を受けなくても、居住地域の経済状態が輸入自由化により悪化し、その影響を受けることを気にしているからかもしれない。あるいは、本人のみならず近所の人たちや地域の人たちが影響を受けることを考慮しているのかもしれない。

図6－2　都道府県別の輸入自由化に賛成する割合

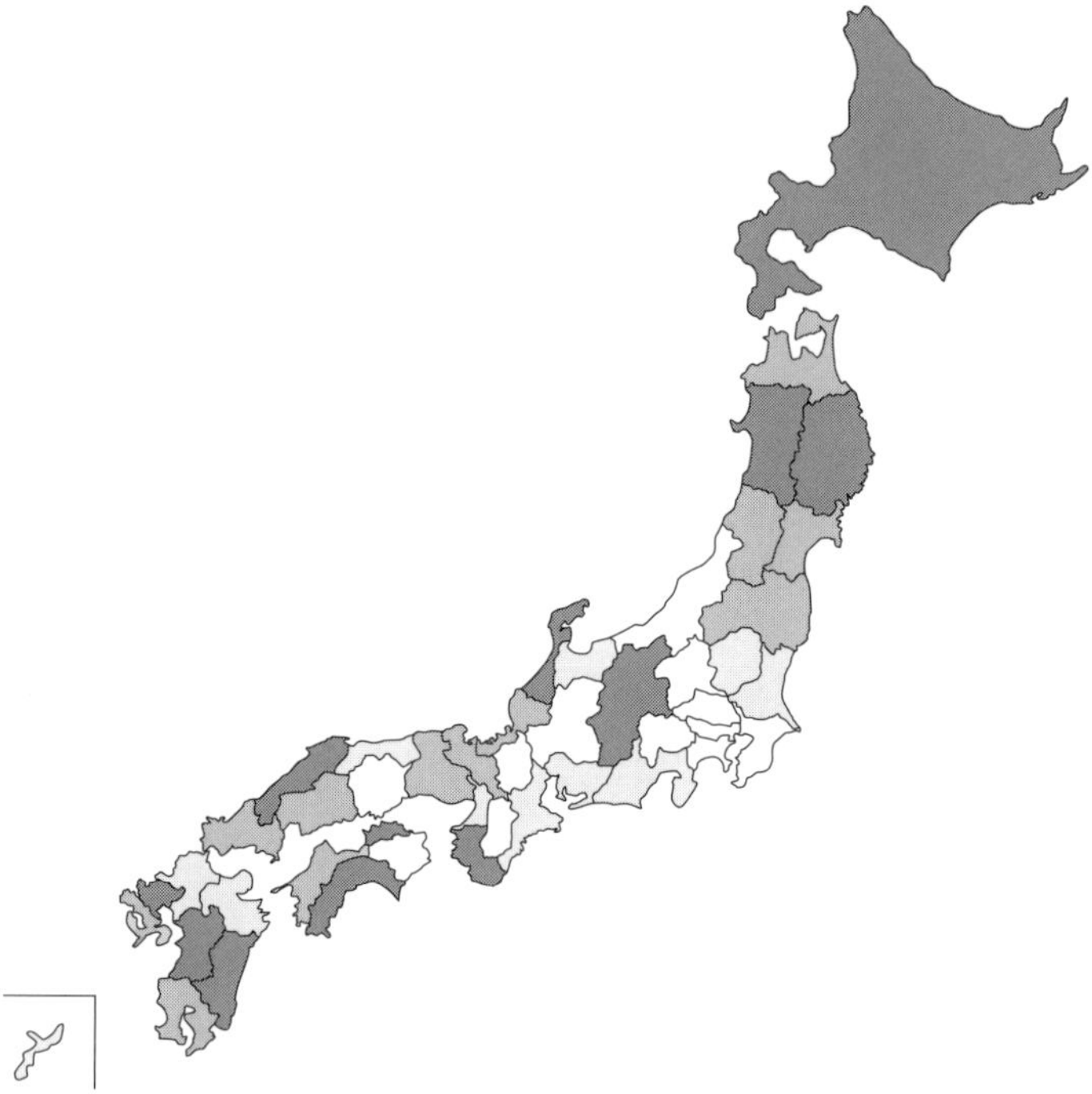

（注）県別に輸入自由化に賛成する人の割合を反対する人の割合で割ったのち（どちらともいえないと回答した人は除外），その値が高い順に47都道府県を4つのグループに均等に分類し（最下位グループのみ11都道府県），値が小さくなるほど色が濃くなるように作成している。

（出所）Ito et al.（2019）より筆者作成。

第2節　少数派の声はなぜ大きいのか

前節のアンケート結果に基づけば、国内でもっと貿易自由化の機運が高まっても良いはずである。しかし、やはり貿易自由化に関する議論をすると、目立つのはやはり反対の声であり、賛成の声はあまり聞こえてこない。

問題は、人々が賛成・反対の意見を持つことと、実際に賛成・反対の意思表示を積極的に行うことが、必ずしも一致しないことにある。前記のアンケートは調査会社から謝礼が支払われるため、人々には積極的に意思表示をする動機づけがあった。しかし、自発的に意思を表明する場合には、特定の意見を持った人だけが実際に声を上げるかもしれない。なぜならば、政策に影響を与えるような意思表示や、政治活動をするのにはコストがかかり、声を上げた人がそのコストを負担しなければならないからである。

1　政治活動のコスト

一国の政策決定において国民が具体的に意思表示をするのは、選挙での投票や、特定の政党への献金を通じた支持の表明、政府への請願や陳情、デモ活動などの政治活動への参加を通じてである。献金には実際にお金がかかるし、公的機関に請願・陳情にいくためには交通費などがかかる。投票に行くにしてもデモ活動をするにしても、休日の貴重な時間や、その活動の時間に働いていれば得られていた賃金を犠牲にしなければならない。見かけ上は費用がかからなくても、他の機会を犠牲にするというコストを負担しているわけである（経済学では「機会費用」と呼ばれる）。

政治活動にコストがかかるならば、支持する候補者や政党があっても投票に行かず、政府への意見表明や陳情など、政治活動に参加しない人が出てくる。投票や請願・陳情、献金など、国民の政治的な意思表示が政策決定を左右する以上、全員参加でなく特定の人々のみ政治活動を行うのならば、実行される政策は必ずしも国全体の利益・損失を反映したものではなくなる。

2　声なき多数派と声高な少数派

それでは、誰が積極的に政治活動を行うのであろうか。実は、比較的少数派に属する人々の方が、積極的に政治活動に参加する傾向がある。逆に多数派に属する人々は政治活動に参加しないサイレント・マジョリティになってしまうため、ラウド・マイノリティ（またはノイジー・マイノリティ）たる少数派の声を重視した政策決定がなされてしまう。その背景には、**多数派は人数が多いからこそ、特定の政策による利益あるいは損失が一人当たりでは小さく、逆に少数派は人数が少ないからこそ、政策による一人当たりの利益・損失が大きくなる**ことがある。

たとえば、コメをまったく輸入していない状況から、コメの輸入自由化を行い、国内のコメの価格が下がったとしよう。価格の下落はその分だけ国内の米作農家に損害を与える一方、その価格の下落分だけ消費者に利益をもたらす。もしも価格が下落しても生産量も消費量も変わらないのであれば、米作農家の損害分はそのまま消費者の利益となり、全体の利益は変わらない。しかし、実際には価格の下落に伴って消費量が上昇し、国内生産量が下落するので、価格下落による消費者の利益の大きさは国内の米作農家の損害の大きさを上回ることになる。すなわち、輸入自由化による消費者利益が米作農家の損害を上回り、国全体の利益は増大する。

神取道宏著『ミクロ経済学の力』(日本評論社)では、日本におけるコメの輸入自由化の利益を現実の価格や消費量・生産量を用いつつ解説している。同書の数値に基づいて計算すると、コメの輸入自由化による消費者の利益は約5100億円となり、米作農家の損失は約3018億円、差し引きで見て約2082億円の利益が日本にもたらされる。

しかし、この5100億円を日本の人口約1・2億人で割ると、消費者一人当たりの輸入自由化の利益は4250円となる。一方、小規模米作農家が104万戸であるという同書のデータを用いると、1戸当たりの米作農家の損害額は約29万円である。すなわち、多数派たる消費者は全体を足し合わせると輸入自由化による利益は大きいが、一人当たりで見るとわずかな利益しか得られない。他方、自由化により損失を被る少数派たる米作農家は、少数派であるがゆえに、1戸当たりの損失が大きくなる。結果的に、米作農家は大きな損失を回避するため積極的に政治活動を行う動機があり、政府にその声を届けようとする。しかし、消費者は一人当たり4250円という小さな利益のために、コストがかかる政治活動を自らが行って、輸入自由化を実現しようとはなかなか思わないだろう。

3 利益集団の形成とフリーライド問題

政治活動を通じて政府の政策に影響を与えるためには、個々人で別々に行動するよりも、利害関係を共有する人々や企業で集団を形成し、まとまって行動した方がその影響力が大きくなるし、情報の共有により効率的な活動ができる。政府や政党、議会や行政官庁などに団体としてまとまって働きかけ、その政策決定に組織的に影響を及ぼそうとする集団は利益集団（利益団体）と呼ばれる。たとえば、電気事業連合会、農業協同組合、日本経済団体連合会、日本医師会、全国酪農業協同組合連合会などが、利益団体の役割を持つ業界団体の例としてよくあげられる。

日本の農業部門における巨大な業界団体である農業協同組合は、農産品の輸入自由化に反対する立場をとることが多く、農産品に対する高い関税を維持するよう政府に働きかけてきた。利益団体が政策の決定に大きな影響力を持っている状況では、利益集団をいかに形成するのかが、政策決定を左右する。

ここでも、やはり多数派よりも少数派が集団を形成しやすく、したがって少数派の意見が実際の政策に反映されやすくなる。利益集団の形成や運営にもコストがかかるため、自由化による一人当たりの利益が少ない多数派は集団の形成に消極的になり、自由化による一人当たりの損失が大きい少数派は積極的になるからである。小規模集団が利益集団を形成しやすく、したがって政策に影響力を持ちやすいことは、経済学者のマンサー・オルソンが「集合行為論」として指摘している。[6]

利益集団の形成や運営のコストが下がれば、一人当たりの利益が小さい多数派も利益集団を形成しやすくなり、その意見が政策に反映されやすくなるだろう。しかし、それらのコストが十分小さいとしても、やはり多数派は多数派であるがゆえに集団を形成しにくいという問題を抱える。なぜならば、利益集団が自身に有利な政策を実現したとしたら、その利益は利益集団の参加者のみならず、非参加者にも等しくもたらされるからである。政治活動は、その活動を行わない人が成果を得ることを排除できず競合もしないという意味で、「公共財」的な性質を有する。そのため、多数派に属する人々は、自分以外が利益団体を形成しその活動に「フリーライド（タダ乗り）」することを好んでしまう。

皆が同じようにフリーライドしようとすると、結果的に利益集団は形成されないか、参加者が少なく影響力が小さいものになってしまう。**皆が協調して政治活動をすれば全員に利益が生じるにもかかわらず、それぞれが積極的に政治活動を行わないため、結果的に全員が損をしてしまう**わけである。経済学のゲーム理論では、皆が協調して行動すれば個々にとってより良い状況が達成できるにもかかわらず、協調した行動ができずに個人が自分にとって最適な選択をした結果、結果的に各々にとって最善ではない状況が達成されてしまうことを「囚人のジレンマ」と呼ぶ。多数派の集団形成行動にはまさに囚人のジレンマの問題が生じており、多数派の規模が大きいほどその問題が深刻化するというジレンマも同時に抱えている。

コラム　あの女優はなぜ美しいのか──巧みなキャンペーン

　そのポスターには美しい女優の写真とともに、「○○○○はなぜ美しいのか」というキャッチフレーズがついている。化粧品やファッションの宣伝ではない。その答えは、その女優が普段とる食事の「自給率」、すなわち全体のカロリー摂取のうち国産カロリーの割合が64％と高いからだそうである（日本全体の数値は38～39％ほどである）。同様に、有名なプロゴルファーの写真とともに、「食料自給率が高い人は、強い」というポスターもある。

　これらのポスターは、農林水産省が食料自給率の向上に向けて2008年から始めた「FOOD ACTION NIPPON」という事業の一環として、作成したものである。同事業は、国産の農林水産物の消費拡大に貢献した事業者や団体を表彰するなど、さまざまな方法で食料自給率の向上を図っている。カロリーベースの食料自給率という日本独特の指標を用いる問題点も指摘されており（生産額ベースの食料自給率は66％ほどであり、諸外国と比較して著しく低いわけではない）、それを政策目標の指標にすべきかどうかは議論が分かれるところである。

　しかし、政策の是非はともかく、国民の多くと問題意識を共有するために、「美しい」「強い」というイメージで訴えるのは、なかなか巧みなやり方である。19世紀後半から20世紀のはじめにかけて活躍したアメリカの経済学者フランク・タウシッグは、「自由貿易の教義は、政治の世界では広く拒否されているが、知識人の領域では、当然の評価を受けている」と語ったという。[7] 自由貿易のメリットも、経済的な利益を難しい理論で伝えるよりも、「自由貿易のメリットを理解している人は、スマートである」のようにイメージから訴えることも、物事を考えるきっかけとしては必要かもしれない。

ところで、農林水産省のウェブサイトでは、実際に食べた食材を入力すると、食料自給率を計算してくれる「クッキング自給率」というソフトがダウンロードできる。筆者のいつもの朝食の食料自給率は12％……筆者が美しくないのは、政府のお墨付きのようである。

第3節 誰に投票しても同じ！——選挙公約の問題

これまで、貿易自由化に賛成する人が多数派だったとしても、自由化に反対する少数派の意見が政策に採用されやすいことを説明してきた。しかし、仮に皆が政治活動に参加し、自身の意思をそれぞれが表明できたとしても、賛成者が多数派を占めているはずの貿易自由化が政策として採用されるとは限らない。なぜならば、選挙で当選するために、異なる候補者が同じような公約を選挙で示してしまうおそれがあるからである。

1 二人の候補者による選挙公約の選択

簡単な例で考えてみよう。たとえば、AとBの二つの政党が輸入自由化に関する選挙公約を決め、意見が異なる31人の有権者が公約に基づいて投票するとしよう。単純化のため、選挙に勝った方が政権を担うと仮定する（図6－3参照）。

有権者の意見は、①全面的な自由化（10人）、②一部品目を除外した自由化（5人）、③状況を見て判断（6人）、④一部品目のみ自由化（4人）、⑤自由化しない（6人）に分かれている。このうち、①と②が自由化賛成派で、③が中立派、④と⑤が自由化反対派とみなすことができる。政党は、①〜⑤の中から一つ公約を選び、各有権者は自分の意見により距離が近い政策を掲げた政党に投票するとしよう。同距離にある場合、票を半分ずつ分け合うとする。果たして、二つの政党はどのような公約にするだろうか。

仮に政党Aが本来は自由貿易を重視する政党で、その方針に合った公約①を掲げ、逆に本来は自由化に否定的な政党Bが公約⑤を掲げたとしよう。このとき、自由貿易賛成派（①と②）は政党Aに、反対派（④と⑤）は政党Bに投票し、中立派（③）の6票は3票ずつ分け合う。結果的に、政党Aは18票獲得し、政党Bは13票となり、政党Aが勝利する。そこで、政党Bは、本来の党是である⑤にこだわると選挙で負けてしまうため、公約を④に変え、一部の品目の自由化を認めることにしたとする。そうすると、政党Bは③と④と⑤の意思を有する人々の支持を得て、16票獲得する。一方、公約を①にしている政党Aは15票の獲得にとどまり、負けてしまう。

そのため、今度は政党Aがより票を獲得するために、自由化の程度を緩めて、②を公約したとする。すると、今度は政党Aが①と②に属する有権者から票を得られると同時に、③の有権者の票を折半する。結果的に政党Aが18票、政党Bが13票獲得し、政党Aが勝つ。すると、今度は政党Bが……というように、票を獲得するための公約の見直しを続けた結果、最終的には両党とも③を公約にし、有権者にとっては（公約が守られる限りにおいては）どちらに入れても貿易政策は同じということになり、

図6－3　選挙公約と選挙結果

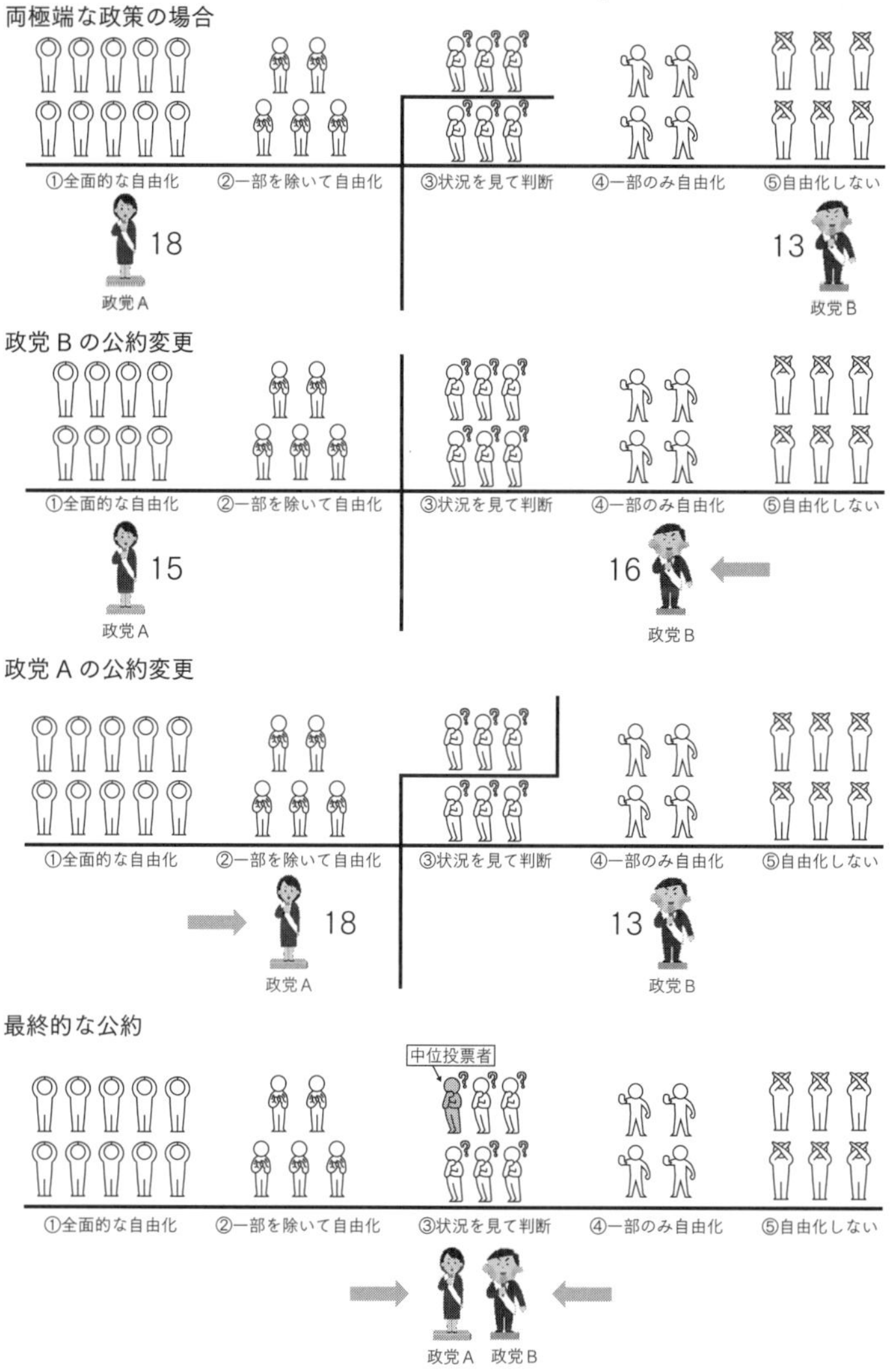

貿易自由化が選挙の争点にならなくなる。両党とも③を選んでいる状況から、片方が公約を変えると、公約を変えた政党が必ず負けるので、両党とも③を公約にするのが安定的な状況となる。

自由化賛成派は反対派よりも多く、とくに①の全面的な自由化を支持する人々が最大勢力である。それにもかかわらず、両党とも選挙に勝つために最大勢力でなく、意見すら表明していない③に属する有権者の意思に最も合った公約を掲げてしまう。③には、貿易自由化の支持のレベルで順番をつけると、ちょうど中位（メディアン）である16番目の有権者にあたる人が入っている。二つの投票先の候補が、政策の設定を通じて有権者の支持を得ようとするとき、中位投票者の好む政策が選ばれる現象を「中位投票者定理」という。

もちろん、現実の選挙公約には党としての方針や政治家の信念も絡み、このように単純な結果にはならないだろう。しかし、**選挙戦を有利にしたいという思惑が、政治家の貿易自由化への賛否の姿勢に影響を与えかねない**というのが、この例が示唆することである。実際、2014年に行われた衆議院総選挙において、TPPの締結に関して自民党は「わが党や国会の決議を踏まえ、国益にかなう最善の道を追求する」と公約し、一方で最大勢力の野党である民主党は「国益を確保するために、脱退も辞さない厳しい姿勢で臨みます」と公約した。どちらもTPPの締結に賛成しているとも反対しているとも解釈でき、両党の政策面の違いが不透明であった。2016年のアメリカの大統領選挙においても、当初から一貫してTPPからの離脱を看板政策に掲げていた共和党のドナルド・トランプ候補（現大統領）に対して、オバマ大統領のもとでアメリカのTPP参加の必要性を訴えていた民主党のヒラリー・クリントン候補も、大統領選では一転してＴＰＰの再交渉を訴えた。

2　求められる政治的なリーダーシップ

本来はそれぞれ異なる政策目標や信念、あるいは思想を持っているはずの政治家や政党が、選挙になると似通った選挙公約を掲げるため、結果的に選挙による投票がイエスとノーの選択とならず、政策の違いが選挙の争点とならなくなってしまう。選挙に勝利しよう、政権を担おうとすればするほど、極端な政策を公約しづらくなり、曖昧な政策の提示になってしまうわけである。

政権を争う政党ないし激しい選挙戦が繰り広げられる選挙区ほど、中途半端な公約が掲げられ、貿易政策の是非が争点になりにくい。こうした政治家の姿勢を疑問視するのは容易だが、政策形成に関わるためには政治家はまず当選する必要があり、イエスとノーがはっきりしない玉虫色の選択肢がある場合、どっちつかずの公約にしてしまうことがあるのは、なかなか避けられない。

伊藤元重は、こうした状況を打破するためには、「政治的起業家精神」と呼ばれる能力が政治家に必要であると主張している。[8] たとえば、小泉純一郎内閣のもとで行われた郵政民営化では、党内からも造反議員が出たため、当時の小泉総理は２００５年に衆議院を解散し、郵政改革の是非を問う選挙を行った。当時、各種調査で国民の多くが民営化に賛成していたが、郵便の関係者や郵政族議員と呼ばれる与党議員、および野党の反対運動もあり、民営化法案が国会で否決された。そこで小泉総理は与党内の造反議員を排除しつつ民営化賛成候補者を多数擁立することによって、国民にイエスかノーかを迫ったのである。こうした手法は権力の濫用になるとの懸念もあるため、良いことばかりではない。しかし、重要な政策の決定を国民の判断に委ね、サイレント・マジョリティの声を引き出すためには、有効な手段となりうる。

おわりに――多数派の意見をもっと反映させるために

人々が自由貿易に多様な意見を持ち、賛成派も反対派もいることとは、とても健全なことである。たとえ少数派であっても、自由貿易から不利益を被る人たちの声に耳を傾け、その不利益を解消するような取り組みを行うことも重要である。しかし、国民の多くが貿易自由化に肯定的であるのにもかかわらず、その意見が十分に政策に反映されないのであれば、その状態は改善すべきである。そのためには、以下の二つの点が重要である。

第1に、より多くの有権者が選挙等の政治活動に参加できる環境を整えるとともに、前節で述べた政治的起業家精神を持つ政治家がもっと増えることが必要である。「イエス」「ノー」の選択がもっと明確になるような、政治過程や政策決定プロセスを築くことも検討すべきかもしれない。

たとえば、アメリカには通商交渉に関して議会が大統領に貿易促進権限（Trade Promotion Authority：TPA）を付与することがある。TPAが付与されると、アメリカ大統領が他国と合意した通商協定の案に関して、議会は一定期間内に審議し採決しなければならない。また、議会は大統領案の修正を求めることはできず、イエスかノーの採決しかできない。こうした権限により、議会での審議が長引きなかなか採決が行われなかったり、合意後に内容の修正が求められたりするリスクを回避できるため、大統領も交渉相手国も互いに通商交渉を進めやすくなる。

議院内閣制の日本でこうした制度を導入するのは難しいであろうし、政策の内容を議会で慎重に議論することも大事である。しかし、貿易政策の重要な政策判断に関しては二者択一を迫ることが、国民全体の意思が反映されることにつながるかもしれない。

第2に、国民が貿易政策にもっと注目し、自由貿易のメリット・デメリットを整理したうえで、冷静な視点で賛否を判断できるようになるための取り組みも大事である。人々の無関心が、貿易政策に関する国民的議論につながらず、ラウド・マイノリティに偏った政策がとられやすい一因となっている。２０１６年３月にアメリカで行われた聞き取り調査によれば、ＴＰＰについて賛成と答えた人の割合は15％であり、反対は22％、その他はわからない（11％）か、そもそもＴＰＰについてよく知らない（51％）と答えており、ＴＰＰは分類上はＦＴＡであるにもかかわらず、本章冒頭のＦＴＡに対するアメリカ国民の回答と必ずしも整合的でない。貿易自由化の賛否を議論する前に、まずは「知る」ことが大事である。[9]

日本においては、これまで話題になることが少なかった貿易政策の問題が、ＴＰＰへの参加問題やアメリカの一方的な保護貿易政策の発動をきっかけに、マスコミでも多く取り上げられるようになった。貿易政策に対して国民の関心が集まり始めたのは、貿易自由化の是非を考える良い機会である。

第7章 バターはなぜ消えたのか　関税のしくみと効果

●はじめに──バターはどこにいった?

「バター、強まる品薄感」……国内におけるバター不足を報じた『日本経済新聞』の2014年9月3日付の記事の見出しである。一方、同年の10月8日の記事では、海外でバターをはじめとした乳製品が余っているため、その価格が下落していることが報じられている。海外では余っているバターが国内で不足するという矛盾は、なぜ生じるのであろうか。

日々の食生活において、バターは必要不可欠な食品である。そのバターが、全国のスーパーマーケットやコンビニなどからいっせいに消えるという事態が、2007年頃から14年にかけてたびたび発生した。店頭に並んでいるときでも、「お一人様1個まで」などと、購入数が制限されていた。一

図7－1　主要国のバターの生産量・消費量の推移（合計量）

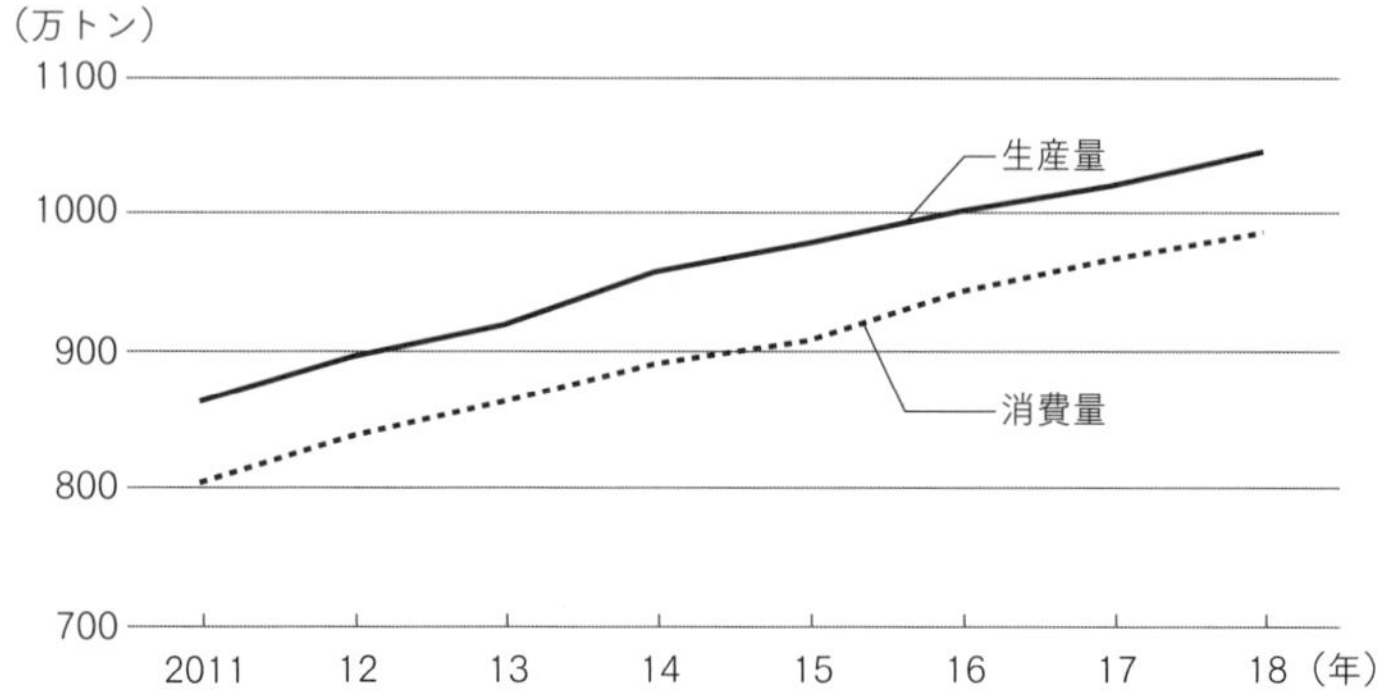

（注）主要国はアルゼンチン，オーストラリア，ベラルーシ，ブラジル，カナダ，EU，インド，メキシコ，ニュージーランド，ロシア，ウクライナ。

（出所）USDA「Production, Supply and Distribution（PS&D）データベース」より筆者作成。

般のバターは希少な高級ブランド品ではないし、バターブームが生じて需要量が急増したわけでもなかった。それにもかかわらず、なぜバターは店頭から消えたのだろうか。

バター不足問題は偶発的な理由で生じたわけではなく、日本の酪農家の慢性的な減少と、それに伴う生乳（搾りたてのままの牛の乳）の生産量の下落という構造的な問題が背景にある。農林水産省の畜産統計によると、２０００年から18年にかけて乳用牛の飼育戸数は約53％減少し、飼育数は約25％減少した。農林水産省の「牛乳乳製品統計」によると、同じ期間に生乳の生産量は約14％下落している。生乳が減ると、その加工品であるバターの生産量も減るわけである。

しかし、保存がきかない生乳と違い、その加工品であるバターは外国から輸入できるはずである。バター不足は日本でのみ起こっている現象であり、日本の店頭からバターが消える一方で、バター生産主要国の生産量は増加している（図7－1参照）。主要国のバター消費量も増加しているが、生産量を上回ってはおらず。世界でバターはむしろ余っているのである。余剰分は、主要国以外の国に輸出され消費されている。

実は、日本もバターを輸入している。バター不足が深刻化した際には、政府がバターの緊急輸入も行っているのだ。しかし、フランスの「エシレバター」のような高級バターならまだしも、外国産の安価な家庭用のバターを日本のスーパーで見かけたことがある読者はおそらくいないであろう。

外国でバターが余っているのになぜ、外国産のバターが店頭に並ばず、日本でバター不足が続くのであろうか。バター不足には、バターに対する政府の関税と、輸入制度が深く関わっている。本章では、バターの輸入を例にしながら、関税のしくみと効果について考えてみよう。

第1節　関税とその効果

関税は輸入品に課される税金で（輸出品に課される税金も関税と呼ばれる場合がある）、商品が国境を越えて自国に「入国」する際に、政府が徴収する。たとえば、ある輸入品を500円分輸入したとき、その関税率が10％ならば、50円を政府に納めなければならない。関税の大きさは輸入される品目により異なり、またどこから輸入するかによって異なる場合もある。[1]

序章の図序－4で示したように、各国の関税率の高さにはバラツキがあるが、主要な農産品の輸出国を除き、農産品の関税率が比較的高い傾向にある。

1　関税の消費者負担と生産者利益

関税を見かけ上負担しているのは、政府に税金を支払う輸入業者である。しかし、実質的に関税を負担しているのは輸入業者だけではない。関税は輸入することのコストを上昇させるため、通常は輸入品の販売価格を上昇させる。したがって、輸入品を購入する消費者も、関税による値上がり分だけ間接的に関税を負担している。この輸入品の消費者には、国内での製品の生産のために外国から部品などの中間財や資源を輸入する生産者も含まれる。関税の賦課が（課税抜きの）輸入価格に影響を与えない場合、関税分が販売価格にすべて上乗せされ、10％の関税は輸入品の10％の価格上昇につながる。しかし、関税の賦課により輸入品の需要は減るため、それが当該産品の輸入価格を下げる効果もある。（税抜きの）輸入価格が下がった分だけ、課税後の輸入品の販売価格の上昇は抑えられる。

ところで、関税により価格が変化するのは輸入品だけではない。関税は輸入品だけでなく、競合する国内品の価格も上昇させる。関税により輸入バターが値上がりすれば、国産品のバターへの需要が相対的に高まるため、国産バターも値上がりする。関税は輸入品と国産品との間の競争を弱め、国産品の価格を上昇させる効果を持つのである。このことは、国産品を好んで消費し、輸入品をまったく購入しない消費者であっても、間接的には関税の負担をしていることを意味している。**輸入に賦課される関税は輸入品のみならず国産品の値段も上昇させるので、消費者にとっては消費税と同様の負担**

が生じるのである。

一方、関税により輸入品と競合する国産品の価格は値上がりするが、関税を政府に納める必要がない国産品の生産者は、価格の値上がり分を収入の増加につなげることができる。そして、価格の上昇は国産品の生産量の増加につながる。すなわち、**関税は政府が国内生産量に応じて支払う生産補助金と同様の利益を、国内生産者にもたらす。**関税が国内産業を保護する手段となるのは、それが価格の上昇につながり実質的な生産補助金の役割を果たすからである。

2 税収を生む関税は補助金よりも良い保護手段なのか

実際に生産補助金を供与すると、政府はその財源を税金として徴収する必要がある。一方、関税は政府に財政負担が生じないため、その財源を確保する必要がない。したがって、財政赤字を抱える日本が国内産業を保護する手段として、関税は望ましい政策手段であると思うかもしれない。

しかし、たとえば関税が10％分の値上がりの利益（＝10％の生産補助金に相当）を国内生産者にもたらしたとしても、同時に国内の消費者は10％分の国産品の値上がりによる損失を被っている。関税により国産品への支払いが増えたことで、実質的には消費者は生産補助金の財源に相当する目に見えない「税金」を支払っているのである。むしろ、関税は輸入品の消費者にも負担を強いているという意味で、国内産業保護のための負担が生産補助金と比べて過剰になっている。

関税は、消費者には消費税と同様の効果を、生産者には生産補助金と同様の効果をもたらす。「消費税」による商品の全体の消費量の減少と、「生産補助金」による国産品の生産量および販売量の増加により、輸入量は減少する。

関税は外国品にかけられる税金であるがゆえに、しばしば外国の負担により自国の利益を守る手段と理解されがちである。こうした考えの背景には、「輸出は善・輸入は悪」という誤解もあるのだろう。第1章や第2章で論じたように、貿易の善し悪しは自国対外国という単純な対立軸ではなく、異なる立場にある国内の経済主体同士に利害対立を生むものと理解すべきである。関税は「間接的な消費税」となり自国の消費者に損失をもたらし、特定の生産者に「間接的な生産補助金」の形で利益を供与する手段である。**関税を国家間の問題と捉えるのではなく、むしろ国内問題だと捉える視点を持ち、その是非を冷静な視点で判断することが重要である。**

コラム　農業保護はタダではない――消費者から農家への所得移転額

見かけ上、財政負担を伴わない関税による国内産業の保護は、国民の負担が小さい保護政策に見える。しかし、本文で述べたように、実際には関税による価格の上昇は消費者に間接的な負担を強いている。この価格の上昇から増産による生産費用の上昇を除いた部分は、保護された国内生産者の利益となる。すなわち、たとえば関税により10％の内外価格差が生まれれば、消費者はその10％分の所得を実質的に失い、生産者はその10％から生産費増を控除した分の所得を実質的に得ることになる。ＯＥＣＤは「生産者支持推定値（producer support estimate：ＰＳＥ）」という指標により、政府の政策により生じた、

消費者から国内農家への年間の所得移転額を測っている。具体的には、

　ＰＳＥ＝内外価格差×生産量＋財政負担（納税者負担）

と計算される。関税のように、何かしらの農業保護政策が行われている部門の内外価格差に国内生産量を掛け合わせた部分を消費者から国内農家への間接的な所得移転額とし、それに農業保護のために直接的に納税者が負担した額を加えたのがＰＳＥである。そのＰＳＥの額を、農家の受取額に対する比率（％ＰＳＥ）で表示し、各国別に比較したのが表７－１である。比較の参考のため、ＧＤＰ全体に占める農業ＧＤＰの割合と国内の全雇用者に占める農業雇用者の割合、および国内品が輸入品の何倍高いかを表す名目保護係数（nominal protection coefficient：ＮＰＣ）も表示している。

　日本は農業も農業雇用者の比も他国と比較してさほど大きくないが、ＮＰＣで測った内外価格差

表７－１　各国の農業受取額に占める生産者支持推定値（PSE）の割合（2015年）

	農業 GDP 比	農業雇用比	NPC	% PSE
日本	1.2%	3.1%	1.79 倍	46.7%
アメリカ	1.0%	1.6%	1.07 倍	12.2%
カナダ	1.5%	1.9%	1.05 倍	8.8%
メキシコ	3.4%	12.9%	1.03 倍	8.1%
EU	1.5%	4.2%	1.05 倍	20.0%
中国	8.2%	27.0%	1.11 倍	14.3%
韓国	2.2%	4.8%	2.12 倍	55.1%
インド	15.5%	42.7%	0.86 倍	−6.4%
ニュージーランド	6.0%	6.2%	1.00 倍	0.5%
オーストラリア	2.8%	2.6%	1.00 倍	2.5%

（出所）OECD「PSE データ」より筆者作成。

が約1・8倍と大きく、農家の受取額に占める消費者からの移転額、すなわち消費者や納税者の負担により得られた所得額の割合（%PSE）が特別に大きいことがわかるだろう。韓国は日本よりもさらに内外価格差やPSEが大きい。インドはさまざまな政策により国内品の価格が国際価格を下回っており、したがって%PSEがマイナスになっている。

PSEは限られた情報を用いて計算された比較的粗い指標であり、生産増加に伴う生産費用の増加や、国内価格上昇が消費者に与える負担を考慮していないなど、この値のみで判断するのは早計であるが、消費者負担に依存する日本の農業保護の特殊さが表れている。

第2節　関税の種類と効果の違い

前節では関税の効果について概説したが、ひとくちに関税といっても、さまざまな方式で賦課されており、その効果も異なる。後述するように、バターの関税も非常に複雑な賦課方式が採用されている。また、同じ品目でも、適用される税率はどこの国から輸入するかにより異なるかもしれない。関税の影響を考えるためには、関税水準の高低のみならず、その賦課方法についても理解を深める必要がある。本節では、関税の種類とその効果の違いについて整理しておこう。

1 輸入額か輸入量か?──従価税と従量税

まずは、関税をその賦課方法に応じて分類して説明しよう。代表的な関税の賦課方法は「従価税(ad valorem tariff)方式」と「従量税(specific tariff)方式」であり、世界各国の関税の大部分がいずれかの方式を採用している。

輸入額に応じて賦課されるのが従価税であり、百分率で税率が表示される。たとえば、現行の日本の牛肉の関税率は38・5%であるが、これは1万円分の牛肉の輸入を行うと、3850円の税金を政府に支払うことを意味する。一方、従量税は輸入量に応じて賦課する方式であり、輸入量が同じならば輸入価格にかかわらず一定額の税金が徴収される。たとえば、日本のコメの関税は1キロ当たり341円の従量税である。

特定の商品を輸入したとき、従価税と従量税でどちらの税負担が大きいかは、輸入価格の水準に依存する。具体的には、「従価税率×輸入価格>輸入1単位当たりの従量税額」が成り立つとき、従価税における関税支払額(=課税額)が従量税のものを超える。これを変形すると、

従価税率>従量税額÷輸入価格

となる。逆の場合は従量税の課税額の方が大きくなる。不等式の右辺は従量税の従価税換算値(ad valorem equivalent : AVE)と呼ばれる。たとえば、1キロ当たり341円のコメの従量税は、仮

にコメの輸入価格が1キロ当たり1000円であれば341円÷1000円＝34・1％、1キロ当たり500円ならば68・2％となる。コメの関税率が778％であると耳にしたことがある読者もいるだろう。これは、1万円分のコメを輸入すると7万7800円の関税負担が生じることになる。この778％という数字は、2005年のWTOにおける交渉時にAVEの計算が問題となった際に、その時点のコメの国際相場価格である1キロ当たり約43・8円を使用して換算したもの（341円／キロ÷43・8円／キロ＝7・78）である。近年、コメの国際価格は上昇傾向にあり、コメの関税の従価税換算値も下落していると思われるが、それでも数百パーセントを超え、著しい高関税であることには変わりはない。

従価税と従量税のどちらの課税方式がより望ましいかは、立場により異なる。消費者の立場からは、低価格の輸入品には従価税、高価格の輸入品には従量税をかけた方が税込価格の上昇が抑えられるため、関税の負担が小さい。逆に、国内の生産者の立場からは、低価格の輸入品には従量税を、高価格の輸入品には従価税を課した方が税込価格の上昇幅が大きいため、その保護効果が大きい。コメや砂糖をはじめ、日本では農産品の関税が従量税方式で課されている場合が多い。従量税の場合、どんなに安い輸入品が入ってきても、市場に出回る時点では価格に従量税分（コメなら341円／キロ）が上乗せされるので、外国産が安価な品目ほど従量税による保護効果が大きい。

また、従価税の場合、輸入価格が低いほど課税額も低くなるので、輸出品の生産者による生産費用削減などの価格引き下げ努力を引き出す面がある。1キロ当たり○○円、1リットル当たり○○円など表示されるより、パーセント表示される従価税の方が関税負担の大きさを認知しやすいという面もあるかもしれない。

コラム　従価税と従量税のどちらも賦課――複合税と選択税

従価税と従量税を混合させる課税方式として、複合税と選択税がある。まず複合税は、同一輸入品に対して従量税と従価税を同時に賦課する。第4節で説明するように、バターには複合税が賦課されている。

一方、選択税は設定した従価税と従量税について、課税額が高い方を適用する課税方式である。たとえば、生鮮の卵黄の関税率は従価税20％または従量税48円／キロのうちいずれか高い税率が課される選択税である。仮に卵黄の輸入価格が1キロ当たり250円であったとすると、従価税での関税支払い額は250円／キロ×20％＝50円／キロで、従量税48円／キロよりも大きいので、従価税が適用される。しかし、価格が下がり1キロ当たり200円になると、従価税での支払額は40円となり、今度は従量税の税額が高いので、従量税48円／キロが適用される。このとき、従量税48円／キロを従価税換算すると、48円÷200円＝24％であり、20％よりも高くなっていることがわかる。言い換えれば、この選択税は20％を最低税率として、価格が低くなるほど税率が上がるしくみになっている。

複合税と選択税では、輸入価格が低くなると課税額が低くなる従価税の「弱点」と、逆に輸入価格が高くなるほど課税額が低くなる従量税の「弱点」を同時に解消させている。これらの税の対象品目には、輸入価格低下による国内価格の下落を抑え、国内産業を強く保護しようとする目的がうかがえる。逆にいえば、消費者利益を軽視した課税方法である。

2 関税の特別枠と政府による一元輸入——関税割当と国家貿易

「関税割当」（tariff quota）は、指定された期間（通常は年度ごと）の輸入量のうち一定枠について低い一次税率を課し、枠を超える輸入分については高い二次税率を課す制度である。図7－2は、縦軸を適用される関税率、横軸を輸入量にして関税割当のしくみを図示したものである。たとえば、革靴の輸入は関税割当の対象品目であり、割当枠は年間1200万1900足となっている。革靴の種類に応じて一次税率は17・3～24％に設定され、二次税率は通常は従価税30％と従量税1足4300円の高い方が適用される選択税となっている。[2] 低い一次税率の適用方法としては、実際に輸入した時点での当該年度の累積輸入量が枠内に収まっていれば自動的に適用するもの、輸入権を政府がオークションにかけるもの、あるいは過去の輸入実績に基づくものなど、さまざまな方法がある。日本の制度では、政府から事前の承認を受けて割当証明書を取得し、それを添付した輸入に対して一次税率が適用される。

1990年代のはじめまでは、輸入を制限する方法としては、価格に影響を与えることにより間接的に貿易を制限する関税のみならず、一定期間内の最大の輸入量を指定しそれ以上の輸入を禁止する輸入数量割当が多く用いられていた。しかし、1994年に妥結したGATTのウルグアイ・ラウン

図7－2　関税割当の例

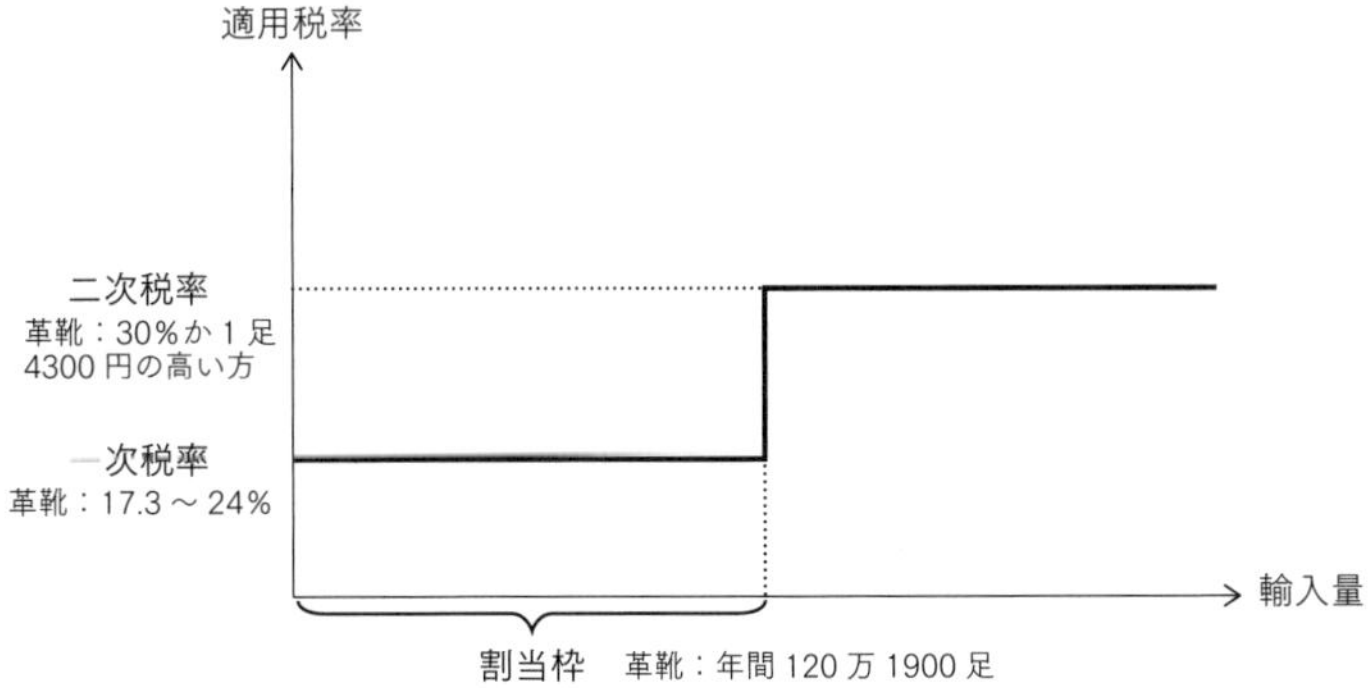

ド交渉の結果、一定量以上の輸入を許さない輸入数量割当は競争制限的であるとして、その適用は原則禁止された。そこで、従来から関税割当が適用されている品目に加えて、輸入数量割当が設けられていた多くの品目が、枠外輸入に高い税率を賦課する関税割当制度に移行した経緯がある。

関税割当は、見かけ上は低い一次税率の適用により消費者保護と高い二次税率の適用による国内産業保護を両立させる制度のように思える。しかし、それぞれの輸入業者が一次税率により輸入できる量は政府への申請時点で決まっているため、それら輸入業者には安い価格でたくさん売ろうとする動機が働きにくい。そのため、一次税率で輸入した輸入業者同士での価格競争は起こりにくい。とくに、二次税率が輸入を困難にするほど高い場合、関税割当制度は実質的な輸入数量割当制度となり、消費者に十分な恩恵をもたらさない。

さらに、関税割当制度は、国家貿易とも密接に関係している。国家貿易とは、国またはその関係機関が特定品目の輸出または輸入を一元的に管理するもので、日本の場合、コメ・

図7－3　豚肉の関税制度（部分肉）

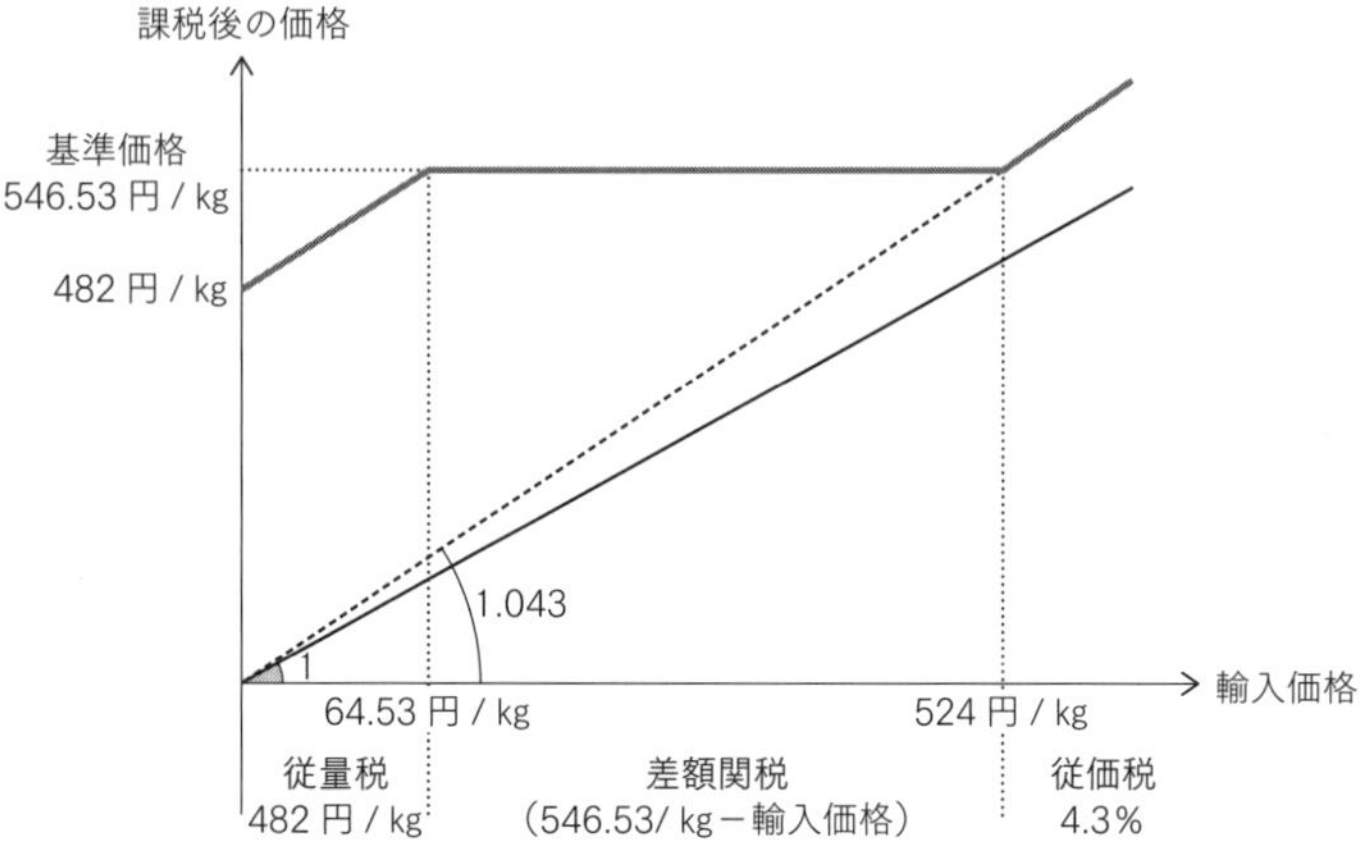

大麦・小麦・生糸・指定乳製品等の輸入が国家貿易品目となっている。国家貿易の対象品目では、無税ないし低い税率が適用される枠内輸入は国家と関係機関のみが行い、その用途や流通先を厳しく制限している。枠外の輸入については、民間が行う場合でも高い納付金や調整金を納めることを求めており、実質的に高い二次税率を適用していることになる。

3　特異な豚肉の関税と輸入制度

日本において特殊な関税制度が適用されている品目として、豚肉がある。豚肉の輸入関税は、輸入豚肉の価格に応じて、従量税、従価税、および差額関税と呼ばれる特殊な関税が賦課されている。[3] 図7－3を用いて説明しよう。

たとえば、ロースやヒレなどの部分肉の場合、輸入価格を、①1キロ当たり64・53円未満、②同64・53以上524円未満、③同524円以上の三つに分けたうえ、①では同482円の従量税、②では基準輸入価格（同546・53円）と実際の輸入価格の差だけ課税する差額関税制度、③では4・3％の従価税がかかる。差額関税から従価関税に切り替わる524円は分岐点価格と呼ばれ、基準輸入価格は分岐点価格に従価税4・3％上昇分だけ加えたものになっている（524円×1・043＝546・53円）。

差額関税制度は、国内畜産業を保護する強力な手段となっている。たとえば、ソーセージなどの加工食品の原料にもなる「かた」「うで」「もも」などの輸入価格は64・53～524円／キロの範囲にあるが、実際の輸入価格にかかわらず、差額関税制度によって課税後の価格は一律546・53円／キロとなる。差額関税により、政府は実質的な価格統制をしているのである。

豚肉は複雑な関税制度であるがゆえに、輸入業者の対応も特殊なものになる。関税は輸入者が負担するため、輸入者はなるべく基準価格に近い値段で豚肉を輸入しようとし、結果として関税収入も生み出されない。図7－4は、2005年から13年の豚肉（部分肉）の輸入価格の推移を見たものだが、分岐点価格周辺でほとんど変動が見られないことがわかる。一方、世界の豚肉の価格は2005年と比較して、2009年には17・6％下落しており（世界金融危機により世界的に輸入価格が下がった）、逆に2014年には46％上昇しており（アメリカでの牛肉の生産不振により豚肉の需要が高まった）、その後また急激に下がるなど、価格の変動が大きい。差額関税制度が、日本の豚肉の輸入価格を硬直的なものにしている。

さらには、安い豚肉を輸入しながら差額関税を回避しようと、輸入業者が輸入価格を実際よりも高

図７－４　日本の豚肉の輸入価格の推移（部分肉）

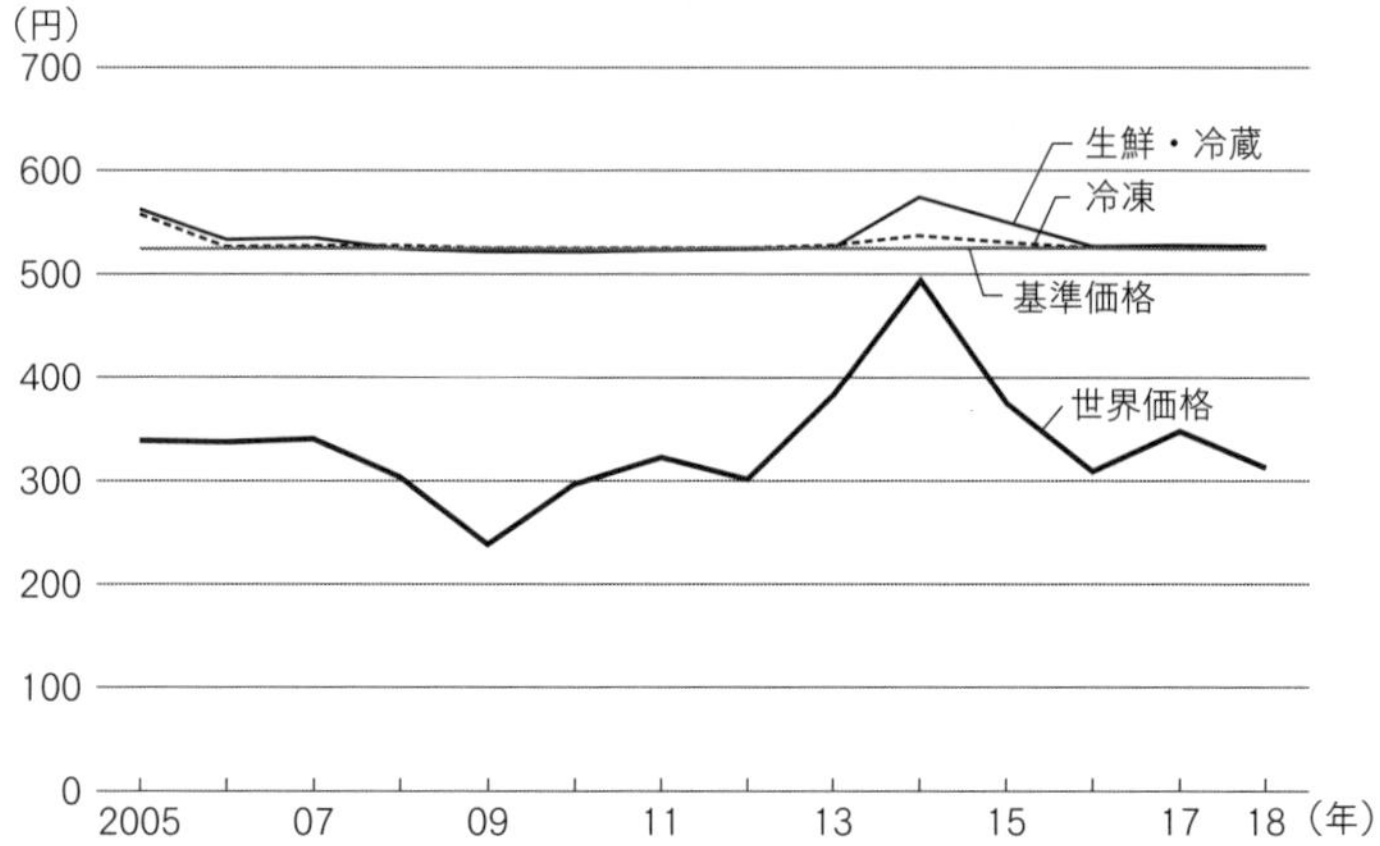

（注）世界価格は部分肉と枝肉を区別していない。
（出所）財務省貿易統計，IMF「Commodity Price Index」より筆者作成。

く申告するという脱税事件も頻発している。もちろん、脱税は決して許されることではない。しかし、豚肉を安く輸入しても同じ分だけ関税が高くなる差額関税制度は、価格の過少申告という虚偽を誘発する制度になっている。こうした差額関税制度は、世界で他に例を見ない日本独自のものである。基準輸入価格の水準は異なるが、豚肉の枝肉（骨付き肉）にも差額関税制度が適用されている。

4　その他の賦課方法

その他の賦課方式としては、輸入価格が決められた基準価格以下になったときに限り関税を賦課するスライド関税（タマネギや銅・鉛の塊などに適用されている）や、輸入される時期により税率が変わる季節関税もある。たとえば、オレンジは6月から11月末までは16％だが、12

月から5月末までは32％と高い税率となる。国内でミカンが出回る時期にはその保護のために関税を高くし、競合しない時期には関税を低くし消費者への影響を小さくするわけである。

また、輸入により国内の生産者が損害を被った際に、一定の条件を満たせば賦課される特殊な関税として、反ダンピング税、セーフガード（緊急輸入制限）、および相殺関税があげられる。反ダンピング税は、外国企業が輸出価格を自国での販売価格よりも低く設定した結果、輸出先の企業に損害を与えた場合、輸入国がその価格差に応じて外国からの輸入に課税するものである。セーフガードは、事前に予期しなかった事態により輸入が急増し、それが国内産業に重大な損害を与える場合に、関税や数量制限により一時的に輸入を制限するものである。相殺関税は、外国政府の補助金がその国の企業の輸出を増やし、輸出先の企業に損害を与えた場合に、その損害を相殺する目的で輸入国が賦課する関税である。

第3節　どの関税が適用されるのか――関税率の違い

これまでは、輸入品目によって関税のかけ方が違うことを説明してきたが、本節では同じ品目に対する関税でも、さまざまな税率が存在することを説明する。表7－2は日本の緑茶（関税番号：0902.10.000）とスパークリングワイン（関税番号：2204.10.000）の関税を抜粋したものである（関税番号とは貿易される商品を分類するための番号のことである）。緑茶は従価税、スパークリングワイ

表7－2　日本の関税率の例

	緑茶	スパークリングワイン
基本税率	20%	201.60円/ℓ
暫定税率		
WTO協定税率	17%	182円/ℓ
特恵税率		145.60円/ℓ
特別特恵税率	無税	無税
〈経済連携協定〉		
シンガポール	3.2%	
メキシコ		無税
マレーシア	2.1%	
チリ	無税	無税
…	…	…

（注）実行関税率表（2019年4月版）より抜粋。空欄は当該税率が設定されていないことを意味する。たとえば，シンガポールからの緑茶の輸入には3.2％の特恵税率が適用されるが，メキシコからの緑茶の輸入は17％のWTO協定税率が適用される。
（出所）財務省。

ンは1リットルごとに一定額が課税される従量税になっている。

基本税率は関税定率法で定められた基本的な税率であり、暫定税率は基本税率に何かしらの不都合がある場合、関税暫定措置法に基づいて一時的に適用される税率である。WTO協定税率は、WTOの加盟国からの輸入に対し、それ以上の税率を課さないことを約束したものである。WTO譲許税率と呼ばれることもある。

WTO加盟国からの輸入に対しては、原則としてWTO協定税率以上の関税を課すことができない。緑茶の場合、17％を超えた関税を課すことは原則認められない。ただし、WTO協定税率より低い関税率を、暫定税率として適用することは自由である。先述の牛肉の38・5％の関税率は、日本が諸外国との約束のうえで適用している暫定税率であり、基本税率およびWTO協定税率は50％である。

さらに、開発途上国の経済発展を促す目的で、開発途上国が原産の輸入品に対してのみ低い税率を適用するのが特恵税率、さらに開発途上国の中でも国際連合の基準により後発開発途上国に分類される国が原産の輸入品には、特別特恵税率が適用される。緑茶の場合は後発途上国からの輸入は無税であることがわかる。表7－2の左の列に国名が並んでいるが、これらの国は日本では経済連携協定と呼ばれる、地域貿易協定の締結相手国で、その国原産の輸入品に対しては特恵税率が適用される。これら特恵税率は、輸入品が該当国の原産であることを証明されてはじめて適用される。地域貿易協定や原産地の証明については、第9章で詳しく取り上げる。

第4節　バターの関税と輸入制度

これまでの説明を踏まえて、もう一度バターに話を戻そう。日本のバター不足が輸入により解消されないのは、バターの輸入に適用される関税やその賦課方法、輸入制度が特殊であるため、安価な外国産バターを円滑に輸入できないからである。[4]

1　バターの名目的な関税率

バターは第2節の2で説明した関税割当の対象品目で、関税の一次税率が35％の従価税、二次税率が29・8％の従価税に加えて1キロ当たり179円の従量税が課される複合税（第2節の**1**のコラム参照）である。しかし、一次税率分のバターの輸入は農林水産省の関連団体である独立行政法人・農畜産業振興機構により一元的に管理される国家貿易品目であり、その用途は国際航空機の機内食用や外国見本市用などに限定される。見かけ上は低関税枠が設定されていても、その枠で輸入されたものは国内では流通しない。

したがって、一般の消費者向けにバターを輸入するためには、高い二次税率で輸入するしかない。二次税率と一次税率とを比較するために、複合税である二次税率の従量税部分を従価税換算しよう。たとえば、2019年10月15日のバターの平均国際価格は1キロ当たり約449円であるので（Global Daily Trade のドル表示のデータと同日の為替レートより計算）、従量税分の従価税換算値は約39・9％、すなわち二次税率はおおよそ29・8％＋39・9％＝69・7％となる。69・7％という関税は高率である。しかし、バター不足の中で輸入を困難にするほど、著しく高いわけでもない。

2　バターの実質的な関税率

実は、二次税率でバターを輸入する際にも、自由に輸入できるわけではなく前記の農畜産業振興機構に輸入者登録をすることが必要である。そして、輸入の際には同機構がいったん輸入業者から買い入れて、マークアップと呼ばれる最大1キロ当たり806円を上乗せした価格で輸入業者が買い戻すという手続きを経なければならない。このマークアップ分の従価税換算値は、2019年10月15日の国際価格で計算すると179・5%なので、これを名目的な二次税率に加えると実質的なバター関税の二次税率は249・2%となる。すなわち、関税と政府の関連団体に支払うマークアップを含めるだけで、輸入バターの価格は国際価格の3・5倍に跳ね上がる。

しかも、このマークアップ分は、税収として政府の国家財政の健全化に貢献するわけではなく、農畜産業振興機構が徴収したうえで酪農家への補助金に使われている。第1節の**2**で、関税は国内生産者への補助金と消費者への消費税の効果を併せ持つことを述べたが、間接的な補助金となる内外価格差の維持に加えて、その価格差から得られた収入を原資に直接的な補助金も供与しているのである。国内の酪農家を保護することに何かしらの正当性があったとしても、消費者を犠牲にしながら、ここまで手厚い保護をする必要があるだろうか。

海外で価格が下がるほど余剰バターがあり、**深刻なバター不足にもかかわらず輸入バターが流通しなかった背景には、バターに対する高率の関税と、政府によるバター輸入の管理がある**。実際、バター不足を背景に（二次税率が適用される）民間輸入のバターが前年比70%も増加した2014年ですら、当該バターの輸入量の全体の出回り量に占める割合は0・3%にすぎない（農畜産業振興機構「脱脂粉乳、バター等の需給表」より）。

3　緊急輸入という名の不急な対応

バター輸入を国が管理しているのであれば、政府がバター不足を解消すべく特別に輸入を増やせば対応できる。実際、バター不足に対応して政府は農畜産業振興機構を通じてバターを緊急輸入した。それでも、店頭に外国産のバターが並ぶことはなかった。なぜだろうか。実は、政府が緊急輸入しているバターはバラバターと呼ばれる業務用のバターで、製菓や飲料など工場向けに使われるものである。

業務用のバラバターの輸入を増やせば、国産の生乳が家庭用のバターの生産により振り分けられるようになるので、バター不足が解消されるというのが政府の言い分であった。しかし、生乳の用途を変更するにはある程度時間がかかるため、家庭用バター不足の解決手段としては効果が薄い。バターの生産は大規模施設を持つ生産者が多い北海道地域に集中しており、またチーズの生産にはバターの生産以上の補助金が政府から交付されていることも、生乳のバター生産への振り分けが進まない原因として指摘されている。そもそも、政府の言い分が正しいならば、業務用バターの輸入を自由化することにより、国産バターが家庭用バターとして十分に供給される体制を構築すべきであろう。

その後、政府はバターの輸入枠を増やすなどの対応をしたことにより、2014年のような深刻なバター不足は発生していない。しかし、厳しい輸入保護により、国際価格よりも高い価格で消費者向けのバターが流通している状況は変わっていない。なぜ家庭用バターを輸入するという直接的な対応をしないのだろうか。国内の畜産業を保護するために、安価な外国産のバターは決して店頭に並ばせないという政府の強い意志が感じられる。その負担を背負うのは、バターの消費者である大多数の国民である。

●おわりに——自由貿易と食料の安定供給を両立させるために

政府が農業を手厚く保護する根拠の一つは、国内の農業生産を確保し、国民に食料を安定的に供給する必要があるからだろう。世界で人口が増加し、食料需要が徐々に増していく中で、食料の供給を輸入だけに頼るのは確かにリスクがあるように思える。

しかし、国内で食料を安定的に供給することと、自由貿易を推進することは、必ずしも矛盾しない。次の二つの点がその理由である。第1に、**国内で農業生産を確保する必要があるからといって、関税をその政策手段とする必然性はない**。生産補助金だけでなく消費税の効果も併せ持ち、国民一人ひとりに目に見えない多額の「税金」を負担させる関税よりも、生産者に対して直接補助する方が保護の副作用が小さい。明確な財源が必要な農業への直接補助政策の方が、その財源のために国民が税負担をしなければならないことも認識しやすい。その結果、国民の大多数の声が政策に反映されやすくなる面もあるだろう（政府が少数意見を重視してしまう問題については、第6章ですでに取り上げた）。

第2に、**農業生産の減少による供給不足は、輸入元である外国だけでなく、国内にも同様に起こりうる**。外国で食料供給減少のショックが起こることばかりをおそれ、国内の農業生産だけを守ろうとするのではなく、農業分野において国家間で特化と分業を進め、食料不足という有事にも自由に交易しショックを吸収できる体制を整えておくことも重要である。バター不足は、国内生産を重視しすぎたことにより弊害が生じた典型例である。貿易が難しい牛乳等の生産に国内では特化しつつ、チーズやバターといった加工品は輸入品を受け入れる方が、食料の安定供給の面では望ましいのではないだろうか。

鎖国状態にあった江戸時代中期には、凶作から飢饉が発生し日本で大量の餓死者が発生した。そのとき、外国から伝来したサツマイモの栽培の拡大が、人々を飢餓から救うことに貢献したといわれる。国産に過度に依存するのではなく、外国産も含めていろいろな作物がバランスよく供給されていることこそが、食料の安定供給につながるのである。

さらに、第1章で紹介した貿易による高生産企業への「選択と集中」のメカニズム（メリッツ効果）は、農業分野でも起こりうる。国内には少数ではあるが高い生産性を有し、積極的に輸出を行う農家もいる。貿易自由化を推進し、限られた農業資源をパフォーマンスの高い農家に配分することにより、中長期的に国内の農業を活性化するという視点を持つことも必要ではないか。もちろん、そのような選別が常にうまくいくとは限らないし、その過程で「痛み」を伴うこともあるであろう。しかし、農業人口の減少が今後ますます進行することが見込まれる中で、政府の保護に頼った農業生産を続けていては、国内の食料生産は衰退する一方である。現状の保護貿易政策に固執し続けるのではなく、自由貿易と農業振興の両立を目指すべきである。

第8章 保護貿易で新しい産業を育てることができるのか　幼稚産業保護政策

●はじめに――自由貿易が「幼い産業」の未来を奪う?

幼い子どもたちが一人前になるには、大人たちの保護が必要で、政府のさまざまな子育て支援もその手助けとなる。とくに生まれてまもない乳幼児は、家族のみならず社会全体で保護するべきで、そのことに異論を唱える読者はいないであろう。では、保護の対象が幼児ではなく幼稚な産業だったらどうだろうか。現在は高コストなどで競争力がなく、自由貿易では外国との競争に勝てずに利益を生み出せないが、経験を積めば将来は保護がなくても利益を生み出す見込みがある有望な産業を「幼稚産業」と呼ぶ。これまで、貿易の本質が相互に利益をもたらす交換活動であり、自由貿易にはさまざまなメリットがあることを述べてきた。また同時に、保護貿易の問題点も指摘してきた。しかし、これまでの議論では、現在の保護が、現時点では経済にマイナスになるとしても、将来はより大きな利益を生み出すことにつながるという視点が欠けていた。逆にいえば、自由貿易が現時点では利益を生んだとしても、それが将来の経済を支える有望な産業の芽をつむことになるのだとしたら、長期的には損失をもたらすおそれがある。自由貿易のメリットを認めたとしても、潜在的な比較優位産業を育てることを目的とした期限付きの保護貿易政策であれば、一定の合理性があるように思える。「産業が育つまで」という条件付きであれば、海外からの輸入を一時的に制限することは正当化されるだろうか。

将来有望な産業を、外国からの競争から一時的に保護し、それにより国内で育てようとする政策を、「幼稚産業保護政策」という。幼稚産業保護政策は、保護貿易を正当化する有力な根拠として広く支持を得ており、実際に各国で採用されてきた。本章では、幼稚産業保護政策の是非を、過去の事例をあげながら考えることとしよう。

第1節　保護貿易による「子育て」——幼稚産業保護のメカニズム

将来有望な新しい事業でも、それを始めた当初は、生産性が低いため高いコストで活動を行わざるをえず、消費者の認知度も低いため、売上をなかなか伸ばせないだろう。しかも、すでに事業経験を十分に積みコストが低く、また知名度も高い海外企業が競合製品を生産し、その製品が低価格で輸入されているならば、この新事業は成功しにくい。

しかし、この新事業はとても有望であり、十分な生産経験や事業経験を積めば将来的には大きな利益を生み出し、輸出産業になるまで成長するかもしれない。労働者が日々の活動から新しいスキルを身につけるなど、経験を積むことにより生産コストが下がることは、「学習効果」ないし「習熟効果」と呼ばれる。たとえば、半導体を使用した記憶用の回路であるダイナミック・ランダム・アクセス・メモリ（DRAM）の生産では、労働者がDRAMの生産経験を積むほど、製品が故障する率が下がることが知られている。すなわち、DRAMの生産では学習効果が強く働く。

ところが、生産経験を積めばコストが下がることがわかっていても、まだ経験が少ない段階では海外企業と対等に競争することができず、企業が事業からの撤退を余儀なくされるなど、産業が育たないかもしれない。将来有望な産業が、まだ幼いがゆえに、海外の「大人」との競争に耐えられないのである。

このとき、たとえば政府が海外の競合製品に輸入関税を賦課するなどして、輸入品の流入を抑制すれば、競争が緩み国内で当該製品の価格が上昇し、国内産業が未熟な段階でも利益を生み出せるようになる。売上を伸ばしつつ十分な生産経験を積むまで輸入制限による保護を続ければ、生産性が上がりいずれは保護なしでも事業を続けることができるまでに成長する。生産コストが海外企業よりも低くなれば、輸入品と対等に競争できるだけでなく、輸出できるようにもなるだろう。産業の育成を目的とした一時的な保護が、有望な産業を育て、将来の比較優位産業を生み出すのである。

第2節　国内産業における「子育て」は正当化できるのか――幼稚産業保護の3条件

保護貿易を唱えるさまざまな主張の中でも，幼稚産業保護には説得力がある。産業育成を目的として一時的に保護を行うという論理に大きな誤謬はなく，その有効性を完全に否定することはできない。しかし，輸入制限を通じた国内産業の育成が正当化されるためには，越えなければならないハードルがいくつかある。以下では，政府による幼稚産業保護が正当化されるためのチェック項目として三つ取り上げる。

1　チェック1　本当に有望な産業に育つのか

十分な経験を積めば，学習効果によりいずれは国際競争に耐えられるだけの生産性を達成するというのが，幼稚産業保護の大前提である。すなわち，「現在は保護がないと国内産業は損失を出してしまうが，十分に経験を積んだ将来は保護がなくても利益を出せること」が，幼稚産業保護の最初の条件である。

しかし，現実には将来を正確に予測することは難しい。国内外の経済状況や事業の先行きについて不確実なことが多いなか，保護をする時点において，保護された産業が将来確実に育つとは言い切れないだろう。

また、仮に国内産業の潜在的な成長性が見込まれたとしても、まだ十分ではない。ブラジルのパーソナル・コンピュータ（ＰＣ）の育成を例にして説明しよう。ブラジルは国内でＰＣ生産を促進しＰＣ産業を発展させるべく、１９７７年から90年代の初頭までの間、外国からのＰＣの輸入を禁止していた。同時に、国内のＰＣメーカーも生産にあたり可能な限り国内で製造された部品や中間財を使うことを要求された。結果として、ブラジルのＰＣメーカーの生産コストは下落していき、ブラジル製のＰＣ価格も下がっていった。外国製のＰＣを閉め出したことが、どの程度ブラジルのＰＣ産業の育成に貢献したかは慎重に検討する必要があるものの、少なくとも幼稚産業の保護期間内にブラジルのＰＣメーカーの競争力は高まった。コストの下落という事実だけを見れば、幼稚産業保護政策は成功したように見える。

しかし、ブラジル製ＰＣの価格が大きく下落したにもかかわらず、ブラジルのＰＣメーカーが海外企業と対等に競争することはできなかった。なぜならば、ブラジルのＰＣメーカーが幼稚産業保護の期間中に成長した一方で、同じ時期に、すでに国際競争力を有していたアメリカのＰＣメーカーをはじめとした海外のＰＣメーカーもコストを削減し、ＰＣ価格をより大きく下げることに成功していたからである。いわば、後発のアマチュアがプロになろうと努力し能力を向上させている裏で、トッププロも努力を続けさらに能力を向上させていたわけである。結果的に、ブラジルと海外企業の生産コストの差は埋まらず、ブラジルのＰＣ産業は国際競争に耐えられるまでに育つことはなかった。

特定の産業が一時的な保護を通じて将来自立できるかどうかを見通すためには、当該産業の将来性を正確に把握するのみならず、ライバルとなる海外企業の将来をも正しく予測する必要がある。だが、そのような予測を行うのは難しく、もし可能だとしてもかなり特殊な状況に限られるだろう。

2 チェック2 その産業は育てる価値があるのか

実際の子育てにおいて、育児をすることの損得について考えるのはナンセンスである。しかし、幼稚産業の場合には、その「幼児」が十分に保護されれば一人前に育つことが見込まれたとしても、それが経済全体として望ましいかどうかはわからない。その産業が育ったあとに生まれる将来の利益が、育てるための負担の大きさを上回るとは限らないからである。

輸入を制限するなどの保護貿易政策により、産業の育成期間中は、自由貿易であれば得られていたはずの利益が失われてしまっている。産業の確立により将来に利益が得られるとしても、産業の育成期間中に生じる損失を無視するべきではない。すなわち、**幼稚産業保護が正当化されるためには、保護期間内に発生する社会的な損失の合計を、産業確立後に生まれる社会的利益の合計が上回らなければならない**（図8－1参照）。

実際に行われた幼稚産業保護の例を用いて説明しよう。キース・ヘッドは実際のデータをもとに、アメリカの鉄道レールの幼稚産業保護の影響を推計しており、以下の説明はその研究に拠る。[1] 19世紀半ばまで、アメリカの鉄道レール産業は国際競争力がなく、アメリカ国内での鉄道レールの供給はイギリスからの輸入に頼っていた。そこで、アメリカ政府は鉄道レールの輸入に高い税を賦課し、アメ

図8－1　幼稚産業保護の損得勘定

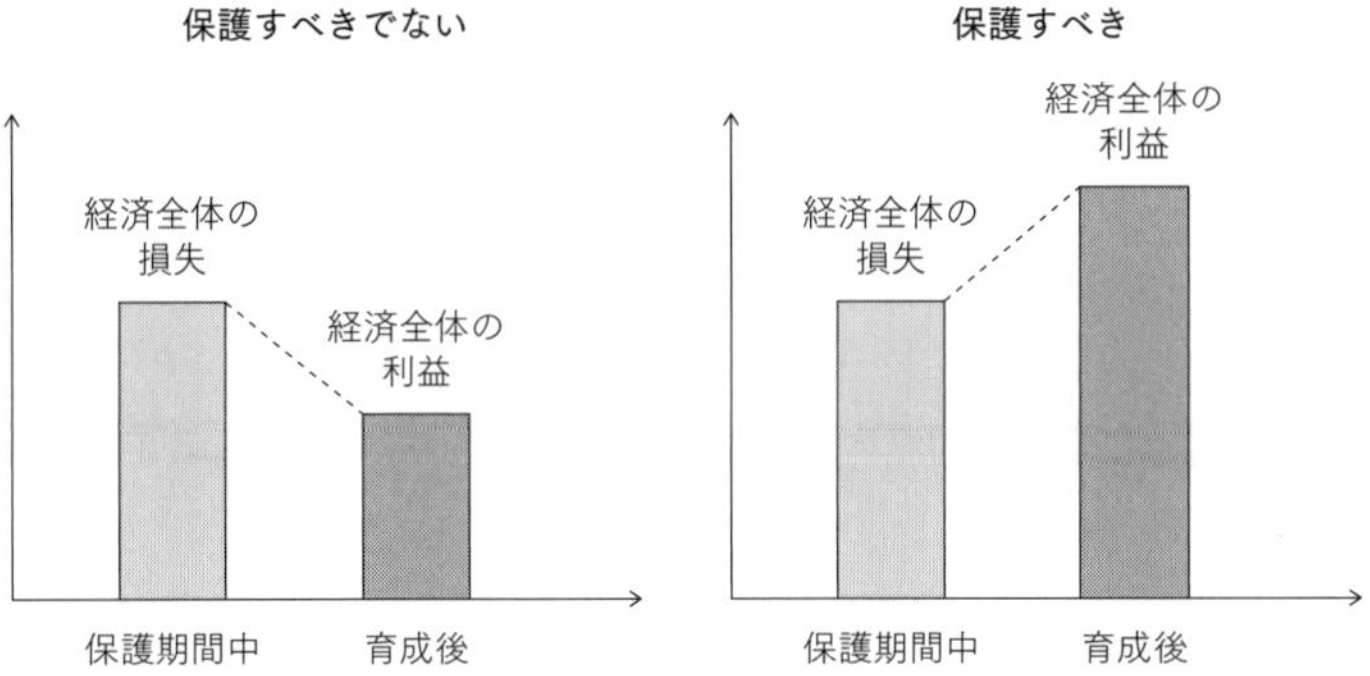

（注）利益と損失は割引現在価値（本節コラム参照）で測る。

リカの鉄道レール産業の育成が図られた。19世紀の後半にはイギリス製のレールの価格よりもアメリカ製のレールの価格は低くなり、アメリカの鉄道レール需要に占める輸入レールのシェアも大幅に下落し、19世紀の終盤にはほぼゼロとなった。輸入税は1913年に撤廃され、撤廃時点ではアメリカはすでに鉄道レールの輸出国となっており、44年には世界シェアの44％を占めるようになった。

　鉄道レール産業の育成により、アメリカは利益を得ただろうか。幼稚産業保護は、保護期間中も保護撤廃後もアメリカの鉄道レール産業の利益を高めた。アメリカの鉄道レール産業の成長は学習効果によるコストの削減を通じてアメリカ製のレールの価格を徐々に低下させ、長期的には消費者も利益を受けることになった。しかし、保護期間中の輸入制限は逆に消費者に打撃を与えており、消費者が差し引きで見て幼稚産業保護から利益を受けるようになったのは19世紀の終わりからである。すなわち、それまでの期間は保護貿易政策により消費者は損失を被っていた。

この育成期間中の損失と育成後の利益を、どのように比較し、評価すべきであろうか。異なる時期に発生する価値を比較する際には、損失の合計と利益の合計を額面どおりに比較することはできない。なぜならば、一般に将来の価値は現在の価値に換算するときには目減りする（割り引かれる）からである（次頁コラム参照）。目減り分を勘案しつつ将来の価値を現在の価値に直したものを「割引現在価値」という。将来の利益が現在から遠い将来であるほど目減り分は大きくなるため、極端な話、幼稚産業が確立された後に生じる利益が永久的に得られたとしても、その合計の割引現在価値が保護期間中の損失の割引現在価値を上回るとは限らない。

アメリカの鉄道レールの保護に話を戻そう。右記のヘッドの研究によれば、保護貿易により生じた消費者の損失の割引現在価値の大きさは、産業確立後の消費者の利益の割引現在価値の大きさを上回っており、レール産業の幼稚産業保護は総合的に見て消費者に損失をもたらしたという結果が得られている。鉄道レール産業の利益や関税収入なども考慮した経済全体の利益については、やはり短期的にはマイナス、長期的にはプラスである。しかし、両者の割引現在価値を比較すると、若干ではあるが長期的な利益が短期的な損失を上回ったことが明らかにされている。

同研究は、アメリカの鉄道レール産業の保護は、全体としてアメリカの利益につながったことを示している。しかし、見方を変えれば、世界シェアの半分近くまでを占めるまでに成長した産業でさえ、生み出された経済的な利益は保護期間中の損失をわずかに上回るだけである。また、消費者にはむしろ損失を与えており、この研究結果は、幼稚産業保護の成功例を示すと同時に、それを成功させることの難しさも示唆している。

コラム　将来受け取るお金の現在価値

10万円を「いますぐに受け取る」のと「5年後に受け取る」のどちらかを選択するとしたら、ほぼすべての人が、いますぐに受け取るだろう。それでは、5年後に受け取る金額が12万円ではどうだろう。5年待った方が得であるようにも思えるが、実際にはいますぐ受け取る人と将来に受け取る人とに分かれるのではないだろうか。

このことは、現在の損失と将来の利益を比較する際には、将来の利益の大きさは割り引いて考えなければならないことを意味している。すぐに10万円を受け取れば、そのお金をすぐに遣えるし、5年間貯めておくこともできる。銀行に預けて利子がつけば、5年後には10万円以上になる。支払側あるいは受取側で不測の事態が生じるかもしれず、5年後に本当に受け取れるかどうかわからないというリスクもある。将来得られる価値を現在の価値に換算する際には、それが発生するタイミングが遅れることによる利回り分の損失や、さまざまなリスクを勘案して、その価値を割り引かなければならない。たとえば、1年分の利回りが3％で、かついま受け取らないと将来まったくお金が受け取れない事態が生じるおそれが2％あるならば、いまの1万円の1年後の価値は1万500円である。同じ利回り・リスクで計算すると5年後は複利計算により約1万2763円になる（1万円×1・05の5乗）。すなわち、1年後の1万500円と5年後の約1万2763円は、現在の価値に直すとどちらも1万円である。将来の価値を割り引くというのは、将来の価値に関して複利計算を逆向きに行っているわけである。将来の価値を現在の価値に換算したものは、「割引現在価値」と呼ばれる。

3 チェック3 政府が幼稚産業を育てる必要があるのか

ある産業がチェック1とチェック2をクリアするのであれば、当該産業の育成はその国に利益をもたらすことになる。[2] しかし、幼稚産業の育成が経済全体で利益を生むからといって、政府による幼稚産業保護政策がただちに正当化されるわけではない。なぜならば、幼稚産業に属する生産者は政府の保護に頼らずとも、銀行等から融資を受けるなどして当初の損失をカバーすることができるからである。事業が軌道に乗る前に借り入れた額は、生産性を向上させた後に得られる将来の利益から返済すればよい。アメリカのキックスターター社のように、新しいビジネスやエンターテインメントのプロジェクトに対して、開発された商品・サービスの提供と引き替えに投資者を募るクラウド・ファンディングも活発である。将来有望なプロジェクトであることに説得的な根拠があるのであれば、政府に頼らずとも金融機関や潜在的な顧客がお金を出してくれるわけである。

政府による保護が正当化されるとしたら、何かしらの理由で将来有望な生産者が国内の資本市場(長期資金の調達や供給が行われる金融市場)を通じた資金調達に頼ることができない状況に限られる。たとえば、途上国でよく問題になるように、資金がそれを効率的に活用できる投資プロジェクトに向かわない「資本市場の不完全性」の問題があげられる。資本市場が不完全であると、有望な産業

図 8－2　政府による保護の正当性

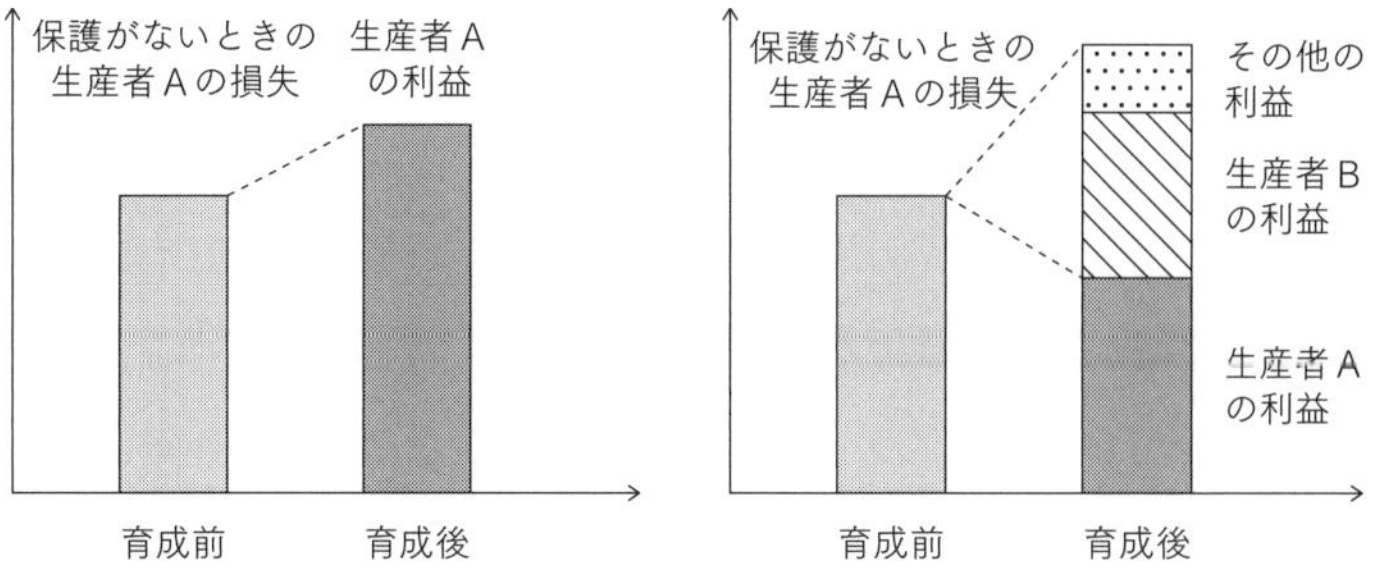

（注）利益と損失は割引現在価値（本節コラム参照）で測る。

であるにもかかわらず民間からの資金調達が困難となる。ただし、資本市場が不完全なのが問題なのだとしたら、まず考えるべきことは国内の資本市場を整備することであり、それを貿易政策で解決しようとするのは最善策とはいえない。あるいは、金融機関が当該生産者の将来性を十分に見通せないという不確実性の問題により、資金の供給に消極的になってしまうのかもしれない。そうだとしても、政府が民間の金融機関よりも将来をより確実に見通せる保証はないだろう。

政府による幼稚産業保護を正当化するカギとなるのは、保護された生産者以外にもプラスの影響をもたらす「スピルオーバー効果」である。図8－2を用いて説明しよう。幼稚産業に属するA社と、同じ産業ないし他産業に属するB社の2社が存在する状況を考える。まだ生産経験が少ない段階では、A社は保護なしでは外国の生産者との競争に耐えられずに損失を出してしまう。しかし、生産経験を積めば学習効果を通じて競争力がつき、利益を出すことがで

きる。ここで、A社の育成について、

将来のA社の利益＞当初のA社の損失

が成り立つのであれば、A社は金融機関から当初の損失分を借り入れたとしても、将来の自身の利益で返済することができる（将来に得られる利益の大きさは利子の分を割り引いて現在の価値に換算されている）。したがって、返済額を差し引いてもA社は利益を出すことができるし、金融機関も利子収入を稼げる。この場合、政府が保護する必要はなく、民間の金融機関の支援を通じて産業は育つことができる。

一方、右記の不等式が成り立たない場合を考えよう。このとき、A社はお金を借りても将来返済できないため、資本市場を頼って当初の損失を埋めることはできない。しかし、だからといって、A社を育成する価値がないと断定することはできない。A社を育てることが、A社以外に価値を生み出す可能性があるからである。たとえば、A社の努力の成果が、A社のもとで経験を積んだ労働者の転職や、A社が生み出した新技術を活用するなどのスピルオーバー効果を通じて、B社にも利益をもたらすとしよう。あるいは、A社のコスト削減に伴う将来の価格の低下や、エコカーのように環境に優しい製品が開発され環境問題が改善されるなど、生産者以外にも追加的な利益が生じるかもしれない。このとき、A社の育成について、

将来のA社の利益＋将来のB社の利益＋その他の利益＞当初のA社の損失

が成り立つのであれば，（最初の不等式が成り立たないので）A社は将来の利益が小さいため当初の損失を埋めることができず，したがって政府を頼らずに自立することはできない。しかし，経済全体では将来の利益が大きいため，政府によるA社の保護が正当化されるのである。[3]

とくに，B社とA社が同じ産業に属し，各々の努力がお互いにスピルオーバー効果を生む場合，政府が産業全体を保護することが重要となる。両社が同時に努力すれば双方向のスピルオーバー効果により両者とも利益が損失を上回るが，相手が努力しないのであれば，スピルオーバー効果が自分から相手への一方通行になる。自分だけが努力しても利益は損失を上回ることができないため，結果的にどちらも努力しないというゲーム理論でいうところの「囚人のジレンマ」に陥ってしまうおそれもある。このとき，政府が産業全体を保護すれば，生産者間のプラスの相乗効果を促すことができる。ジェイムズ・ミードは，幼稚産業保護が望ましいのは「幼児が学ばなければならないからでなく，幼児同士がお互いに教え合うからである」と述べているが，この言葉は幼稚産業保護の本質を突いている。[4]

第3節　幼稚産業保護のさらなる留意点

これまでの三つのチェック項目がすべて満たされたとしたら，政府による幼稚産業保護は経済学的にも正当化される。しかし、それでもなお、留意しなければならない点がある。以下、幼稚産業保護の手段と、幼稚産業の「過保護」の観点から、それぞれ説明しよう。

1　留意点1　輸入制限以外に手段はないのか

幼稚産業保護が正当化されたとしても、幼稚産業保護のための一時的な輸入制限が即座に正当化されるわけではない。輸入制限以外にも幼稚産業を育成する政策手段があれば、輸入制限によりそれを行う必然性がないからである。輸入制限は輸入品との競争を緩め国内価格を上昇させることを通じて、幼稚産業の当初の赤字を解消し、その育成を促す効果がある。しかし、国内価格の上昇は国内の消費者に打撃を与えるという副作用を伴う。

幼稚産業が育たない根本原因は、当初の赤字経営により事業が継続できず経験を積めないことである。その問題を解消するための、より直接的な政策は補助金の供与によりその赤字を埋め合わせしたり、民間の金融機関よりも低利で政府が融資したりすることである。これらの手段は、価格上昇を伴わないぶん、保護による社会的な損失が小さい。もちろん、補助金や低利融資には財政負担が伴うが、第7章（第1節2）でも説明したように、輸入制限による消費者の損失額は、生産者の赤字の補塡に必要な額を上回る。すなわち、自由貿易を維持しつつ、幼稚産業の育成に必要な額を消費者一人ひとりから固定的に徴収した方が、輸入制限による保護よりも消費者の損失は小さい。

第6章で論じたように、幼稚産業保護として輸入制限が採用されやすいのは、経済的な根拠よりも、政治的な要素が大きく関係しているのかもしれない。自由貿易のメリットに関する誤解もあるだろう。政策の目的が、輸入を削減することではなく、産業を育成することであるならば、貿易政策という間接的な手段ではなく、より直接的な政策を行うことが望ましい。

2 留意点2 産業の「過保護」になっていないか

幼稚産業保護は、自由貿易のメリット自体を否定しているわけではなく、あくまで一時的な自由貿易からの離脱の有効性を主張するものである。その保護は、幼稚産業が国際競争に耐えられるまでに成長したら、取り除かれることになる。

しかし、保護が条件付きで取り除かれるところに、落とし穴がある。産業が育つまでの一時的な保護は、言い方を変えれば、「産業が育つまでは政府は保護し続ける」ことを意味する。生産者の多くは、自身の努力により幼稚産業の状態を卒業したら、政府による保護が取り除かれてしまうことを認識している。そのため、努力すれば成長できるのにあえてそれをせず、政府の保護による利益を甘受し続けるという選択をしてしまうかもしれない。有望な産業を育てるための保護が「過保護」になってしまい、かえってその育成を妨げるという逆説的な状況に陥るおそれがあるのである。

手厚い保護をしたにもかかわらず、それが産業の競争力向上につながらなかった例をあげよう。1994年にGATTのウルグアイ・ラウンドで、農産品の輸入自由化が合意された際、日本政府は「農業合意による新たな国際環境に対応し得る農業・農村を構築することを目指す」という名目で、ウルグアイ・ラウンド対策費として6兆円を超える予算を農業部門の競争力強化のための事業に投じた。しかし、その一部が温泉施設の建設に使われるなど、必ずしも有効に活用されなかった。温泉施設の是非は置いておくとしても、高い貿易障壁による農産品の保護は25年以上経過した現在でも継続しており、巨額のウルグアイ・ラウンド対策費が日本の農産品の品質の強化やコスト削減に結びついたとは言い難い。政府からの手厚い保護が、むしろ農業従事者の「やる気」を削ぎ、潜在的な成長のチャンスをなくしている面があるのではないだろうか。政府はウルグアイ・ラウンド後も、この対策費に加え、農産品に関して高率の輸入関税を維持している。また、輸入が急増した際には特別セーフガードと呼ばれる措置により、緊急的に関税を引き上げる場合もある。こうした手厚い保護により産業がぬるま湯体質になってしまうと、逆に成長する機会が損なわれてしまう。

永続的な保護ではなく一時的な保護が目的だとしても、政府が「何年後には必ず保護を撤廃する」ことを約束（コミットメント）しないと、上記の三つの条件をすべて満たすような幼稚産業であっても、一時的な保護が恒久化してしまい、結果的に育たなくなるおそれがある。ジョサイア・タッカーの言葉を借りれば、「ある合理的な期間の後に、この商業的幼児を徐々に乳離れさせ、いつまでも引きひも（17～18世紀のヨーロッパで、子どもの歩行を支えるために衣服に取り付けていたひも）に頼る怠け癖をつけないようにすること」が重要なのである。[6]

コラム　競争圧力を活力に――今治タオルの成功

愛媛県今治市周辺は100年以上の歴史を持つ国内有数のタオル産地であるが、1990年代には中国産など安価な輸入品との競争に直面し、同地域の多くのタオル生産者が廃業した。2000年代に入り、国内のタオル産業は政府にセーフガード（緊急輸入制限）の発動を申請したが、却下された。しかしその後、今治市のタオルメーカーは吸水性等に関して厳しい基準を設け、高品質なものに絞ったタオル供給を行うというブランド化戦略を進めていった。現在、今治タオルは高品質なものとして消費者から認知され、コンビニやスーパー、専門店、空港に至るまで、さまざまな場所で販売されている。外国人観光客のお土産としても人気があるという。

日経MJ誌の記事（2012年8月29日付）によれば、今治市地域の業者が足並みを揃えてブランド化戦略に取り組めた理由として、セーフガードの申請が取り下げられたことにより、「自分たちを助けてもらうことで国民にメリットがあるのか」と真剣に話し合い、「自らを見つめ直す機会があったことが幸いした」ことがあげられている。今治タオルの成功は、海外からの競合品の流入による競争圧力に対して、政府に頼ることなく自らの活力で生き残りを果たした好例である。

第4節　日本の幼稚産業保護は成功したのか

これまで、幼稚産業保護を実際に成功させるのは難しく、歴史的にも成功例は少ないことを述べてきた。では、第二次世界大戦後の日本の高度成長はどうであろうか。1950年代半ばから70年代はじめの高度成長期に、日本政府は関税などの輸入制限や当時の日本開発銀行（現在の日本政策投資銀行）による低利融資、補助金の供与、税金の優遇策など、さまざまな産業政策を施してきた。同時期に日本の産業構造は軽工業品から重工業品へと転換していき、目覚ましい経済成長を達成した。この事実をもって、日本は幼稚産業保護を成功させた国として取り上げられることも多い。たとえば、国際政治学者のチャルマーズ・ジョンソンは、当時の通商産業省（現在の経済産業省）を中心に行われた産業政策が国内の産業育成につながり、その高度成長に大きく貢献したと肯定的に評価している。[7]

しかし、産業が発展する要因には政府による保護以外にもさまざまな要因が絡むため、保護の時期と産業発展の時期が同一だからといって、日本は幼稚産業保護政策を成功させた国だと称賛するのは早計である。リチャード・ビーソンとデイビッド・ワインスタインは、日本の産業政策の有効性について、実際のデータを用いて検証している。[8] 図8－3は、日本が高度成長を果たした1955～73年について、日本の産業別の輸入制限の大きさ（横軸）と、それぞれの産業の成長率（縦軸）との関係を見たものである。13の産業の中で、同時期に最も成長した産業は半導体を含む電気機械であるが、相対的な保護率はマイナス1・6％であり、他の産業と比較して政府により手厚く保護されていたわけではない。輸送機械のように高い保護率と高い成長率を両立させた産業もあるものの、高い成長率を遂げた産業の相対的な保護はマイナスになっているのがほとんどである。

一方、相対的な保護率が最も高いのは加工食品（プラス19・7％）であるが、成長率は13産業中11番目である。繊維製品も同様であり、全体として相対的な保護の大きさと成長率は図の近似直線のよ

図８－３　相対的な保護の大きさと産業別の成長率

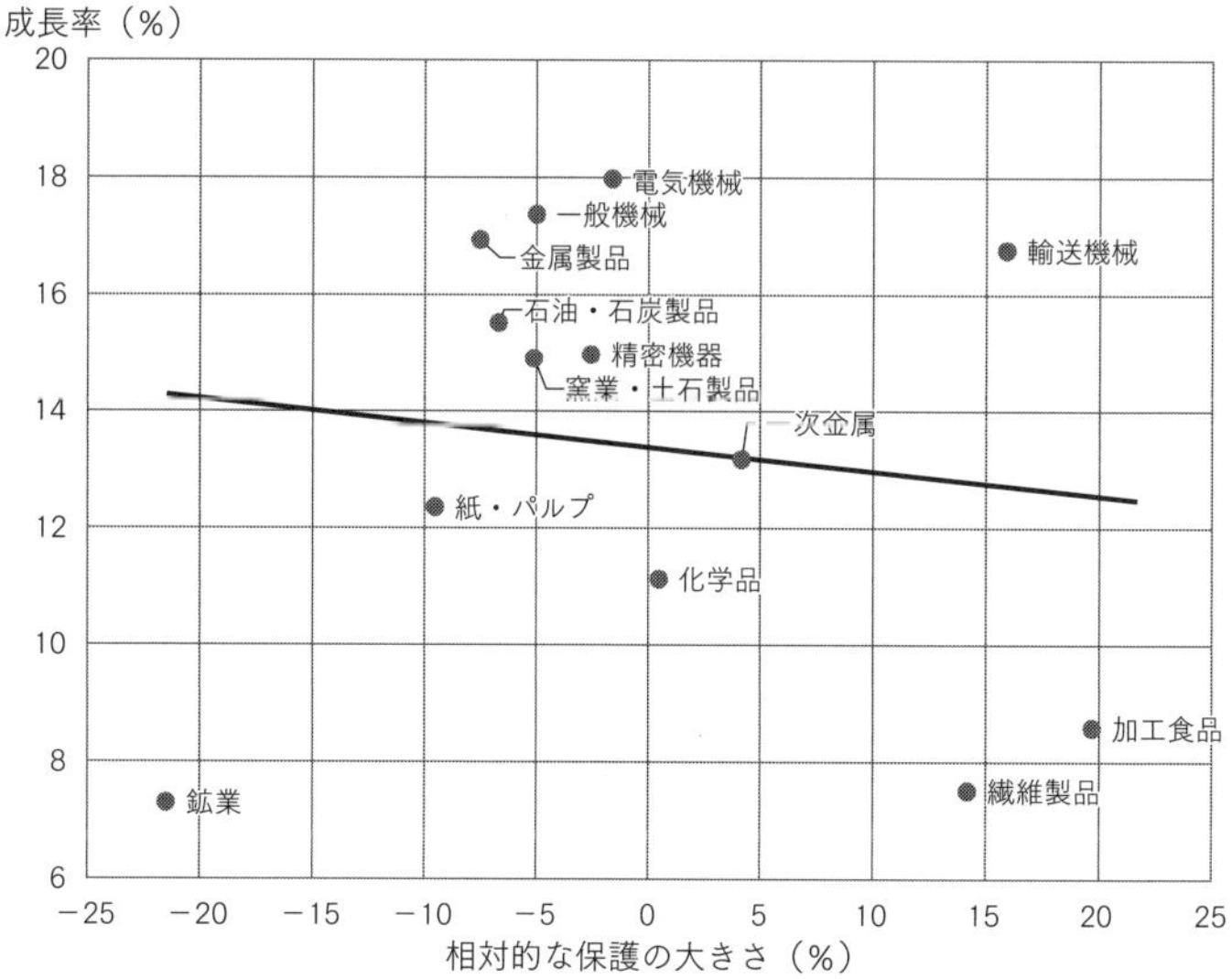

（注）関税等の輸入制限により，その産業がどの程度保護されているかを測るものとして，「有効保護率」と呼ばれる指標がある。横軸は，全産業の平均的な有効保護率と比較して，各産業がどのくらい追加的に保護されているかが測られている。
（出所）Beason and Weinstein（1996）のデータより筆者作成。

うに負の相関関係にある。少なくとも，相対的に高い保護を獲得した産業が大きく成長しているとはいえない。同研究では，日本開発銀行の低利融資や，税金の相対的な優遇度との関係を見ても，やはり負の相関関係にあることも示している。回帰分析と呼ばれる統計学的手法を用いて，より厳密に産業の成長の原因を検証しても，一連の産業政策は，生産量の拡大や資本蓄積には一定の影響があるものの，各産業の生産性向上との相関関係はないことが明らかにされている。日本の産業政策は，結果的に生産性の向上を十分に果たせなかった部門に対して重点的に行われていたことになる。

ビーソンとワインスタインの分析は、産業の保護水準を横断的に比較し、その有効性に疑問を唱えるものであった。しかし、各々の産業はプラス成長を果たしているので、配分は良くないにしても、個別の産業を成長させたのではないかとの反論もあるだろう。大橋弘は、1950年代から60年代にかけて大きく発展し、世界シェアを伸ばした日本の鉄鋼産業に注目し、当時行われた輸出補助金による支援策がどの程度その発展に寄与したのかを分析した。[9] 1955～64年の間に供与された補助金額の総額は、220億円に達したという。ところが、分析の結果、日本の輸出補助金が鉄鋼業の生産拡大に与えた影響は、実際には微々たるものであったことが明らかになった。鉄鋼各社の習熟効果も他企業にほとんどスピルオーバーしていないという。すなわち、前記のチェック3もクリアしているとは考えにくく、そもそも政府による保護の正当性があったかも疑わしい。より多くの産業でさらなる検証が必要であるが、日本の鉄鋼の例は、政府の保護が産業を発展させるために必須ではなかったことを示唆している。

●おわりに——産業をいかに育てるか

幼稚産業保護政策は、貿易自由化の欠点を指摘し保護貿易を擁護する主張の中でも、最も説得力があるものの一つである。いずれは自由貿易を達成するにしても、生まれてまもない「商業的幼児」を育てる目的で行う一時的な保護が、国内産業の発展と一国の経済成長につながるのであれば、そうした保護には合理性があるだろう。

しかし、本章で考察したように、現実に幼稚産業保護政策が正当化され、成功するのは、かなり限定された状況である。政策担当者はターゲットとなる有力な産業やその将来の成功、また産業育成により将来生じる経済利益が保護により生じる経済損失を上回ること、さらに学習効果のスピルオーバー効果などの追加的利益が存在することを、すべて事前にきちんと把握しておかなければならない。しかし、実際には民間の資本市場を活用し自助努力で発展できないような構造的な問題を抱えた産業が、政府主導の保護であれば発展するという状況は非常に特殊な状況である。本章で紹介したブラジルのPC産業の育成失敗や、日本の高度成長期の事例が、現実に幼稚産業保護政策を実行することの難しさを示唆している。

現在、日本政府はコンテンツ産業のさらなる世界展開や、農産品の輸出拡大など、特定の産業の育成に力を入れている。しかし、それらの分野の成長に政府の保護が必要であり、またその保護に値する価値を将来に生み出すのか、そもそも保護政策が良いのかそれとも自由化政策が良いのかを、慎重に検討することが必要である。

産業を人為的に指定し、保護により産業を育てるよりは、むしろ貿易を自由化し、外国企業との競争を活発化させるという逆転の発想も必要かもしれない。メリッツ効果として第1章で説明したように、貿易自由化による競争の激化は国内の資源を効率的かつ将来性のある部門へ再配分することにつながる。芽が出そうだがその確信が得られない特定の産業や企業を「ひいき」するのではなく、むしろ平等に競争的な環境に置くことが、そのような厳しい環境に耐えられる種が芽を出すことにつながることもある。手厚く保護しながら育てるのではなく、「かわいい子どもだからこそ旅をさせる」ことも必要である。

第9章

貿易自由化をいかに進めるか　WTOにおける貿易交渉とFTAの拡大

● はじめに――クラブ型からネットワーク型へ、貿易自由化の手段の変化

本書ではこれまで、貿易自由化のプラス面とマイナス面を踏まえつつ、自由貿易がなぜ必要かを考えてきた。しかし、自由貿易体制を世界に広げることに賛成したとしても、どのようにその目標に到達すべきであろうか。

貿易自由化を進めるための手段は、ここ20数年で劇的な変化があった。具体的には、多数の国が交渉に参加して一括の合意を目指す形の貿易自由化から、特定の国同士がペアないし少数のグループで貿易自由化を推進する形が主流となっている。本章では、前者を便宜的に「クラブ型」の貿易自由化、後者を「ネットワーク型」の貿易自由化と呼び、両者を比較しよう。

第1節　クラブ型の貿易自由化――WTOにおける貿易交渉

まずは、クラブ型の貿易自由化の特徴を説明しよう。クラブ型の貿易自由化は、関税及び貿易に関する一般協定（GATT）やそれを引き継いだ世界貿易機関（WTO）により行われてきた。

1　GATTにおける多国間貿易交渉とWTOの設立

第二次世界大戦後の1947年、戦前の保護貿易政策の蔓延により世界貿易が大きく縮小したことを踏まえ、各国の貿易障壁を取り除き、自由貿易の拡大と維持を目指す国際協定である、GATTが締結された（発効は1948年）。日本も1955年からGATTに加盟している。GATTのもとで、多数の国が「ラウンド」と呼ばれる多国間貿易協定を通じて貿易自由化を推進してきた。たとえば、1947年の第1回の交渉で4万5000品目の関税が引き下げられた。1964年から67年の第6回交渉（ケネディ・ラウンドと呼ばれる）では62カ国で平均35％の一括関税引き下げが行われ、アンチダンピングに関する協定も締結された。1973年から79年にかけて行われた東京ラウンド（第7回交渉）では、102カ国が平均33％の関税引き下げに合意するとともに、補助金や輸入手続きなどの非関税障壁に関する交渉も行われた。

1994年に124カ国もの国が参加し合意したウルグアイ・ラウンド（第8回交渉）はGATT

の集大成となり、モノの貿易に関する平均40％の関税引き下げに加え、サービス分野の貿易自由化や、知的所有権と貿易の関連、貿易に関わる投資措置に関する協定が合意された。また、それまでのラウンドで成果が上がっていなかった農産品の自由化が行われた。さらに、繊維製品の輸入数量制限を2005年に撤廃することが合意された。

暫定的な組織として運営されてきたGATTは、1995年に正式に世界貿易機関（WTO）に改組され、GATT時代に取り決められたルールが引き継がれるとともに、そのルールの拘束力が強化されている。

2 GATT・WTOの主な貿易ルール

GATT・WTOの参加国は、貿易政策に関していくつかのルールを遵守する必要がある。ここでは、貿易政策に関する「最恵国待遇の原則」、貿易に関わる国内政策に関する「内国民待遇の原則」、および関税の上限に関するルールを取り上げよう。

まず、最恵国待遇の原則（GATT第1条）は、異なる貿易相手国に対して異なる貿易政策をとることを禁じ、輸入元の国にかかわらず、同一品目の輸入には同一の関税を設定することを求める。たとえば、日本が輸入する自動車に対して、アメリカから輸入されるものとドイツから輸入されるものとで異なる関税率を設定することはできない。途上国からの輸入にだけ特別に関税を引き下げる制度など、いくつか例外はあるものの、最恵国待遇のもとでは原則として同じ貿易品に関して特定の参加国に対してだけ貿易を自由化することはできない。

内国民待遇の原則（GATT第3条）は、国内市場で販売される輸入品に対して課される内国税や国内規制は、国内産品に対するものと同一でなければならないという原則である。たとえば、国内産品と比較して輸入品により高い消費税を課すことはできない。最恵国待遇の原則が、いわば「外外差別」を許さないルールであるのに対し、内国民待遇の原則は「内外差別」を許さないルールである。たとえば輸入品に対してのみ高い消費税を賦課するなど、すでに国境を越えて国内で流通している段階で、外国製品の購入を不利にし、自国の製品の購入を意図的に促すような国内政策を行った場合には、内国民待遇違反となる。

さらに、GATT・WTOの加盟国は、譲許表（GATT第2条）と呼ばれるものを通じて個別の輸入品目に関する関税の上限（譲許税率と呼ばれる）を設定する必要があり、原則的にその上限を超えた関税を賦課することはできない。たとえば、日本は「イカのくん製」の輸入に対する譲許税率を10・5％に設定しており、10・5％以上に関税を引き上げることはできない。ただし、実際に適用する輸入関税率（実行税率と呼ばれる）を譲許税率よりも低く設定することはできるし、また現行の実行税率が譲許税率未満であれば、上限である譲許税率を超えない範囲内で、関税を上昇させることは可能である。実際、「イカのくん製」の実行税率は6・7％であり、10・5％までなら関税率を上昇させても、ルール違反とはならない。

こうした貿易ルールにより、特定の国との貿易が他国と平等な条件で行われることを保証され、ラウンド交渉による自由化の成果がすべての参加国に自動的に適用されることになる。また、約束された水準よりも関税が引き上げられることは防止され、国内市場においても輸入品は国内産品と同様の待遇を受けることができる。**こうした無差別な政策の適用と上限税率の設定は、輸入数量制限の撤廃や輸出補助金の制限などの他のルールと相まって、世界の貿易自由化の推進に多大な貢献を果たしてきた。**

3 加盟国の拡大と自由化推進のジレンマ

GATT・WTOを通じたクラブ型の貿易自由化は、①新たに参加資格を得た国をそのクラブに受け入れつつ、②クラブに加盟している多数の国でいっせいかつ無差別な自由化を行うことを通じて、自由貿易を推進する手段であるといえる。先進国を中心とした23カ国でスタートしたGATT・WTO体制は、参加国を順調に増やし、2020年4月時点で加盟国数は164にのぼる。いまや世界のほとんどの国がWTOという「貿易自由化クラブ」に参加し、世界貿易体制の維持と発展に必要不可欠な国際機関となっている。

しかし、GATT・WTOは参加国数の拡大という一方の目的を達成すればするほど、参加国間の貿易自由化を推進するというもう一方の目的が達成しにくくなるというジレンマを抱えている。GATT・WTOでは、ラウンド交渉を妥結するためには参加するすべての国がすべての分野について合意することが原則であった（一括受諾方式と呼ばれる）。しかし、経済の発展段階や産業構造などが大きく異なる国々により構成される現在のＷＴＯでは、すべての参加国が納得できる新たな合意を形成することが非常に困難となっている。実際、ＧＡＴＴのウルグアイ・ラウンドは合意に達することができたものの、１２４カ国が参加した大規模な貿易交渉であったため、スタートから合意に至るまで約8年もの期間を要していた。２００１年からスタートしたＷＴＯのドーハ・ラウンド（ドーハ開発アジェンダとも呼ばれる）の交渉は難航を極め、ついには一括合意を断念した。２０１３年に税関手続きの透明化などの貿易円滑化や農業部門、および途上国の開発部門で部分合意がなされ、15年には農産品に対する輸出補助金の撤廃が合意されるなど、分野ごとの進展は見られるものの、多数の分野にまたがる包括的な合意がなされる見通しは立っていない。

コラム　紛争解決機関としてのＷＴＯの役割

ＧＡＴＴ・ＷＴＯでは、貿易に関わる政策に関して国家間で紛争が生じた場合に、ＧＡＴＴ・ＷＴＯルールに即してどちらが正しいかを客観的に判断する「紛争解決手続き」が整備されている。特定の国がルール違反を犯していると疑われる場合、他国がその国を「提訴」し、ＧＡＴＴ・ＷＴＯが裁判所のようにシロかクロかを判断する。

とくにＷＴＯが成立してからは、第三国により構成される小委員会（パネル）や上級審にあたる上級委員会による判断に期限が設けられるなどルールが強化され、ＷＴＯを通じた紛争解決が多く行われるようになった。日本も１９９５年のＷＴＯ設立以降、２０２０年１月までに25件の紛争解決手続きへの訴えを起こしているが、その多くで日本の訴えが認められている。しかし、韓国による福島など8県産の水産物の輸入禁止措置を日本が問題視し、WTOに韓国を提訴していた事案に関しては、2019年4月に上級委員会で逆転敗訴した。

逆に、日本のルール違反が指摘されたケースもある。たとえば、輸入品が多いウイスキーなどの蒸留酒に対して、国産がほとんどである焼酎の酒税が低いことをヨーロッパ諸国が問題視し、日本をWTOに訴えた。結果、日本が敗訴したため、日本は酒税法を改正しウイスキーなどの税率を引き下げ、同時に焼酎の税率を引き上げた。ただし、日本が敗訴したからといって、悪いことばかりなわけではない。たとえば、鹿児島県の芋焼酎のように、税率の上昇により危機感を強めた酒造メーカーが品質向上とブランド化を進めたことが焼酎ブームにつながるなど、苦境を好機として企業努力が促された例もある(『日本経済新聞』2014年4月20日の記事より)。また消費者にとっては、外国産も含めた蒸留酒の競争が活発となり、より安価に蒸留酒を消費できるようになった。

WTOでのラウンド交渉が暗礁に乗り上げるなか、紛争解決手続きはルールに反する保護貿易政策の抑止力として引き続き重要な役割を担っている。しかし、トランプ政権下のアメリカが上級委員会を構成する特定の上級委員の再任に反対し、また新任委員の就任を拒否しているため、紛争解決手続きも形骸化の危機に瀕している。必ずしも自国にとって有利な判断がなされるとは限らないが、アメリカのような経済規模の大きい国とそうでない加盟国が同じ土俵に立ち、シロかクロかの判断を第三者に委ねられるのがWTOでの紛争解決手続きの大きな利点であり、必要な改革を進めつつ、その機能の維持に努めるべきである。

第2節　ネットワーク型の貿易自由化へ──急増するFTA

GATT・WTOでの交渉が難航していることを背景に、1990年代に入ってから地域貿易協定（RTA）と呼ばれる貿易協定の締結が急増し、「ネットワーク型」の貿易自由化が進行している。ネットワーク型の貿易自由化の特徴を、クラブ型と比較しつつ整理しよう。

1　地域貿易協定の分類と現状

RTAは、各国が特定の国との間のみで相互に貿易を自由化する貿易協定であり、大きく分類して、モノの貿易自由化に関する協定である自由貿易協定（FTA）や関税同盟（CU）、サービスの貿易自由化に関する経済統合協定（EIA）などがある。FTAとCUはともに締結国間で関税の撤廃などの貿易の自由化を行うものだが、FTAの参加国が非参加国に対して関税率を統一する必要がないのに対し、CUの参加国は統一する必要がある。たとえば、日本とメキシコがFTAを締結したとき、日本とメキシコは他国に対する自動車の輸入関税率を独自に設定できるが、CUである欧州連合（EU）のメンバーであるドイツやフランスは、非EU諸国からの自動車の輸入には同一の関税率を課さなければならない。また、多くのRTAが、モノとサービスの貿易を両方自由化する協定を同時に締結しており（すなわち、FTAとEIAを同時に締結する）、さらに投資の自由化や知的財産権の強

図9－1　世界のRTA締結数の推移

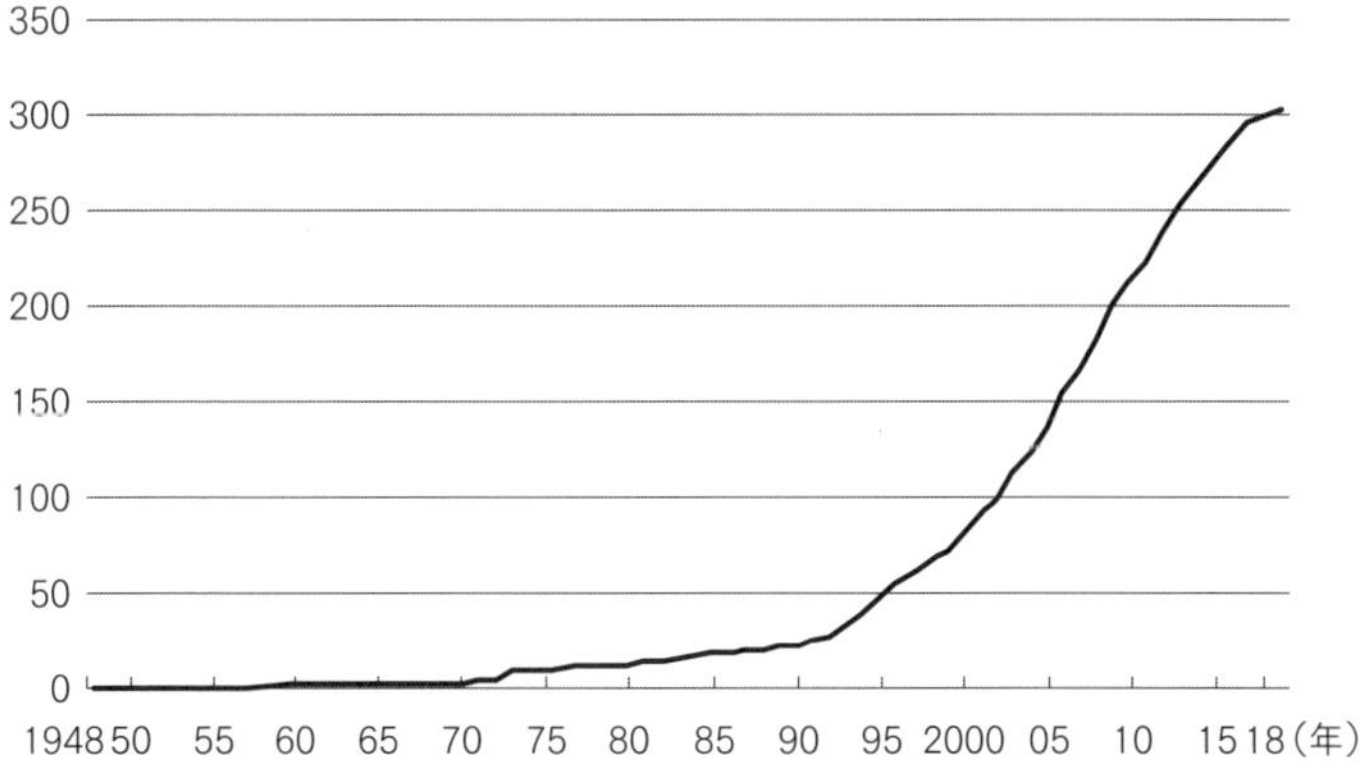

（出所）WTOウェブサイト。

化など、より広範な内容を含むことも多い。日本では、それらを総称して経済連携協定（EPA）と呼ぶことが多い[1]。

図9－1はRTAの締結数の推移を見たものであるが、1990年時点では世界で28にすぎなかったRTAの締結数は、2020年2月7日現在で304のRTAが締結され現存している（モノとサービスのRTAの同時締結による重複分を除いた数）[2]。なかでも自由貿易協定（FTA）の締結数が多く、モノの貿易の協定のうち、8割以上がFTAである。

日本も、2002年に発効したシンガポールとのFTAを皮切りに、18のFTAをすでに発効させている（表9－1参照）。国内で大きな議論がなされ、アメリカの離脱により11カ国によりTPP11として一部の国で発効した環太平洋パートナーシップ協定（TPP）も、モノの貿易自由化の部分はFTAに分類される。以下では、RTAの中でも主にFTAに注目して議論

表 9－1　日本がこれまでに締結した FTA（署名年月順）

	締結相手国・地域	FTA 署名年月	FTA 発効年月	利用率（2018 年）
1	シンガポール	2002 年　1 月	2002 年 11 月	4.8%
2	メキシコ	2004 年　9 月	2005 年　4 月	18.1%
3	マレーシア	2005 年 12 月	2006 年　7 月	14.3%
4	フィリピン	2006 年　9 月	2008 年 12 月	24.6%
5	チリ	2007 年　3 月	2007 年　9 月	23.5%
6	タイ	2007 年　4 月	2007 年 11 月	28.7%
7	ブルネイ	2007 年　6 月	2008 年　7 月	0.0%
8	インドネシア	2007 年　8 月	2008 年　7 月	19.3%
9	ASEAN（インドネシアを除く）	2008 年　4 月	2008 年 12 月	7.9%（2017 年）
10	ベトナム	2008 年 12 月	2009 年 10 月	35.0%
11	スイス	2009 年　2 月	2009 年　9 月	6.2%
12	インド	2011 年　2 月	2011 年　8 月	29.0%
13	ペルー	2011 年　5 月	2012 年　3 月	5.8%
14	オーストラリア	2014 年　7 月	2015 年　1 月	7.2%
15	モンゴル	2015 年　2 月	2016 年　6 月	48.7%
16	TPP	2016 年　2 月	未発効	—
17	TPP11	2018 年　3 月	2018 年 12 月（一部の国）	—
18	EU	2018 年　7 月	2019 年　2 月	—

（注）2020 年 1 月時点で発効しているもの。
（出所）政府資料，ジェトロ貿易投資報告書より筆者作成。

を進めよう。

2 FTAによる自由化の特徴

前節で説明したように、WTOの加盟国である以上、各国は最恵国待遇の原則により特定の国からの輸入にだけ特別に関税を引き下げることはできない。しかし、RTAは最恵国待遇の原則の例外として、一定の条件のもとで締結することが認められている。具体的には、モノの貿易を自由化するRTAは、WTOにも引き継がれているGATT第24条のルールのもと、「締結国間の実質上すべての貿易について貿易障壁を妥当な期間内に撤廃」し、かつ「非締結国に対する貿易障壁の水準を締結前よりも強くしてはならない」という条件で、締結が認められている。サービス分野のRTA、すなわちEIAに関しても、類似の条件が定められている（サービスの貿易に関する一般協定〔GATS〕第5条に条件が規定されている）。

コラム　TPPなどの貿易協定が主導するサービス貿易の自由化

モノの貿易の自由化は第二次世界大戦後から、GATTにおける多国間交渉（ラウンド交渉）を通じて進められてきた。一方、サービス貿易に関して自由化を進め国際的規律を形成しようとする動きはモノの自由化よりも進度が遅い。

第5章で説明したように、GATSにおいては、サービス貿易の形態を定めるのみならず、サービス貿易に関して各国が守るべきルールを規定している。ＧＡＴＳは最恵国待遇やサービス貿易に関する法律や規則の公表により透明性を確保することについてはすべてのサービス分野の貿易で守るべき義務としている。しかし、内国民待遇や、サービス提供者の数や雇用者数などに関する制限を取り除き市場アクセスを確保することに関しては、各国が自由化の約束を行う分野として約束表に記載した場合のみ義務が生じるポジティブ・リスト方式を採用している。そのため、各国が積極的に自由化する意思がない限り約束表に記載されず、自由化のレベルが全体として低いものになってしまっている。

一方、各国はＥＩＡを通じたサービス貿易の自由化やルール作りに取り組んでいる。たとえば、ＴＰＰに合意した際には、ＧＡＴＳのポジティブ・リスト方式ではなく、「リストに記載しなければ自由化を約束する」ネガティブ・リスト方式を採用したり、自由化を行わず現行措置を維持する場合は現行措置よりも制限的な措置をしない義務を負わせるスタンド・スティルを導入したりするなど、ＧＡＴＳよりも自由化度が高い一歩進んだ取り組みを行っている。こうした特定の国同士で達成された一歩進んだ自由化の成果を、他国と締結する新たな貿易協定のモデルケースとしつつ、ＷＴＯにおける多国間合意の足がかりにすることが必要である。

160カ国を超える多数の参加国の合意が必要なＷＴＯにおけるラウンド交渉や、非締結国に対する関税率を統一する必要があるＣＵの締結と異なり、ＦＴＡの締結による貿易自由化は、最低でも2国間で自由化の内容の合意ができれば実施できるため、柔軟に自由化を進めることができる。また、非締結国に対する貿易政策は各々の国が独自に行えるため、各国は新しいＦＴＡを、既存のＦＴＡのほかにいくつも締結することができる。たとえば、日本は2004年にメキシコとのFTAを締結したが、その際に2001年にFTAを締結しているシンガポールの同意を得る必要はない。逆にメキシコやシンガポールも、日本の意向とは無関係に他国と新たなFTAを締結することができる。このような貿易自由化は、あたかもソーシャル・ネットワーキング・サービス（SNS）において個人間が「友だちの承認」によりつながりを持ち、多数の個人間のつながりが全体として巨大な規模のネットワークに広がる現象になぞらえることができる。

FTAを通じたネットワーク型の自由貿易の拡大は、WTO交渉が難航する中で世界の貿易自由化を進めるための代替手段となり、保護貿易政策の蔓延に歯止めをかけ世界の自由貿易体制の確立に向けて大きな役割を担う有力な手段である。たとえば、1960年から2000年までのデータを用いたスコット・バイヤーとジェフリー・バーグストランドによる実証研究によれば、同時期のFTA締結により、締結国間の貿易は、締結後10年間で平均2倍になったという。[3] FTAやCUといったRTAの締結により締結国間の貿易が増加する効果を「貿易創出効果」という。

また、WTO交渉では外国が輸入関税を引き下げれば、自国を含めたすべての加盟国が等しくその自由化の恩恵を受けるが、FTAによる自由化の場合には、関税が下げられるのはFTA締結国に対してだけなので、FTA締結国間ではWTO交渉よりも大きな貿易拡大効果が期待できる。たとえば、マルコ・ファガッツァとアラン・マクラーレンは、ペルー企業の他の南米諸国への輸出増加分のうち20％は、南米諸国がペルーからの輸入に適用する関税率が、FTAにより他国よりも低いことに起因することを実証的に示している。[4] ネットワーク型の貿易自由化の方が、クラブ型よりも締結国同士のつながりが強くなる傾向があるわけである。

ＦＴＡを通じたネットワーク型の貿易自由化は、ＷＴＯにおける大規模な貿易自由化交渉が停滞するなか、近年の自由貿易体制の拡大と深化に大きな役割を果たしてきた。ＷＴＯ加盟国（２０２０年4月現在）の中で、唯一どの国ともＲＴＡを締結していなかったモンゴルも、２０１５年に日本とのＦＴＡを締結し、16年に発効している。

しかし、ネットワーク型の自由貿易の推進は、合意がしやすいという利点がある一方で、いくつか注意すべき問題を内包している。以下では、ＦＴＡによる自由化の注意点や課題について取り上げていこう。

第3節 貿易における二重国籍問題——原産地規則とは何か

ＦＴＡを通じた相互の輸入関税の引き下げによって、貿易がより自由化されているのは確かである。しかし、ＦＴＡによる貿易自由化には複雑な条件が付随しており、期待される貿易拡大効果を伴わない見せかけの自由化となってしまうことがある。その大きな原因が、「原産地規則」と呼ばれるルールの存在である。

1 原産地規則による迂回貿易の阻止

FTAは締結相手国に限って特別に関税を引き下げる協定であるが、FTA締結国間で行われる貿易のすべてが自由化の対象になるわけではない。たとえば、革製バッグの輸入に日本はその種類に応じて8~16%の関税を課しているが、メキシコとのFTAにより、メキシコ製の革バッグは無税で輸入されることになる。ここで、自由化されるのはメキシコ製のバッグであって、メキシコから輸入されたとしてもメキシコ製でない場合は関税が賦課される。メキシコから日本に届いたバッグが実はアメリカ製だったとしたら、メキシコからの輸入であっても関税は無税とはならないのだ。

原産地規則が設けられる理由は、迂回貿易による低関税のタダ乗りを防ぐためである。たとえば、メキシコはアメリカとのFTAによって、アメリカ製の革バッグの輸入を自由化している。したがって、もしも原産地規則がなければ、日本とメキシコとのFTAにより、アメリカ製の革バッグがメキシコを経由して無税で日本に輸入されることになる。いわば、アメリカの革バッグ製造者は、日本とメキシコのFTAにフリーライド（タダ乗り）するわけである。実際、メキシコは2019年現在46カ国とFTAを締結する「FTA先進国」であるため、アメリカ以外の多数の国からの革バッグも同様に無税になってしまう。

特定の人と友だちになると、友だちの友だちへ、さらに友だちの友だちのその友だちへと情報が自動的に公開されるようなシステムを持つSNSを仮想してみてほしい。ネットワークによるつながりを増やすという意味ではそのようなシステムは有効に思えるが、実際には情報の拡散をおそれてサイトを利用しないか、利用したとしても友だち申請は行いづらいだろう。自由化の恩恵がFTAのネットワークを通じて他国にも広がること自体は必ずしも悪いことではないが、迂回貿易を認めてしまうと、日本はメキシコとFTA交渉する際に、メキシコがFTAを締結している（あるいはこれから締結することが予想される）他国からの輸入に対して実質的に自由化することを考慮しなければならなくなる。そのため、FTAの締結に慎重になってしまい、自由化の機動性が高いというFTAのメリットが失われてしまう。

FTAの原産地規則は、SNSにおいて直接つながっている友だち同士に情報の共有を限定するしくみに対応する。すなわち、FTAにより無税となる革バッグをメキシコ製に限定すれば、迂回貿易の問題は生じないため、第三国による迂回貿易をブロックすることができる。しかし、今度は「メキシコ製である」ことをどのように認定するのかという新たな問題が生じる。貿易品の「国籍」は、どのように決めたら良いだろうか。ヒトの国籍の選択の場合にも手続きが煩雑な場合がある中で、ましてやモノの国籍となるとなおさら難しい。たとえば、革バッグがメキシコ国内で完成品として製造されたとしても、それまでの工程のほとんどがメキシコ国外で行われ、その材料のほとんどが外国製であったとしたら、果たしてその革バッグがメキシコ産といえるだろうか。

原産地規則は、特定の製品の生産地がFTAの締結相手国であること、いわば貿易品の「国籍」を認定するためのルールを定めている。具体的には、材料や部品など輸入された中間財と、輸入中間財を用いて生産される輸出財について、関税番号（貿易される商品を分類するための番号）が一定の基準で変更された場合（関税番号変更基準）や、輸出国で一定割合の付加価値を加えられた場合（付加価値基準）、あるいは特定の加工をされた場合（加工工程基準）に、当該輸出品は輸出国原産であると認められる。たとえば、メキシコが革自体をアメリカから輸入し、それを革バッグにして日本に輸出する場合、輸入品の革と輸出品の革バッグとで関税番号が変更されることになるが、その変更の程度が一定基準に達した場合にはその革バッグは無税で日本に輸出できる。関税番号が十分に変更されるためには、輸出国内で一定以上の生産活動を行う必要がある。付加価値基準や加工工程基準は、必要な生産活動の規模や範囲をより明確に指定するものである。

　原産地規則の設定は、非締結国からの迂回輸出を防ぐためにはFTAの締結に欠かせないものとされ、世界のすべてのFTAでは個別に原産地規則が定められている。しかし、ガブリエル・フェルバーマイヤーらの研究によると、世界全体のFTA締結国間の貿易のうち品目レベルで測った86％については、原産地規則が存在しなくても迂回貿易は利益を生まないという。[5] これは、多くのFTAについて域外関税の差が小さいため、輸送費の存在により、迂回貿易のメリットよりもコストが大きいからである。

　迂回輸出を防ぐという大義名分があっても、厳しい原産地規則が設定されると、さまざまな副作用を生んでしまう。以下の二つの項では、原産地規則により生じる問題点をより具体的に説明しよう。

2　高コストの国内生産への転換——生産ネットワークの分断

原産地規則は、関税面での優遇を受ける条件として、国内での十分な加工や国産あるいはFTA締結相手国で生産された中間財の使用を輸出者に要求するものである。すなわち、域内の部品や中間財が域外で生産されたものよりも価格が高かったり質が劣っていたりしたとしても、FTAの優遇税率を利用して輸出するために、域内で生産されたものを一定量投入する必要がある。その結果、輸出品の生産者は優遇税率の適用を受けるために、それまでに海外拠点やアウトソーシングなどを通じて行っていた効率的な部品・中間財の調達ができなくなり、結果として生産コストが上昇しかねない。その場合、関税の引き下げによるメリットは、生産コストの上昇というデメリットにより、減殺されてしまう。パオラ・コンコーニらの実証研究によれば、アメリカ・カナダ・メキシコのFTAである北米自由貿易協定（NAFTA）の原産地規則は、NAFTA域内外の生産ネットワークを分断し、メキシコの域外国からの中間財の輸入を17~122%も下落させたという。原産地規則は中間財の貿易に大きな影響を与えるのである。[6]

こうした自国製品を優先的に購入することを義務づけることは、本来はWTOのルールに違反するものである。[7] たとえば、2009年に成立したアメリカの景気対策法において「バイ・アメリカン（Buy American）条項」が盛り込まれ、特定の公共事業に関してアメリカ製の部品や製品の購入を義務づけているが、「国際的な合意に沿って運用する」との文言が付け加えられており、過度な国産品優遇には歯止めがかけられている。しかし、原産地規則による国内調達の要求は、FTAの締結に不可欠ないわば必要悪ともいえるものであり、現状のWTOルールでは過度の域内調達の要求を防止することができない。

FTAネットワークが拡大するほど、個々のFTAの原産地規則を満たすことを目的とした、非効率な国内での部品・中間財の調達や加工が増えていく。その結果、企業が自助努力により国境を越えて構築していた効率的な生産ネットワークが分断されてしまうおそれがある。こうした生産ネットワークを構築できる企業は、生産性が高いなど、パフォーマンスが良い傾向にあるため、原産地規則はより良いパフォーマンスを発揮する企業ほど大きな負担となってしまうおそれがある。生産ネットワークの分断と企業の生産立地点の変化を分析した筆者の研究によれば、比較的厳しい原産地規則が課されたFTAの締結は、生産効率の低下を通じて世界の厚生を引き下げるおそれがある。[8]

ジャグディシュ・バグワティは、原産地規則により生産ネットワークが分断され、各々のFTAで非効率な部品の調達や生産が行われることを、「スパゲッティ・ボウル現象」と呼んだ。トランプ政権下で、NAFTAは再交渉によりアメリカ・メキシコ・カナダ協定（USMCA）となり、自動車の原産地規則が大幅に強化されており、生産ネットワークの分断はますます大きくなると予想される。

3 低関税の適用を辞退――FTAを利用しないという選択肢

FTA域内の貿易に関して実際に有利な関税が適用されるためには、原産地規則に基づいて貿易品の原産地がＦＴＡ域内であることを証明する必要がある。その証明コストは基本的に輸出者が負担する。そのコストには、原産地証明書の発行主体への登録料や、文書の作成コスト、あるいは前項で説明した部品・中間財の調達先変更によるコスト増などが含まれる。たとえば、東南アジア諸国連合（ＡＳＥＡＮ）諸国のＦＴＡについて原産地規則のコストを推計したオリビエ・キャドットとリリ・ヤン・イングの研究によれば、原産地規則のコストは関税換算で約３・４％だという。[9] ＡＳＥＡＮ諸国の原産地規則が他のＦＴＡと比較しても厳しくないことを考えると、他のＦＴＡの関税換算値はもっと大きいと予想される。

そのため、実際にＦＴＡを「利用」して無税ないし低関税で輸出するかどうかは、輸出者の判断に委ねられる。原産地証明のコスト負担によるデメリットが優遇関税の適用によるメリットを上回るならば、その輸出者はあえて原産地を証明せずに、非締結国と同様の関税率が適用されることを選ぶだろう。すなわち、ＦＴＡにより貿易のコストが実際に下がり、貿易が拡大するかどうかは、輸出者の選択次第なのである。

第2節**1**の表９－１には、日本の輸入に関するＦＴＡの利用率（＝ＦＴＡ利用額÷総輸入額）が記されている。２０１８年時点で一番利用率が高いモンゴルとのＦＴＡでも利用率は48・７％にすぎない。[10] 日本貿易振興機構のアンケート調査によれば、日本が締結しているＦＴＡを利用して輸出している企業の割合は4割程度にすぎず、とくに中小企業での利用率が低いことがわかる（図９－２参照）。

ＦＴＡの締結により見かけ上は貿易が無税になったとしても、企業がそれを利用しないのであれば、

図9－2　FTAを利用している企業の割合

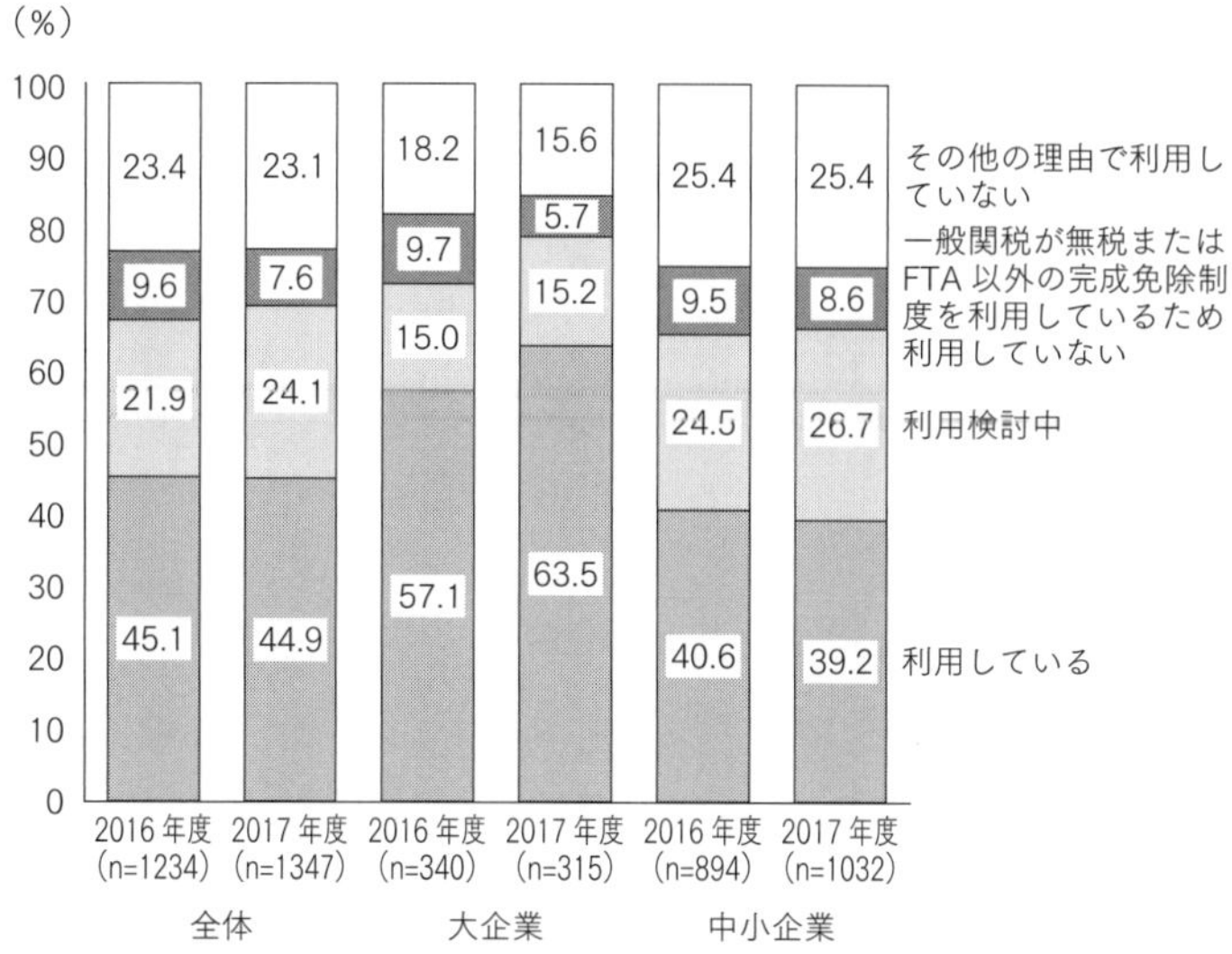

（注）　母数は，対象国・地域のいずれか1つ以上に輸出を行っている企業数。
（出所）　日本貿易振興機構『ジェトロ世界貿易投資報告 2018年版』。

実際の自由化の効果は限定される。

日本のFTAのデータを用いた早川和伸らの研究によれば、原産地規則を満たすためには、中間財の調整コストは製造原価の2%程度の可変費用の増加と、また8%程度の追加的固定費がかかっている。もしも、中間財調整コストを撤廃するか、あるいは追加的固定費を半減させることができれば、FTAの利用率は中位数で測って20%ほど上昇するという。[11]

コラム　関税は下げるが輸入量は増やさない?――関税割当とセーフガード

FTAによる貿易自由化が見せかけになる理由は、原産地規則によりFTAが利用されないこと以外にもある。貿易協定の締結で関税を引き下げる際には、一律の引き下げではなく、「関税割当」枠を設定するケースが多い。第7章でも説明したように、関税割当とは、一定の輸入数量（割当枠）までは無税ないし低い一次税率を適用し、その枠を超えた輸入には高い二次税率を適用するしくみである。低い一次税率が適用される割当枠が大きく設定されていればよいが、現実には輸入実績よりも低い水準で設定されている。

たとえば、日本とオーストラリアとのＦＴＡ（日豪ＦＴＡ）では、ナチュラルチーズ（シュレッドチーズ原料用）の輸入に年間１０００トンの無税枠が設定され、ＦＴＡ発効後の10年間で５０００トンまで拡大することになっている。しかし、２０１８年度のオーストラリアからのナチュラルチーズの輸入実績は、約２万４５８６トンに達している。つまり、日豪ＦＴＡを締結したあとも、大部分の輸入には現行と同じ29・8％の二次税率が適用されたままとなる。

二次税率が適用された輸入品が高価格のままである以上、関税割当による自由化をしても、消費者向けの価格は大きくは下がらない。同じ輸入品が二次税率による高い価格で販売されるなら、低い一次税率で輸入した輸入業者も販売価格をできるだけ高く維持しようとするからである。[12] 極端な場合、二次税率で輸入されたものと同じ価格で販売され、関税引き下げ分は輸入業者か外国の輸出者の利益となるだけで、消費者にはまったく還元されなくなってしまう。

また、輸入関税削減の条件として、輸入国が「特別セーフガード」を発動することを認める場合も、関税割当のケースと同じ状況が生じる。特別セーフガードとは、輸入量があらかじめ決められた発動基準量を超えた場合、自動的に関税率を削減前の水準に戻す措置である。日豪ＦＴＡでは、日本は牛肉の関税率を段階的に削減することになったが、特別セーフガードの発動が組み込まれている。問題は、その発動基準となる輸入量の水準を、関税削減前のオーストラリアからの牛肉の輸入実績量に設定していることである。つまり、輸入を増やすべく関税を削減するはずが、輸入量が現行の水準よりも少しでも増えたならすぐに関税を元に戻して輸入の増加に歯止めをかけるという、本末転倒なものになっている。言い換えれば、輸入を促進したように見せかけて、実質的には輸入量を増やさない「マッチポンプ型」の自由化であり、消費者に利益をもたらさなくなってしまう。

4　関税が上がらなくても輸入が減る？──関税率の相対的な上昇

ここまでは、FTAの締結による域内貿易の自由化が見せかけで実体を伴わないものになってしまうおそれがあることを述べてきた。域外国、すなわちFTAの非締結国に与える影響はどうであろうか。言い換えれば、「FTAを結ばないこと」は、その国にどんな影響があるのだろうか。

WTOのルールにより、FTAを締結する際、締結国が非締結国に対する関税等の貿易障壁を引き上げることは許されない。したがって、非締結国に対する待遇を締結前の状態に保ちつつ、締結国間で自由化を進めることは、見かけ上は域外国にとって無害のように見える。

しかし実際には、FTAの締結は域外国に対する貿易障壁を実質的に上昇させてしまうおそれがある。たとえば、アメリカは乗用車の輸入に2・5％の関税をかけているが、韓国とのFTA締結により韓国車は無税で輸入される。韓国車と日本車はアメリカ市場で競合関係にあるため、日本車に適用される関税率が2・5％のままでも、価格面で相対的に不利になった日本車のアメリカへの輸出は減少する。同様のことは、FTAだけでなくCUでも生じる。RTAの締結により域内国との貿易が増加する代わりに、域外国からの輸入が減少する効果を「貿易転換効果」という。仮に日本車の方が韓国車よりも低コストで生産され、品質等の競争力で韓国車を上回っていたとしても、米韓FTAの締結による相対的な関税率の上昇が日本車の競争力を奪ってしまう。輸入国であるアメリカにとっても、関税差により相対的に低コストで生産され品質が高い製品の輸入が減ることは、アメリカの厚生にマイナスの影響を与えるおそれがある。貿易政策で「ひいき」することが、貿易パターンを歪めてしまうわけである。

日本車の輸出量が元の水準を保つためには、アメリカの乗用車の関税率が2・5％からある程度下げられなければならない。すなわち、**名目的な関税率が変わらなくても、日本企業が直面する貿易障壁は実質的には上昇しているわけである。この実質的な関税率の上昇効果は、他国がFTAを締結すればするほど大きくなる。**

マルコ・ファガッツァとアレクサンドロ・ニキータは、FTAなどの特恵的な貿易自由化が輸出に与える影響に関して、「絶対的な関税率の変化による効果」と「相対的な関税率の変化による効果」に分解する研究を行っている。[13] 図9－3はその結果をグラフにしたものである。2000年から2009年にかけて、外国の自主的な関税引き下げや、11カ国・地域とのFTAの締結により、日本の輸出に課される外国の関税率は絶対的に下落した。それにより日本の輸出は平均して0・72％上昇して

図9－3　関税の相対的変化（2000～09年の変化率）

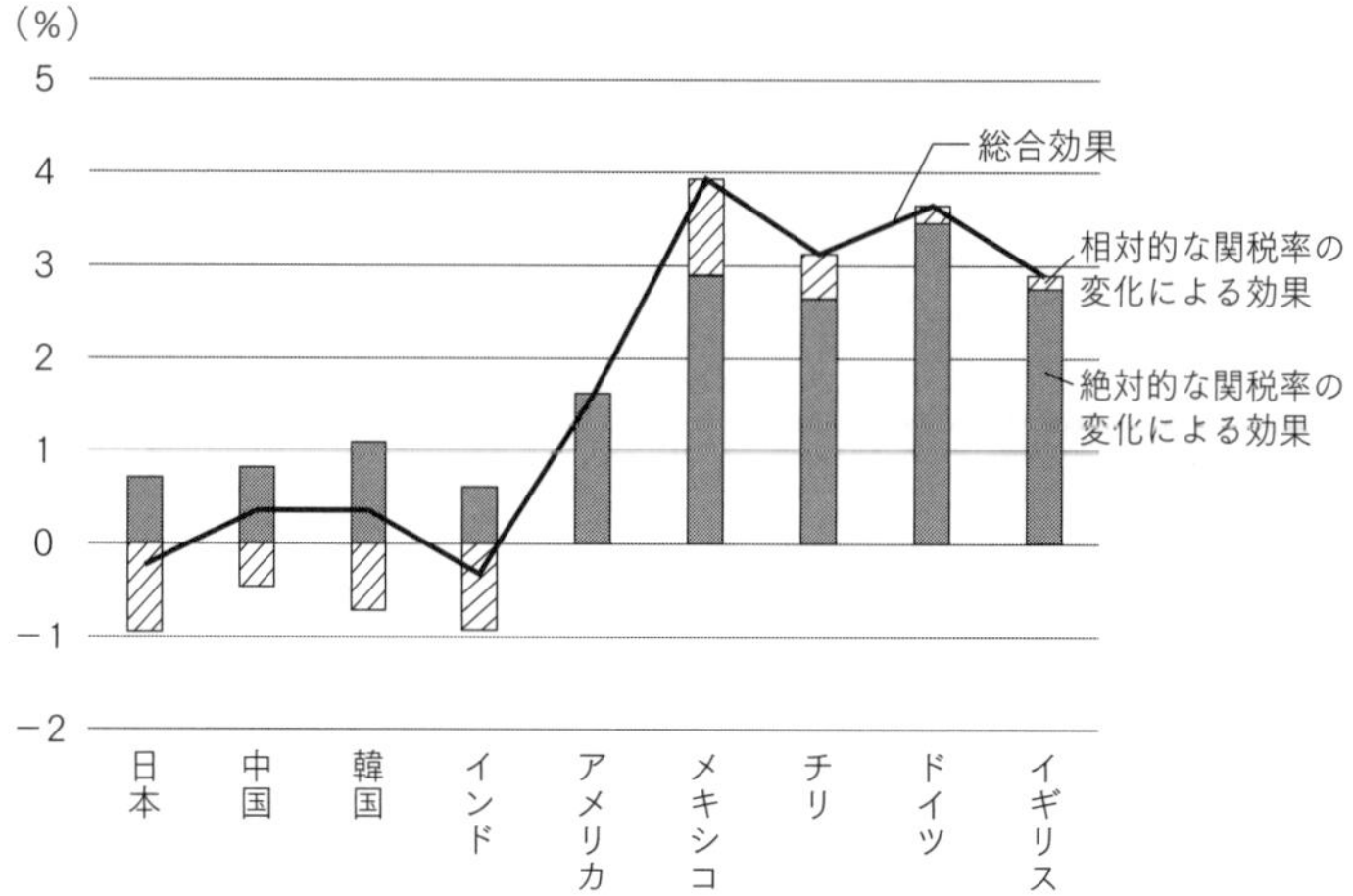

（出所）Fugazza and Nicita（2013）のデータを用いて筆者作成。

いる。

しかし，同時期に他国は日本を上回るスピード・範囲でFTAを締結しており，またFTAと同様に域内のモノの貿易を自由化するCUに分類される欧州連合（EU）が，新規加盟による拡大を続けているため，他国の輸出に適用される関税率は日本以上に下がっている。その結果，日本の輸出に適用される関税率は相対的に上がっており，輸出を0・94％（金額にすると約5000億円）減少させる。結果的に，日本自身がFTAを締結したにもかかわらず，世界的なFTAの活発化は日本の輸出を全体で0・22％減らしてしまっている。この推計値は関税のみに焦点を絞ったものであるが，非関税障壁の引き下げも含めて考えれば，その影響はより大きなものになるだろう。

同様の傾向は，FTAの締結が日本と同様に遅れていた中国や韓国、あるいはインドなどのアジア地域の国々でも見られる。その一方で、アメリカは相対的な関税率の変化の影響をほとんど受けておらず（マイナス0・01％）、絶対的な関税率の引き下げ効果がそのまま輸出の増加に結びついている。この時期にEUとのものを含め多数のFTAを締結したメキシコやチリは、絶対的のみならず相対的にも関税率の低下を実現し、大きく輸出を増加させている。ドイツやイギリスなどのEU諸国も同様である。

相対的な関税率の上昇による貿易転換効果は、それにより不利益を受ける非締結国が不利益を解消すべく新たなFTAを締結することにつながるため、FTAネットワークの拡大に貢献する面がある。リチャード・ボールドウィンは、FTA競争に取り残されることの不利益を回避するために、FTAが連鎖的に締結される現象を「ドミノ効果」と呼んだ。自由貿易ネットワークに乗り遅れてしまうというおそれが、ネットワークの構築と拡大の原動力となっている。FTAを通じて各国が「自由貿易の利益を奪い合っている」のである。しかし、中長期的にネットワークが拡大していくとしても、すべての国が自由貿易ネットワークでつながれる状況に至らない限り、ネットワーク外の国に損失をもたらしかねないことに留意しなければならない。

第4節　貿易自由化の第三の波?――プルリ協定とは何か

WTOによるクラブ型の貿易自由化は、最恵国待遇の原則により各国が160を超えるすべての加盟国に対して平等に貿易が自由化されるという点で、望ましい。しかし、参加国が多いほど、合意することが困難であるという課題を抱えている。一方、FTAによるネットワーク型の貿易自由化は、合意がしやすく、ドミノ効果によってネットワークが自己増殖的に拡大していくことに利点があるが、最恵国待遇の原則を満たさないために、原産地規則による追加的費用やそれによるFTAの非利用、あるいは相対的な関税率の上昇による貿易転換効果が非締結国に損失を与えてしまうといった、さまざまな副作用を伴ってしまう。

そこで、最恵国待遇の原則を保持しつつ、かつ一部の合意のみで貿易自由化を達成する手段として、「プルリ協定」と呼ばれる貿易協定が注目されている。プルリ協定は、任意の複数国間による協定(plurilateral agreement) のことを指し、特定の分野の自由化に関して協定を締結し、締結国のみが自由化を行うものである。ここで重要なのは、**自由化は最恵国待遇ベースで行われるため、合意した一部の国が実施する自由化が、合意していない協定外の国にも適用されるということである。**プルリ協定は、不参加国にも無償で自由化の恩恵を与える、いわば「ボランティア型」の自由化であるといえる。

RTAとの違いを、図9-4で説明しよう。RTAの場合は、たとえば日本とアメリカがFTAを締結してお互いの輸入関税を撤廃したとしても、日本とアメリカのブラジルに対する関税率は賦課されたままである。一方、プルリ協定の場合、たとえば日本とアメリカが情報技術（IT）関連の製品に関して自由化に合意したら、日本とアメリカとの間だけIT関連製品の輸入関税がゼロになるだけでなく、協定外のブラジルからのIT製品の輸入関税もゼロになる。ブラジルは協定に入っていない

図9－4　RTAとプルリ協定の違い

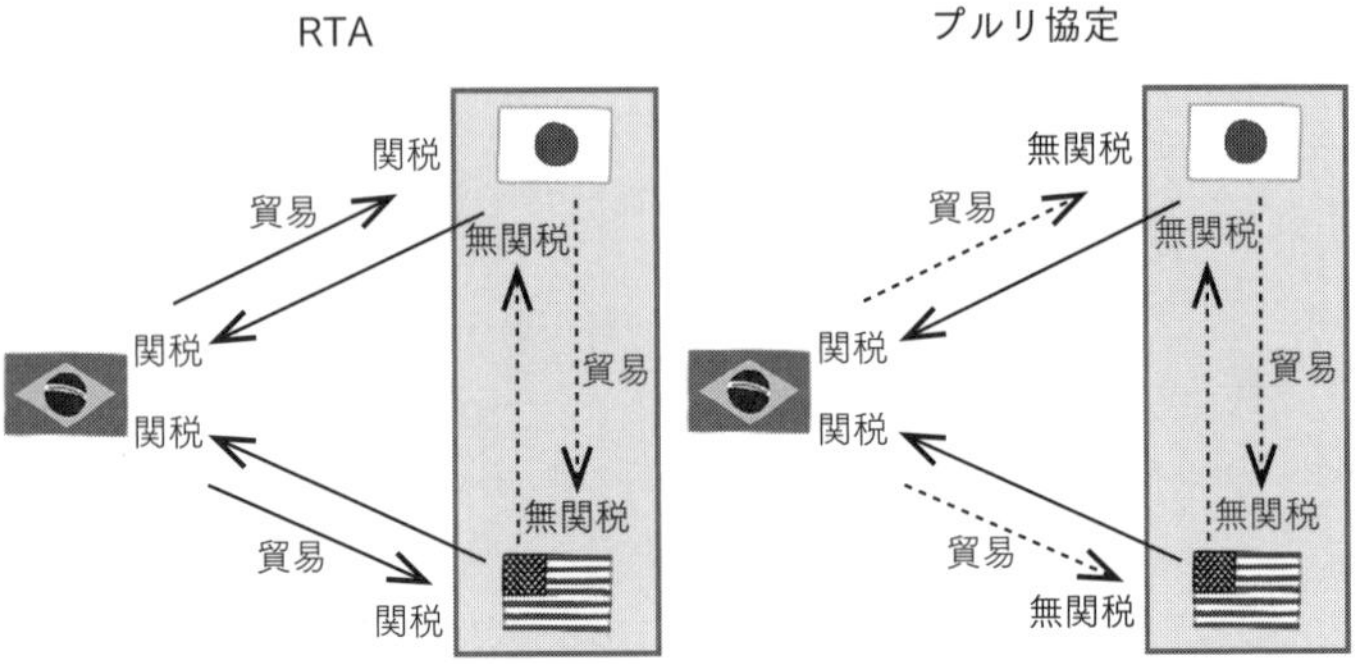

ため、自身のIT製品に対する輸入関税はゼロにならない。

プルリ協定は、平等な自由化というクラブ型の利点と合意スピードの速さというネットワーク型の利点の双方を含んでいるため、新たな貿易自由化の手法として注目されている。実際、WTO加盟国の一部は1997年にパソコンやスマートフォンなどIT製品の関税を無税にする情報技術協定（ITA）を締結し、2020年1月時点でWTO加盟国の半数である82カ国がITAに参加し、対象となるIT製品も徐々に拡大している。WTOでは、サービス分野に関するTiSAと呼ばれるプルリ協定や、環境に良い製品の関税を引き下げる環境物品協定と呼ばれるプルリ協定が交渉されている。

多数の国で不平等を生まずに貿易を自由化できるプルリ協定は魅力的だが、課題もある。まず、特定の分野を絞った交渉になるため、WTOやRTAのように分野をまたいだ包括的な自由化が行われるわけではない。したがって、その効果も限定的となってしまう。また、協定に参加しない国にも自由化が適用されるため、不参加国のフリーライド（タダ乗り）問題を招く。

すなわち、他国の自由化にフリーライドしたい、あるいは他国にフリーライドされることを避けたいという理由から、協定への参加国が限られてしまうおそれがある。実際、サービス分野のTiSA交渉では不参加国に対して自由化を適用しない案も出ており、WTOの一部の国で結ばれている政府調達協定（政府調達に関して、外国企業ないし外国製品の調達に関する制限を取り除く協定）は、非参加国には自由化を適用しない、いわば分野特定型RTAというべきものになっている。参加国の当該分野の貿易額の合計が、世界貿易のうち一定割合以上を超えないと協定が発効しないなど、発効条件を工夫しないと、自由化に消極的な国のフリーライドが蔓延し、多数の国を巻き込んだ自由化は達成できないかもしれない。

おわりに――自由化のスピードと広域性の両立を、「ミニFTA」から「メガFTA」へ

本章では、貿易自由化の推進を前提としたとき、どのような手段で自由化することが望ましいかを考えてきた。ドーハ・ラウンドをはじめとしたWTO交渉による大規模なクラブ型の貿易自由化が順調に行われるのであれば、それがベストな手段である。しかし、現実には、多数のメンバーを抱えるがゆえに一括した合意が困難であるWTOで貿易自由化を進めることは相当難しい。WTOには、紛争解決という重要な役割もあるが、アメリカにより上級委員の再任が妨げられているため、今後ますます形骸化してしまうおそれがある。

一方、FTAをはじめとしたRTAによるネットワーク型の貿易自由化は、自由貿易体制を急速かつ連鎖的に拡大することができる点で、優れている。しかしその一方で、自由化の手段として多くの欠点もある。具体的には、原産地規則により効率的な生産ネットワークが分断され、不必要に生産コストが上昇してしまうかもしれない。また、低関税を利用しない輸出企業が発生したり、関税割当や特別セーフガードが適用されたりすることにより、実体を伴わない見せかけの自由化になってしまうかもしれない。

FTAによるネットワーク型の貿易協定が世界各国の貿易自由化の主軸となる流れはしばらく止まりそうになく、FTAに問題点があるからといって「そもそもFTAを結ぶべきか否か」を議論することは現実的ではない。むしろ、さまざまな副作用を生む「悪いFTA」を「良いFTA」にしていくことが肝要である。まずは、各FTAで原産地規則を簡素化し、また関税割当やセーフガードによる「マッチポンプ型自由化」を回避することが必要である。あるいは、合意スピードの速さという点では2国間のFTAにアドバンテージがあるが、ここまでFTAネットワークが世界で拡大している現在では、むしろ既存のFTAを内包しつつ、比較的多数の国を含んだFTA、すなわち「メガFTA」の締結を重視した通商戦略に舵をきることも重要である。

多くの国が参加するTPPのようなメガFTAであれば、より多くの国に同一の自由化が適用され、貿易転換効果が生じにくくなる。また、原産地規則を満たす負担も軽減され生産ネットワークを分断する効果も小さくなる。日本とASEANとのFTAでは、たとえばASEAN諸国のタイが国内で生産したものを日本へFTAを利用して輸出するとき、他のASEAN諸国が原産の部品・中間財を使ったとしても、その部分は域内原産として認める規定がある（これを原産地規則の〔多国間〕累積規定という）。2国間のFTAの乱立がスパゲッティ・ボウル現象を生むのに対し、メガFTAは広い範囲で統一された生地でピザを作るようなものである。メガFTAを他の既存のFTAを内包する形で結び、より自由化が進んでいるFTAにメガFTAの自由化水準を合わせることが、「FTAの質の低下」を防ぐことにもつながる。

一方で、WTOほど規模が大きくないものの、メガFTAはネットワーク型というよりは「ミニ・クラブ型」の自由化であるといえる。そのため、やはり大きくなればなるほど合意が難しくなるという側面がある。このとき、同時にプルリ協定により分野ごとに無差別かつ広範な自由化を行っておけば、それがデファクト・スタンダードとしてメガFTAでも採用され、個別のFTAごとにルールや自由化の水準がバラバラになることを避けることができるかもしれない。21世紀の貿易自由化を論じるためには、貿易自由化のメリットを高めるのみならず、さまざまな貿易自由化の手段を比較検討し、より良い自由化のあり方を模索すべきである。

終　章

自由貿易との向き合い方

●はじめに——貿易の是非を問い直す

これまで本書では、世界貿易の現状、自由貿易がもたらすさまざまな影響、および貿易政策の効果を考察してきた。中間財貿易の拡大、サービス貿易やデジタル貿易の増加など、国家間の貿易は日々変化を続けている。一方、政策面では自由貿易のマイナス面が強調され、外国からの輸入に対する防衛手段として保護貿易政策が蔓延している。各国が苦労を重ねながらも構築してきた自由貿易体制は、いま岐路に立たされている。

市場の役割を重視する経済学者は、さまざまな貿易モデルを用いながら、古くから自由貿易のメリットを説き、その必要性を主張してきた。一方、自由貿易を批判する人々の多くは、経済理論が設定とするさまざまな仮定の現実妥当性を問題視し、「机上の空論」とみなすことによりその主張を突き放してきた。しばしば前者を主張するものは自由主義者ないし市場原理主義者、後者を主張するものは保護主義者ないし重商主義者と二分化され、あたかも両者には共通項がないかのように扱われてきた。しかし、現代の貿易問題に関する議論を、イデオロギー対立のように捉えるべきではない。

比較優位の原理に代表される、経済学（貿易理論）の伝統的な教義は引き続き重要である。しかし、実証分析の蓄積とそれに伴う貿易理論の発展により、現代の経済学は自由貿易のメリットだけでなくさまざまなデメリットを考慮したものへと進化している。すなわち、現代の貿易理論は、自由貿易を推進すれば各国が必ず発展するわけではなく、それにより生じうるさまざまな弊害を無視すべきではないと考える。かといって、保護貿易政策はそれ自体が弊害を生むため、望ましい対応ではないことを指摘する。

貿易は日々の生活とさまざまな形で深く関わっており、今後の貿易体制の行方が、われわれの将来を左右する。もはや、自由貿易を「良いか」「悪いか」、あるいは「好きか」「嫌いか」で判断する時代は終わっている。自由貿易にデメリットがないわけでは決してない。しかし、「輸出は勝ちで輸入は負け」「輸入品の流入は国内経済に打撃を与える」といった、貿易自由化に対する負のイメージだけを根拠にその賛否を決めると、誤った判断を招いてしまう。根拠なく貿易自由化に怯えたり反発したりするのではなく、われわれ一人ひとりが、自由貿易にはメリットとデメリットがあることを認識し、どのようにそれと向き合い、そしていかに自由貿易のデメリットを最小化しそのメリットを最大化するかを、冷静に考えるべきである。

自由貿易の必要性をやみくもに主張することが本書の目的ではない。しかし、自由貿易に反対する意見を多く耳にする中で、経済学的な観点で見た自由貿易のメリットを多くの人々に知ってもらうことは、よりバランスがとれた議論をするために必要であると考えている。筆者の主張に同意できないことも含め、本書を通じて読者が「自由貿易が必要かどうか」を自身に問い、自由貿易との向き合い方を考えるきっかけにしてもらいたい。終章では、これまでの議論を整理しつつ、具体的な自由貿易との向き合い方を提案する。

日々の生活と貿易との関わりを意識する

貿易の自由化や国家間の貿易摩擦といわれても、毎日の生活とはどこか縁遠く、あまり関係がないように思える。しかし実際には、貿易はわれわれの生活とさまざまな形で関わっている。貿易と向き合うためには、われわれ自身が毎日の生活と貿易との関わりを意識することで、その問題を身近に感じ、貿易の「当事者」であることを認識することが必要である。

たとえば、日々の食事には外国産の食材や調味料が含まれ、衣服の多くは外国産である。病院やドラッグストアで購入する医薬品も外国産であることが多く、エネルギーの源となる化石燃料は中東諸国を中心とした外国からの輸入に大きく依存している。以前は国産品が多かったテレビや冷蔵庫などの家電製品も、そのほとんどが外国で生産されるようになっている。

また、第3章で見たように、われわれが手にしているスマートフォンの中身は世界各国で製造された部品や、外国で行われるさまざまな作業が集約されたものである。逆に、貿易と関係がなさそうな国内のサービス分野の仕事も、輸出企業がそれを利用することにより、「輸出品に含まれる付加価値」として、国境を越えて外国の消費者に届けられている。

さらに、第5章で説明したように、サービスそのものも国境を越えて取引されており、われわれの海外旅行や外国人の訪問、映画や音楽などの文化的なコンテンツの消費などが、サービス貿易と関わっている。とくに、インターネットを通じた外国との取引はデジタル貿易と呼ばれ、オンラインで提供されているものの消費が、今後ますます増えていくだろう。その一方で、サービス貿易の自由化は進んでおらず、サービス貿易の障壁をいかに取り除くかが課題となっている。また、デジタル貿易の活発化には個人情報の流出のおそれがあり、自由なデジタル取引と個人情報の保護をいかに両立させるか、また海賊版や不正コピーが横行するなか、知的財産権の保護をいかに行うかなど、多くの問題がサービス貿易に絡んでいる。

同様に、各国の貿易政策やそれによる貿易摩擦も、われわれの生活に影響を与えている。第9章のコラムで触れたように、酒税のような国内の制度がWTOを通じて外国から問題視され、それが日本の酒類の流通や消費に影響を与えている。また、第7章で見た「バターが消える」事例や、豚肉の特異な関税制度に代表されるように、複雑な輸入制度や高い関税は、価格上昇や供給不足を引き起こすことにより、われわれの消費生活をじわじわと苦しめている。消費税と異なり、関税や輸入制度による消費者負担は、目に見えにくい。関税率や輸入制度を知ることにより、それらがわれわれの負担となっていることを、意識すべきである。第6章で見たように、そうした取り組みが、サイレント・マジョリティたる消費者の声を高め、政府の政策決定に影響を与えていくことになる。

貿易に関する誤解を解きメリットを認識する

普段の生活と貿易との関わりを意識したうえで、貿易のメリットとデメリットを、冷静に整理すべきである。貿易というと、貿易黒字や貿易赤字が大きく取り上げられ、輸出が「善」で輸入が「悪」であるという印象を持ちがちである。筆者自身も、かつてはそうであった。貿易を外国との争いと考え、「勝ちか負けか」という単純な基準で判断することは、すんなりと頭に入ってくる。しかし、貿易の影響はもっと複雑であり、わかりにくいものである。

第1章で説明したように、貿易の本質は他国との競争ではなく、相互に利益をもたらす自主的な交換活動であるということを出発点に、そのメリットとデメリットを考えるべきである。もちろん、輸出企業は外国企業と競争をしているし、輸入品との競争にさらされた国内の生産者が損失を被ることもあろう。しかし、生産者レベルの競争の結果を、国全体の利益・損失と読み替えるべきではない。貿易の背景には自国の輸出品を購入する外国の消費者と、輸入品を購入する自国の消費者がおり、その消費者は輸入から利益を受けていることを忘れてはならない。第4章で述べたように、貿易は輸入品への支出が多い低所得者層の購買力を高めることを通じて、貧困削減に貢献する部分もある。

貿易の利益は多様化している。伝統的な比較優位論に基づく特化の利益のみならず、多様な財が貿易されることによる利益、企業間の競争促進による価格低下、生産性が低い企業から高い企業への資源の再配分による産業全体のパフォーマンスの向上（メリッツ効果）など、貿易にはさまざまな利益があることが指摘されている。

また、第2章で説明したように、貿易赤字の進行は、それ自体が問題なのではなく、赤字進行の裏に潜む交易条件の悪化、すなわち貿易における購買力の低下こそを問題にすべきである。中間財貿易が増加し、各国の輸出には外国の付加価値が多く含まれ、逆に他国の輸出には自国の付加価値が含まれるようになってきており、貿易赤字に注目する意味がますます薄れている。一国の貿易は「多国籍化」しており、その総額や輸出額と輸入額の差額で貿易の影響を測るべきではない。貿易を通じた国と国との結びつきを理解するためには、付加価値で測った貿易額に注目すべきである。

さらに、第3章で説明したように、貿易の自由化は産業レベルや製品レベルではなく仕事（タスク）レベルでの国際分業を可能にし、一つの製品を作る過程で中間財がなんども国境を越え、その過程で付加価値が各国で生み出されるグローバル・バリュー・チェーンが形成されてきている。スマートフォンや航空機の例のように、国内で設計から完成品の製作までをフルセットで行えなくても、特定の部品やタスクに優位性があれば、貿易を通じて付加価値を生み出すことができるわけである。

貿易のデメリットを把握しその「痛み」を和らげる

自由貿易はわれわれの生活を豊かにするための重要な基盤となるが、貿易自由化には「痛み」が伴い、場合によっては大きな損失を生み出すおそれがあることを、軽視すべきではない。貿易が国全体に利益をもたらすためには、産業間、企業間、あるいは企業内の資源の調整がスムーズに行われることが条件になっている。しかし、貿易がもたらす国内の構造変化により、特定の産業や企業で職を失った人々や、余った生産設備、土地などが、他の産業や企業ですぐに活躍できるわけではない。結果的に失業や遊休設備、利用されない土地が生じ、特化の利益が得られないばかりか、経済活動を縮小させ国全体の所得を減らしてしまうかもしれない。

第4章で紹介したように、輸入の増加は失業のみならず、健康状態に深刻な影響を与えてしまうという研究結果もあり、また国内の所得格差の拡大は、治安の悪化、教育機会や労働意欲の喪失を招いてしまうかもしれない。また、貿易が経済集積を促進するのであれば、集積地とならなかった地域は衰退し、その地域に根ざして生活している人々は損失を被ってしまう。生活拠点を移すことには大きなコストがかかるため、急激な貿易自由化は地域経済を疲弊させ都市部との格差を拡大させてしまうおそれがある。さらに、生産工程の各段階で効率化を進めるグローバル・バリュー・チェーンの形成にも、災害や疫病の発生などのショックが連鎖的に拡大し、また雇用や経済の変動性が高まるといったリスクが伴う。保護主義の蔓延は、特定の為政者が人々を扇動したために生じているのではなく、こうした困難に直面している人々の不満や不安が顕在化した結果であると捉えるべきである。

確かに、グローバル化には痛みが伴う。しかし、その痛みを理由に自由貿易を否定し、そのさまざまなメリットを放棄することは、最良の選択とはいえない。保護貿易政策は大きな消費者の損失を生み、また他国からの報復を招くことにより、結果的に「痛み」をさらに深くさせてしまうかもしれない。第8章で説明したように、一時的な輸入制限が幼稚な産業の育成を助ける可能性はあるものの、それが成功するためのハードルは高く、輸入制限により育成を行う必然性もない。

自由貿易のメリットを高め、より多くの人にそれを届けるためには、望ましい自由化のスピードに注視しつつ、貿易により大きな損失を被る人々や地域に配慮した政策を実施することが必要である。第4章で言及したように、政府による支援は保護貿易政策により行われるべきではなく、自由貿易による利益を原資にし、損失を被った人々への所得補償や職業訓練などを実施するといった、所得再分配政策や社会保障政策により行われるべきである。また、第5章で述べたように、モノの貿易を補完するサービス貿易の自由化も、貿易のメリットを高める一つの手段である。さらに、われわれ一人ひとりが、貿易を通じた構造変化に敏感に反応し、そうした変化に対応できるスキルを身につけることを通じて、グローバル化の進行に備えることが求められる。

貿易の利益を考えることで周りとの関係を改善する

これまで、国境を越えた取引という大きな視点から自由貿易の必要性を論じてきた。最後に、貿易を考えることは、自分自身をより理解し、そして向上させるきっかけになることを強調したい。貿易を通じた外国との関係を考えるというグローバルな視点は、実は自分自身と周りとの関係を考え、それをより良いものにするというローカルな幸せにつながるのである。

第1章で説明した比較優位の原理は、能力やスキルに差があろうとも、すべての人々に必ず役割があり、適切な協力と分業によりすべての人が利益を受けるというものであった。能力に差があっても、時間は人々に等しく配分されている。すべての面で能力が絶対的に優れた人であっても、限られた時間の中で、すべてを行うことはできない。何かに時間を費やすということは、必ずほかの何かを行う機会を失っている。それぞれが失った機会を、ほかの人と埋め合うことで、お互いにメリットを受けることができる。

創造的でやりがいがある仕事ができるのは、それを支える重要な作業をしてくれる人がほかにいるからである。その成果は実際に仕事をした人のおかげではなく、全体で達成したものである。子どもがいる人が職場で活躍できるのは、ほかの親族、保育士やベビーシッターなどが育児や家事を引き受けてくれるからである。夫婦のどちらかが育児に専念する場合は、それぞれが仕事や育児の結果を出しているのではなく、夫婦がともに達成したものである。

比較優位による分担は固定しているわけではなく、そのときどきの状況において、柔軟に変化するものである。組織内では、所属するグループのメンバー構成や、あるいは仕事の内容に応じて、自分の役割も変わってくる。仕事を終えて帰宅した後は、やはり比較優位に沿って夫婦や家族で休憩時間を割り振り、家事や育児を分担するべきである。重要なのは、「誰が最も絶対的に仕事・育児・家事の能力があるか」ではない。そのときどきの比較優位に沿って、分担・協力することである。それが皆にとって良い状況につながることを、比較優位の原理は示している。

また、比較優位は「他人との違い」をポジティブに捉えることの大切さを教えてくれる。物事がうまくいかないとき、他人と比較しながら、ついつい自分を責めてしまいがちである。藤子・F・不二雄の漫画『ドラえもん』で、好きな猫ができたが自分に自信が持てないで悩むドラえもんに対して、のび太が「いちばんいけないのは自分なんかだめだと思いこむことだよ」といったことがある。他人との違いを「自分はだめ」とネガティブに捉えるのではなく、その違いこそが自分の価値の源泉であると自信を持ち行動すべきである。また、「違いがあるからこそ協力することに価値がある」という認識は、他人に対して寛容になることができる。共同で作業をする際には、考え方の違いや行動パターンの違いにより、衝突や摩擦が起こることが常である。それをネガティブに捉え、「心の閉鎖経済」状態に陥ったり、他者との「貿易戦争」を引き起こしたりすべきではない。むしろそうした衝突こそが、他者とのより良い協力関係を構築し、「相互利益をもたらす貿易を行うチャンス」であると捉えるべきである。それが、お互いに尊重し合うことにもつながる。自分に自信を持ち他者を尊重することが、より良い社会を構築すると考えられる。

「経済学の父」と呼ばれるアダム・スミスの思想体系を研究した堂目卓生は、アダム・スミスが富には人々を繁栄させる機能だけでなく、人と人とをつなぐ機能があることを見出している点に注目し、貿易の機能について「貿易は、外国の人びとと、言語や文化や慣習が異なるために同感することが困難である人びととの交流を深め、相互依存関係を強める。私たちは、貿易を通じて、外国の人びととの言語、文化、慣習を理解し、その結果、国民的偏見を弱めることができる」と述べている。[1] 自由貿易は、その経済的利益を超えて、異なる国や人々の結びつきを強め、その相互理解を促す効果がある。さらに、貿易が国内で利害対立を起こすように、分業と協力によりグループ全体として成果を出したとしても、その恩恵（報酬）が適切に分配されず、一部の人のみにもたらされると、不利益を被る人も出てくる。外国でも活躍できるパフォーマンスが高い人に資源が集まることにより、そうでない人との経済格差が拡大することも懸念される。すべての人に協力による恩恵を届け、そのインセンティブを保つためには、各人の貢献に見合った利益をきちんと分配することを意識し、そのための制度を構築することが求められる。

おわりに――グローバル化を自己改革の好機に

輸入品の増加、外国人労働者の受け入れ、グローバル・バリュー・チェーンの構築や国境を越えたデジタル取引の拡大など、新しい要素を取り込みながらグローバル化が進行するなか、国家間の貿易摩擦も高まっている。常に変化を続ける世界経済の動向は、われわれの生活に直接的にも間接的にもさまざまな影響を与える。グローバル化のメリット・デメリットを受動的に受け入れるのではなく、それを自分自身の向上の好機と捉えるべきである。

たとえば、比較優位はすべての人に存在するが、どこに比較優位があるのか、何を目指すべきかを考えるのは難しい。自分がやりたいことが、自分に向いていることとは限らない。他者と競争し切磋琢磨しながら、成功と失敗を繰り返すことで、自分が思いもしなかった得意分野が明らかになってくる。競争の目的は、他人を打ち負かすためのものではなく、自分を知るためのものである。グローバル化による経済社会の変化に対応する努力をすることは、自分自身の優位性を知り、それを高める好機となる。

また第1章では、貿易の利益の一つとして、より多様な財の消費が可能になることをあげた。国同士がそうであるように、人にはそれぞれ異なった特徴や能力があり、文化的背景や考え方も違う。自分たちと異なった人々と関わることは、いわば相手の考えを「輸入」し、自身の考えを「輸出」する「知識の貿易」である。グローバルな競争が製品差別化を進めるように、多くの人と「貿易」をすることにより、他者の考えを輸入しつつ、自身の考えと対比させたり融合させたりすることが、自己の特徴や長所を伸ばすことにつながり、その魅力を高めていくことになる。第5章の章末で紹介したジョン・スチュアート・ミルの言葉にあるように、貿易を通じて自分たちとは異なった人々と接することは、自身の向上につながるのである。

さらに第3章では、国境を越えた生産・流通ネットワークの形成により、仕事（タスク）レベルで価値が各国で生み出されていることを述べた。他者とのネットワークの構築は、自分自身の強みになる。一方で、それは他者の状況から影響を受けやすくなり、また自分の役割を柔軟に変えることのできる対応力を高めることにもつながる。常に変化するグローバル経済の中で、一つのことに固執することなく、柔軟に対応できる能力が求められている。

グローバル化の進行と共生できるように自己を確立することは、経済や社会のさまざまな変化への対応力を身につけることにつながる。ロボット技術や人工知能の進歩は、さまざまなタスクの効率化をもたらす一方で、人々の職を奪うことが懸念されている。自由貿易による外国からの新しい製品の流入や、外国人労働者の増加もまた、一種の「技術革新」と同様の効果を国内にもたらす。貿易というイノベーションの波に飲み込まれないためには、自由貿易のさまざまな影響を知り、その利益を享受するための努力をしなければならない。自由貿易を必要に「する」取り組みが、変化に対して強靱な社会を築き上げることにつながる。

あとがき

このあとがきを執筆している現在、新型コロナウイルスがいまだ世界に蔓延しており、日々の生活が劇的に変化しています。一刻も早い終息を願うとともに、その変化をより良い社会の構築に繋げる努力が必要であると感じています。自由貿易の推進もまた、大きな変化を経済や社会に迫るものです。第1章で貿易の利益は「ある」ものではなく「得る」ものだと書きましたが、グローバル化がもたらす変化を、自分自身にとって良いものに導く意思と努力が必要です。経済学は決して万能ではありませんが、その考え方は重要なヒントを与えてくれます。

いまから四半世紀前、私がまだ大学2年生であったころ、私は貿易にはまったく興味がありませんでした。その一方で、「政策に携わり世の中を良くしたい」という漠然とした思いはあり、「公共経済学」担当の先生のゼミに入りました。しかし、その先生の専門が実は国際経済学であり（恥ずかしながら認識していませんでした）、ゼミに入った後の最初の発表で「比較優位」を担当したことが、私の進路を大きく変えました。すべては勘違いが始まりだったのです。

そんな私が、自由貿易の必要性を説くのはおこがましい限りです。しかし自己弁護すれば、強い思い入れがなかったからこそ、冷静に貿易のことを考えられたのかもしれません。日々の生活との関わりが深く、政策のあり方が重要な役割を果たす貿易を学べたことは、幸運でした。その考えを多くの人と共有したいという思いが、本書を執筆した大きな動機となっています。本書を読んだとしても、皆さんの貿易に対する見方や、日々の生活がすぐに変わるわけではないかもしれません。しかし、小さなきっかけが私の人生を大きく変えたように、読者の方々にも何かしらのきっかけを与えることができたとしたら、この上ない喜びです。

私はこれまで、多くの方々にお世話になってきました。すべてのお名前をあげることができないのは恐縮ですが、この場を借りてお礼を述べます。まず誰よりも、学部生のころから、研究面だけでなく人生面でも常にご指導くださっている若杉隆平先生には、言葉に尽くせぬほど感謝しています。第一線の研究者としてご活躍を続ける先生は、私の永遠の目標です。大学院の指導教員であった伊藤元重先生は、私の認識の甘さを幾度となくご指摘くださりました。政策現場を知るためにご紹介くださった経済産業省での仕事は、とても貴重な経験となりました。石川城太先生は、他大学の大学院生の私を講義やゼミに受け入れてくださり、正規の大学院生と分け隔てなくご指導くださいました。国際会議での報告や共同論文の執筆の機会も多数いただき、私に研究者への道を開いてくださいました。木村福成先生は、共編著を出版する機会をいただき、また現実の経済や政策に基づくアドバイスを多数いただきました。いつも私の研究を気にかけてくださる小田正雄先生とお話しすることが、日々の励みです。先生のお名前を冠した学会賞を受賞させていただいたことは、身に余る光栄です。

カナダでの在外研究中には、John Ries 先生や James Brander 先生をはじめとしたUBC（ブリティッシュ・コロンビア大学）の方々から、貴重なアドバイスを多数いただきました。また、森田穂高先生をはじめ、浦田秀次郎先生、冨浦英一先生、伊藤匡さん、伊藤萬里さん、大越裕史さん、加藤隼人さん、桑波田浩之さん、小森谷徳純さん、舘健太郎さん、早川和伸さん、松浦寿幸さん、溝口佳宏さん、Kuo-Feng Kao さん、Chin-Hee Hahn さん、Chih-Hai Yang さんなどの論文の共同執筆者の皆様、日々の業務を支えてくれた学習院大学の同僚や副手の皆さん、および本書の基礎となった講義に参加し、率直な意見を述べてくれた学生の皆さんにも感謝いたします。

いつも激励してくださった池間誠先生や大山道広先生をはじめ、菊地徹先生、出井文男先生など、ご生前にお世話になった方々に、本書のご批評をいただけないのは大変残念です。いつも気にかけてくださった清野一治先生からいただいた、「研究ばかりでなく、家族との生活を楽しんでください」とのお言葉は、これからも心に刻み続けていきます。

有斐閣の渡部一樹さんは、遅々として進まぬ執筆作業に対して粘り強くご対応くださり、常に有益なコメントと提案をしてくださいました。もしも本書の内容で読者の心に残る部分があれば、それはひとえに渡部さんのご努力の賜物です。

そして誰よりも、ずっと私を支え続けてくれた妻には感謝しかありません。良いことがあれば誰よりも喜んでくれ、うまくいかないときには全力で支えてくれました。私を導いてくれた妻と、実の息子のように心配してくれる義母、そしてかわいい二人の娘たちに囲まれた日々を送れていることが、何よりも幸せです。私は（人には比較優位をもっともらしく説くのに）家族には苦労ばかりかけてきました。これから少しでも家族の幸せに貢献することを誓いつつ、本書を捧げます。

２０２０年５月

娘たちの笑い声が聞こえる自宅にて

椋　寛

索　引

アルファベット

あ　行

か　行

● さ　行

● た　行

な 行

は 行

● ま　行

● や　行

● ら　行

● わ　行

注

序章　自由貿易の危機

1　カナダ，フランス，ドイツ，イタリア，日本，イギリス，アメリカの主要7カ国（G7）に加えて，アルゼンチン，オーストラリア，ブラジル，中国，インド，インドネシア，韓国，メキシコ，ロシア，サウジアラビア，南アフリカ，トルコ，EUの13カ国・地域を加えた20カ国がG20である。

2　輸入額が大きい品目ほどその国にとってその関税の影響が大きいと考えられるため，加重平均による関税率で比較する場合もある。しかし，関税率が高いほど輸入額は通常小さくなるため，たとえば輸入額をゼロにするような高率な関税率は，加重平均関税率では過少に評価されてしまう。逆に，単純平均の関税率は，無関税であったとしても輸入額がゼロであるような品目，すなわち関税の影響がある品目の関税率を過大評価してしまう面がある。

第1章　輸出は「善」で輸入は「悪」なのか

1　Friedman, M. and R. Friedman (1980) *Free to Chose*, Harmondsworth: Penguin Books.

2　日本貿易振興機構・海外調査部「イタリア産地の新興市場開拓——サッスオーロのセラミックタイル産業」2013年3月。

3　丁可（2012）「商人ネットワークと中小企業の発展——中国温州の事例」『アジ研ワールド・トレンド』第207巻，8～11頁。

4　制度と比較優位の関係については，Nunn, N. and D. Treffer (2014) “Domestic institution as a source of comparative advantage,” in *Handbook of International Economics* (Vol. 4), pp. 203-315を参照。

5　Dalton, J. T. (2014) “The new goods margin in Japanese–Chinese trade,” *Japan and the World Economy* 31, pp. 8-13.

6　Bernard, A. B., J. B. Jensen, S. J. Redding, and P. K. Schott (2018) “Global firms,” *Journal of Economic Literature* 56 (2), pp. 565-619.

7　Melitz, M. J. (2003) “The impact of trade on intra–industry reallocations and aggregate industry productivity,” *Econometrica* 71 (6), pp. 1695-1725.

8　Bernhofen, D. M. and J. C. Brown (2005) “An empirical assessment of the comparative advantage gains from trade: Evidence from Japan,” *American*

Economic Review 95 (1), pp. 208-225.

9 Costinot, A. and A. Rodríguez-Clare (2014) "Trade theory with numbers: Quantifying the consequences of globalization," in *Handbook of International Economics*, Vol. 4, pp. 197-261, Elsevier.

第２章　貿易赤字は何を示唆するのか

1 モノの貿易ではなくサービスの貿易に関しては，サービスそのものが国境を越えなくても貿易が起こる場合がある。詳細については第５章で説明する。

2 清水順子・佐藤清隆（2014）「アベノミクスと円安，貿易赤字，日本の輸出競争力」RIETI Discussion Paper 14-J-022。

3 Ito, T., S. Koibuchi, K. Sato, and J. Shimizu (2012) "The choice of an invoicing currency by globally operating firms: A firm-level analysis of Japanese exporters," *International Journal of Finance and Economics* 17 (4), pp. 305-320.

第３章　輸入制限は回り回って自国を苦しめる

1 Kraemer, K. L., G. Linden, and J. Dedrick (2011) "Capturing value in global networks: Apple's iPad and iPhone" (http://pcic.merage.uci.edu/papers/2011/value_iPad_iPhone.pdf).

2 実証研究の例として，Ito, B., E. Tomiura, and R. Wakasugi (2011) "Offshore outsourcing and productivity: Evidence from Japanese firm-level data disaggregated by tasks," *Review of International Economics* 19 (3), pp. 555-567, がある。

3 Todo, Y., K. Nakajima, and P. Matous (2015) "How do supply chain networks affect the resilience of firms to natural disasters? Evidence from the Great East Japan Earthquake," *Journal of Regional Science* 55 (2), pp. 209-229.

4 Bergin, P. R., R. C. Feenstra, and G. H. Hanson (2011) "Volatility due to offshoring: Theory and evidence," *Journal of International Economics* 85 (2), pp. 163-173.

第４章　輸入や企業の海外進出は失業者を増やすのか

1 Acemoglu, D., D. Autor, D. Dorn, G. H. Hanson, and B. Price (2016) "Import competition and the great US employment sag of the 2000s," *Journal of Labor*

Economics 34 (S1), pp.S141-S198.

2 Artuç, E., S. Chaudhuri, and J. McLaren (2010) "Trade shocks and labor adjustment: A structural empirical approach," *American Economic Review* 100 (3), pp. 1008-1045.

3 輸入価格と国内雇用の関係については，Tomiura, E. (2003) "The impact of import competition on Japanese manufacturing employment," *Journal of the Japanese and International Economies* 17 (2), pp. 118-133，輸入浸透度と製造業雇用の関係を検証した研究としては，櫻井宏二郎（2011）『市場の力と日本の労働経済——技術進歩，グローバル化と格差』東京大学出版会，がある。

4 Autor, D. H., D. Dorn, and G. H. Hanson (2013) "The China syndrome: Local labor market effects of import competition in the United States," *American Economic Review* 103 (6), pp. 2121-2168.

5 Pierce, J. and P. K. Schott (2020) "Trade liberalization and mortality: Evidence from US counties," *American Economic Review: Insights*, 2 (1), pp. 47-64.

6 Taniguchi, M. (2019) "The effect of an increase in imports from China on local labor markets in Japan," *Journal of the Japanese and International Economies* 51, pp. 1-18.

7 Fabinger, M., Y. Shibuya, and M. Taniguchi (2017) "International influences on Japanese supply chains," RIETI Discussion Paper Series 17-E-022.

8 Tomiura, E. (2007) "Foreign outsourcing, exporting, and FDI: A productivity comparison at the firm level," *Journal of International Economics* 72 (1), pp. 113-127.

9 Yamashita, N. and K. Fukao (2010) "Expansion abroad and jobs at home: Evidence from Japanese multinational enterprises," *Japan and the World Economy* 22 (2), pp. 88-97.

10 たとえば，Hijzen, A., T. Inui, and Y. Todo (2007) "The effects of multinational production on domestic performance: Evidence from Japanese firms," RIETI Discussion Paper Series 07-E-006，がある。

11 Hayakawa, K., T. Matsuura, K. Motohashi, and A. Obashi (2013) "Two-dimensional analysis of the impact of outward FDI on performance at home: Evidence from Japanese manufacturing firms," *Japan and the World Economy* 27, pp. 25-33.

12 Edamura, K., L. Hering, T. Inui, and S. Poncet (2011) "The overseas subsidiary activities and their impact on the performance of Japanese parent firms," RIETI Discussion Paper Series 11-E-069.

13 Ito, K. and A. Tanaka (2014) "The impact of multinationals'overseas expansion on employment at suppliers at home=New evidence from firm-level transaction relationship data for Japan," RIETI Discussion Paper Series 14-E-011.

14 Kambayashi, R. and K. Kiyota (2015) "Disemployment caused by foreign direct investment? Multinationals and Japanese employment," *Review of World Economics* 151 (3), pp. 433-460.

15 Acemoglu, D. and P. Restrepo (2020) "Robots and Jobs: Evidence from US labor markets," *Journal of Political Economy*, 128 (6), pp.2188-2244

16 森口千晶（2017）「日本は「格差社会」になったのか――比較経済史にみる日本の所得格差」『経済研究』第 68 巻第 2 号，169 ～ 189 頁。

17 ストルパー＝サミュエルソン定理をはじめとした国際貿易の分野の実証研究を整理したものとして，清田耕造・神事直人（2017）『実証から学ぶ国際経済』有斐閣，がある。

18 たとえば，Head, K. and J. Ries (2002) "Offshore production and skill upgrading by Japanese manufacturing firms," *Journal of International Economics* 58 (1), pp. 81-105，がある。

19 技術発展と賃金格差については，たとえばAcemoglu, D. (1998) "Why do new technologies complement skills? Directed technical change and wage inequality," *The Quarterly Journal of Economics* 113 (4), pp. 1055-1089，を参照。

20 たとえば，Egger, H. and U. Kreickemeier (2012) "Fairness, trade, and inequality," *Journal of International Economics* 86 (2), pp. 184-196, や Helpman, E., O. Itskhoki., M.-A. Muendler, and S. J. Redding (2017) "Trade and inequality: From theory to estimation," *The Review of Economic Studies* 84 (1), pp. 357-405，を参照。

21 Antràs, P., A. de Gortari, and O. Itskhoki (2017) "Globalization, inequality and welfare," *Journal of International Economics* 108, pp. 387-412.

22 Fajgelbaum, P. D. and A. K. Khandelwal (2016) "Measuring the unequal gains from trade," *The Quarterly Journal of Economics* 131 (3), pp. 1113-1180.

第５章　モノだけでなくサービスの貿易も重要に

1　Baldwin, R., T. Ito, and H. Sato (2014) “Portrait of factory Asia: Production network in Asia and its implication for growth — the ‘Smile Curve’,” *Joint Research Program Series 159*, Institute of Developing Economies.

2　Hummels, D., V. Lugovskyy, and A. Skiba (2009) “The trade reducing effects of market power in international shipping,” *Journal of Development Economics* 89 (1), pp. 84-97，を参照。

3　Nordås, H. K. and D. Rouzet (2017) “The impact of services trade restrictiveness on trade flows,” *The World Economy* 40 (6), pp. 1155-1183.

4　Ishikawa, J., H. Morita, and H. Mukunoki (2010) “FDI in post-production services and product market competition,” *Journal of International Economics* 82 (1), pp. 73-84，および，Ishikawa, J., H. Morita, and H. Mukunoki (2016) “Trade liberalization and aftermarket services for imports,” *Economic Theory* 62 (4), pp. 719–764, を参照。

第６章　自由貿易はなぜ嫌われるのか

1　調査結果の詳細は，冨浦英一・伊藤萬里・椋寛・若杉隆平・桑波田浩之 (2013)「貿易政策に関する選好と個人特性――1 万人の調査結果」RIETI Discussion Paper Series 13-J-049，にて公開されている。

2　Stokes, B. (2016) “Republicans, especially Trump supporters, see free trade deals as bad for U.S.,” Pew Research Center, March 31, 2016 (http://www.pewresearch.org/fact-tank/2016/03/31/republicans-especially-trump-supporters-see-free-trade-deals-as-bad-for-u-s/).

3　詳細については Tomiura, E., B. Ito, H. Mukunoki, and R. Wakasugi (2014) “Reciprocal versus unilateral trade liberalization: Comparing individual characteristics of supporters,” RIETI Discussion Paper Series 14-E-067，を参照。

4　詳細は Tomiura, E., B. Ito, H. Mukunoki, and R. Wakasugi (2016) “Individual characteristics, behavioral biases, and trade policy preferences: Evidence from a survey in Japan,” *Review of International Economics* 24 (5), pp. 1081-1095, を参照。

5　詳細は Ito, B., H. Mukunoki, E. Tomiura, and R. Wakasugi (2019) “Trade policy preferences and cross-regional differences: Evidence from individual-level

data of Japan," *Journal of the Japanese and International Economics* 51, pp. 99-109.

6　Olson, M. (1965) *The Logic of Collective Action: Public Goods and the Theory of Groups*, Harvard University Press.

7　Taussig, F. W. (1905) "The present position of the clectorine of free trade," *Publication of the American Economic Association* 6 (i), pp. 29-65.

8　たとえば，伊藤元重（2013）『日本経済を創造的に破壊せよ！　衰退と再生を分かつこれから10年の経済戦略』ダイヤモンド社，を参照のこと。

9　アメリカのCaddell & Associatesが2016年の2月23日から3月3日までに行った調査（https://getliberty.com/wp-content/uploads/2016/03/Pat-Caddell-ALG-TPP-Poll-Charts-3-10-16.pdf）より。

第7章　バターはなぜ消えたのか

1　日本の関税率は財務省の「実行関税率表」(http://www.customs.go.jp/tariff/）で検索することができる。

2　甲が革製で中底が19 cm以下の革靴の二次税率は，30%と従量税1足2400円のうち高い方となっている。

3　差額関税の問題を詳細に記述した書物としては，志賀櫻（2010）『国の怠慢のツケを食卓にまわすな——豚肉差額関税を斬る！』ぱる出版，がある。

4　バターの輸入制度の問題点を指摘した書物としては，山下一仁（2016）『バターが買えない不都合な真実』幻冬舎，がある。

第8章　保護貿易で新しい産業を育てることができるのか

1　Head, K. (1994) "Infant industry protection in the steel rail industry," *Journal of International Economics* 37 (3-4), pp. 141-165.

2　チェック1とチェック2は，それらを最初に主張したのがジョン・スチュアート・ミルとチャールズ・バステーブルであることから，合わせて「ミル＝バステーブルの規準」と呼ばれる。

3　より一般的には，「生産者が将来的に生み出す利益は当初の損失を上回るものの，その利益を当該生産者が占有できないため，その生産者にとっては利益が損失を下回る」ことが政府による保護の根拠となる。この主張はマレー・ケンプや根岸隆によりなされたため，「ケンプ＝根岸の規準」と呼ばれる。

4 Meade, J. (1955) *Trade and Welfare*, Oxford University Press, を参照。

5 厳密にいえば，もしも輸入関税により国際価格が下落するのであれば，交易条件が改善するため，関税収入によるプラス分を加味すると，消費者の損失と生産者の赤字を十分に補塡するだけの収入が得られる場合もある。しかし，こうした効果があったとしても，幼稚産業保護の手段として輸入関税が最も望ましいとは限らない。

6 Tucker, J. (1758) *Instructions for Travelers*, Dublin, を参照（和訳はダグラス・A. アーウィン『自由貿易理論史――潮流に抗して』小島清監修，麻田四郎訳，文眞堂，1999 年より引用）。

7 Johnson, C. (1982) *MITI and the Japanese Miracle: The Growth of Industrial Policy, 1925-1975*, Stanford University Press.

8 Beason, R. and D. E. Weinstein (1996) "Growth, economies of scale, and targeting in Japan (1955-1990)," *The Review of Economics and Statistics* 78 (2), pp. 286-295.

9 Ohashi, H. (2005) "Learning by doing, export subsidies, and industry growth: Japanese steel in the 1950s and 1960s," *Journal of International Economics* 66 (2), pp. 297-323.

第 9 章　貿易自由化をいかに進めるか

1 読者も新聞やニュースなどでは EPA という言葉を耳にすることが多いだろう。しかし，EPA は国際的には一般的に用いられる呼称ではなく，国際的なルールに基づいた明確な定義があるわけではない。協定の内容に関する誤解を避けるため，本書では RTA を用いることにする。

2 モノとサービスの協定の同時締結分を別々にカウントすると，現存する RTA の締結数は 484 である（2020 年 2 月時点）。

3 Baier, S. L. and J. H. Bergstrand (2007) "Do free trade agreements actually increase members' international trade?" *Journal of International Economics* 71 (1), pp. 72-95.

4 Fugazza, M. and A. McLaren (2014) "Market access, export performance and survival: Evidence from Peruvian firms," *Review of International Economics* 22 (3), pp. 599-624.

5 Felbermayr, G., F. Teti, and E. Yalcin (2019) "Rules of origin and the profitability of trade deflection," *Journal of International Economics* 121, Article

103248.

6 Conconi, P. M. García-Santana, L. Puccio, and R. Venturini (2018) "From final goods to inputs: The protectionist effect of rules of origin," *American Economic Review* 108 (8), pp. 2335-2365.

7 内国民待遇の原則や，外資に対するローカル・コンテント規制と呼ばれる要求を禁止する「貿易に関連する投資措置（TRIMs）」に違反している可能性が高い。

8 Mukunoki, H. (2017) "The welfare effect of a free trade agreement in the presence of foreign direct investment and rules of origin," *Review of International Economics* 25 (4), pp. 733-759.

9 Cadot, O. and L. Y. Ing (2016) "How restrictive are ASEAN's rules of origin?" *Asian Economic Papers* 15 (3), pp. 115-134.

10 ただし，これらの数値は関税が引き下げられた品目の輸入額を分母にして計算されているわけではないので，もともと無税である。あるいは，関税がFTAで引き下がっていないため利用していない場合の輸入額も分母に含まれてしまっている。また，ASEAN諸国はASEAN全体とのFTAと個別のFTAのどちらも利用できるため，それらの国からのFTA利用率の一部は図のASEANに含まれる。たとえば，ブルネイとのFTAの利用率がゼロであるのは，ブルネイからの輸入に関してFTAが利用される際には，ASEAN全体とのFTAが利用されているからであると考えられる。その意味で，利用率は過小評価されている。

11 Hayakawa, K., N. Jinji, T. Matsuura, and T. Yoshimi (2019) "Costs of utilizing regional trade agreements," RIETI Discussion Paper Series 19-E-054.

12 一次税率で輸入できる量は政府から固定的に輸入者に配分されており，価格を下げても販売できる量は変わらない。

13 Fugazza, M. and A. Nicita (2013) "The direct and relative effects of preferential market access," *Journal of International Economics* 89 (2), pp. 357-368.

終章　自由貿易との向き合い方

1 堂目卓生（2008）『アダム・スミス――『道徳感情論』と『国富論』の世界』中公新書，274頁，より引用。

● 著者紹介

椋 寛（むくのき ひろし）

学習院大学経済学部教授

1997年，横浜国立大学経済学部卒業。2002年，東京大学大学院経済学研究科博士課程単位取得退学。2006年，東京大学博士（経済学）。

主な著作に，『国際経済学をつかむ（第2版）』（石川城太・菊地徹との共著，有斐閣，2013年），『国際経済学のフロンティア』（木村福成との共編著，東京大学出版会，2016年），"Economic integration and rules of origin under international oligopoly"（with J. Ishikawa and Y. Mizoguchi, *International Economic Review,* 2007），"FDI in post-production services and product market competition"（with J. Ishikawa and H. Morita, *Journal of International Economics,* 2010），"Parallel imports and repair services"（with J. Ishikawa and H. Morita, *Journal of Economic Behavior and Organization,* 2020）などがある。

自由貿易はなぜ必要なのか

Why We Need Free Trade

2020年6月30日　初版第1刷発行
2024年9月30日　初版第2刷発行

著　者　椋　寛
発行者　江草貞治
発行所　株式会社 有斐閣
郵便番号 101-0051
東京都千代田区神田神保町2-17
https://www.yuhikaku.co.jp/

印刷・萩原印刷株式会社／製本・大口製本印刷株式会社

ISBN 978-4-641-16567-0